AF747059

Les Archives et la genèse des lois

Sous la direction de
Marie Cornu, Jérôme Fromageau et Yann Potin

Les Archives et la genèse des lois

L'Harmattan

© L'Harmattan, 2016
5-7, rue de l'Ecole-Polytechnique, 75005 Paris

http://www.harmattan.fr
diffusion.harmattan@wanadoo.fr

ISBN : 978-2-343-08390-2
EAN : 9782343083902

Les Archives et la genèse des lois

Journées d'étude des 13 et 14 novembre 2014

aux Archives nationales - Site de Pierrefitte-sur-Seine

Organisées par le CECOJI (FRE3500 CNRS-Université de Poitiers)

en collaboration avec
le Serice interministériel des Archives de France,
les Archives nationales
et le Centre Mabillon de l'École nationale des chartes

Comité scientifique :

Marie CORNU, Coraline COUTANT, Catherine DELPLANQUE, Jérôme FROMAGEAU, Jean-Pierre LE CROM, Christine NOUGARET, Denise OGILVIE, Emmanuel PENICAUT, Xavier PERROT, Yann POTIN, Bruno RICARD.

Collection Droit du patrimoine culturel et naturel

dirigée par Marie Cornu et Jérôme Fromageau

Cette collection initiée par le Centre de recherche « Droit du patrimoine culturel et naturel » a pour but de développer et enrichir la réflexion sur les objets et modes de protection dans le domaine du patrimoine culturel et naturel. Les questions que soulèvent la conservation, la circulation, la valorisation du patrimoine sollicitent, en effet, ces deux disciplines. Le contexte d'un monument historique, son environnement, le paysage dans lequel il s'inscrit sont souvent essentiels à sa mise en valeur. Le droit de la culture et le droit de l'environnement développent cependant des concepts propres. Ils ne sont pas toujours en accord sur les méthodes et les moyens de protection, d'où l'intérêt de la confrontation et de la comparaison des ressources tirées de ces deux dispositifs.

C'est pourquoi la réflexion doit se renouveler sur les concepts fondamentaux du patrimoine, sur la délimitation des éléments qui méritent protection. Dans la compréhension des différents mécanismes et l'ouverture vers de nouveaux modèles, le droit comparé est essentiel, ainsi que le droit international.

Déjà parus

ABDOULAYE CAMARA, VINCENT NÉGRI (sous la direction de), *La protection du patrimoine archéologique. Fondements sociaux et enjeux juridiques*, 2016.

MYLÈNE LE ROUX (sous la direction de), *Crise et patrimoine monumental*, 2015.

PAULINA RESTREPO-NAVARRO, *Le droit du patrimoine culturel colombien à l'épreuve de la restitution internationale des biens archéologiques*, 2015.

MARIE CORNU JÉRÔME FROMAGEAU (sous la direction de), *Archives des dictatures. Enjeux juridiques, archivistiques et institutionnels*, 2015.

MARIE CORNU, JÉRÔME FROMAGEAU, BERTRAND MÜLLER (sous la direction de), *Archives de la recherche. Problèmes et enjeux de la construction du savoir scientifique*, 2014.

SOPHIE MONNIER, KAREN FIORENTINO (sous la direction de), *Le droit des archives publiques, entre permanence et mutations*, 2014.

ANNE FORNEROD, *Le régime juridique du patrimoine religieux*, 2013.

MARIE CORNU, JÉRÔME FROMAGEAU, CHRISTIAN HOTTIN (sous la direction de), *Droit et patrimoine culturel immatériel*, 2013.

LI WANG, *La convention pour la sauvegarde du patrimoine culturel immatériel. Son application en droits français et chinois*, 2013.

MARIE CORNU, JÉRÔME FROMAGEAU (sous la direction de), *La préservation des archives privées et l'intérêt public. Mutations et ruptures*, 2013.

MARIE CORNU, JÉRÔME FROMAGEAU, JEAN-FRANÇOIS POLI, ANNE-CHRISTINE TAYLOR (sous la direction de), *L'inaliénabilité des collections, performances et limites ?*, 2012.

ARMELLE VERJAT, *Préservation et mise en valeur des monuments historiques privés : la fiscalité de l'impôt sur le revenu*, 2011.

LINE TOUZEAU, *La protection du patrimoine architectural contemporain. Recherche sur l'intérêt public et la propriété en droit de la culture*, 2011.

FRANÇOISE BENHAMOU, MARIE CORNU (sous la direction de), *Le patrimoine culturel au risque de l'immatériel. Enjeux juridiques, culturels, économiques*, 2010.

MARIE CORNU, CATHERINE CUENCA, JÉRÔME FROMAGEAU (sous la direction de), *Les collections scientifiques, de l'outil de connaissance à l'objet de patrimoine. Aspects juridiques et pratiques professionnelles et institutionnelles*, 2010.

MARIE CORNU, JÉRÔME FROMAGEAU (sous la direction de), *Quel avenir pour les archives ? Enjeux juridiques et institutionnels*, 2010.

JEAN-PIERRE ALLINNE, RENAUD CARRIER (sous la direction de), *La culture au risque du marché. Le mécénat face à ses acteurs*, 2010.

CHRISTEL DE NOBLET, *Protection du patrimoine architectural aux États-Unis et au Royaume-Uni*, 2009.

ANTOINETTE MAGET, *Collectionnisme public et conscience patrimoniale. Les collections d'antiquités égyptiennes en Europe*, 2009.

MARIE CORNU, JÉRÔME FROMAGEAU (sous la direction de), *La revendication du patrimoine écrit. Questions juridiques et pratiques institutionnelles*, 2009.

CAROLINE RAINETTE, en collaboration et sous la direction scientifique de MARIE CORNU et CATHERINE WALLAERT, *Guide juridique sur le patrimoine scientifique et technique*, 2008.

LAURENCE MAYER-ROBITAILLE, *Le statut juridique des biens et des services culturels dans les accords commerciaux internationaux*, 2008.

MARIE BONNIN, *Les corridors écologiques. Vers un troisième temps du droit de la conservation de la nature*, 2008.

DIRECTION DES ARCHIVES DE FRANCE, CENTRE DE RECHERCHE SUR LE DROIT DU PATRIMOINE CULTUREL (sous la direction de), *Archives et sciences sociales. Aspects juridiques et coopérations scientifiques*, 2006.

NÉBILA MEZGHANI, JEAN-FRANÇOIS POLI (sous la direction de), *Droit et protection du patrimoine culturel dans les pays méditerranéens*, 2006.

BRIGITTE BASDEVANT, MARIE CORNU, JÉRÔME FROMAGEAU (sous la direction de), *Le patrimoine culturel religieux. Enjeux juridiques et pratiques cultuelles*, 2006.

MARIE CORNU, NÉBILA MEZGHANI (sous la direction de), *Intérêt culturel et mondialisation*, 2 tomes, 2004.

MARIE CORNU, JÉRÔME FROMAGEAU (sous la direction de), *La forêt à l'aube du XXIe siècle. Aspects politiques et juridiques*, 2 tomes, 2004.

PIERRE-LAURENT FRIER (sous la direction de), *Le nouveau droit de l'archéologie préventive*, 2004.

CRIDEAU-CNRS, Limoges (sous la direction de), *Les monuments historiques : un nouvel enjeu ?*, 2 tomes, 2004.

MARIE CORNU, JÉRÔME FROMAGEAU (sous la direction de), *Archives et Patrimoine*, 2 tomes, 2004.

MARIE CORNU, MARIE-AGNÈS FÉRAULT, JÉRÔME FROMAGEAU (sous la direction de), *Patrimoine architectural, urbain et paysager : enjeux juridiques et dynamiques territoriales*, 2003.

MARIE CORNU, JÉRÔME FROMAGEAU (sous la direction de), *Archives et Recherche*, 2003.

ANNIE HÉRITIER, *La genèse de la notion juridique de patrimoine artistique*, 2003.

MARIE CORNU, JÉRÔME FROMAGEAU (sous la direction de), *Le patrimoine culturel et la mer*, 2 tomes, 2002.

MARIE CORNU, JÉRÔME FROMAGEAU (sous la direction de), *Genèse du droit de l'environnement*, 2 tomes, 2001.

MARIE CORNU, JÉRÔME FROMAGEAU (sous la direction de), *Fondation et trust dans la protection du patrimoine*, 1999.

Mise en page et maquette : Marie-Laure Berthe, CNRS-CECOJI

Sommaire

Comprendre les circuits complexes de production de la loi

Réinterpréter la fabrique de la loi

LES ARCHIVES DU POLITIQUE

LES ARCHIVES DE L'ADMINISTRATION

LA GENÈSE DE LA LOI AUX ARCHIVES NATIONALES

LES ARCHIVES DU PRIVÉ

Nourrir la fabrique de la loi

Comprendre les circuits complexes de production de la loi

Archives des lois : enjeux de souveraineté

STÉPHANE DUROY
Professeur de droit public, Université Paris-Sud,
UFR Jean Monnet de Sceaux, Laboratoire IEDP

Les archives des lois, telles qu'elles sont entendues dans le cadre de ce colloque, ne sont rien moins que l'ensemble des contributions intellectuelles qui ont précédé et conduit à l'adoption finale d'une loi.

Ces contributions intellectuelles sont en partie le fait du législateur, elles n'ont cependant jamais été le fait du seul législateur. Mais pendant longtemps, il a pu être considéré comme étant le seul habilité à en opérer la synthèse pour en faire des lois, ce qui lui conférait dans la hiérarchie des organes de l'État une place éminente. De cette place, on peut encore se faire une juste idée en lisant le fameux ouvrage de Raymond Carré de Malberg : « La loi expression de la volonté générale » (1931), dans lequel il expliquait que, « Le Parlement prend rang de souverain : il est le souverain réel » [1].

Il écrivait encore : « Du moment que la loi est l'expression de la volonté générale, représentée par le Parlement, et qu'elle constitue, comme telle, l'œuvre du souverain, il va de soi qu'elle doit dominer de sa supériorité l'activité non seulement des nationaux, mais encore de toutes autorités nationales instituées à côté de la Législature » [2].

Cette souveraineté du Parlement auteur de la loi, Raymond Carré de Malberg expliquait qu'elle s'est imposée à partir de la Constitution de 1791, sur le fondement du fameux article 6 de la déclaration des droits de 1789 aux termes duquel « la loi est l'expression de la volonté générale » et qu'elle

---

[1] R. Carré de Malberg, *La Loi, expression de la volonté générale*, réédition Économica 1984, préface de G. Burdeau, p. 21.
[2] R. Carré de Malberg, *La Loi, expression de la volonté générale, op. cit.*, p. 22.

caractérisait encore le Parlement de la troisième République, auquel il consacrait d'ailleurs, une grande partie de ses développements.

Si cette analyse correspondait bien à la position du Parlement sous la troisième République, elle ne correspond assurément plus à celle du Parlement sous la Vème République. Certes il existe toujours un Parlement qui vote les lois. Certes les lois constituent encore des normes qui régissent la vie quotidienne des nationaux et des étrangers séjournant sur le territoire national. Mais le processus législatif a considérablement évolué depuis l'époque décrite par Raymond Carré de Malberg, ce qui nous interdit de considérer que le Parlement est le souverain réel.

Serait-ce que le souverain réel serait devenu l'exécutif, dans la mesure où ce qui caractérise la Vème République, c'est notamment le fameux parlementarisme rationalisé, autrement dit la capacité dont dispose le gouvernement de faire voter par le Parlement (par sa majorité parlementaire) – en usant parfois de moyens juridiques contraignants – des projets de lois, c'est-à-dire des textes élaborés à l'initiative du gouvernement ?

Pas davantage sans doute. En effet, nous sommes entrés depuis maintenant plus de 56 ans, dans des temps de souveraineté plus diffuse, de souveraineté partagée et ce, pour des raisons qui tiennent pour beaucoup à des révolutions dans l'environnement juridique et aussi politique, dans lequel s'élaborent les archives de la loi et la loi elle-même. Ces révolutions sont au nombre de trois : internationalisation, constitutionnalisation, mais aussi occultation.

Je veux dire par là que la loi n'est plus seulement l'aboutissement d'un processus intellectuel national, essentiellement contrôlé, maîtrisé par le Parlement ou le gouvernement. Elle est l'aboutissement d'un processus beaucoup plus complexe, dans lequel interviennent des acteurs internationaux (États étrangers, organisations internationales, gouvernementales et non gouvernementales, ce qui me conduit à parler d'interna-tionalisation), des acteurs nationaux nouveaux, je pense en particulier au Conseil constitutionnel (ce qui me conduit à parler de constitutionnalisation), mais aussi des acteurs qui jouent, si j'ose dire, en coulisses, ces acteurs discrets étant des « représentants des intérêts », précisons, des intérêts particuliers, pour ne pas dire des lobbies (ce qui me conduit à parler d'occultation).

L'action de ces différents acteurs, leur rôle dans l'élaboration des archives de la loi, limite sensiblement la souveraineté des organes de l'État et peut même parfois, faire douter de la souveraineté de l'État lui-même, d'autant plus que les archives de la loi (au sens de production intellectuelle) dont ces acteurs sont les coproducteurs, sont d'une accessibilité limitée tant en raison de leur multiplicité que de leurs conditions de communicabilité en tant qu'archives publiques. C'est ce que je vais m'efforcer d'illustrer en évoquant successivement :

— L'internationalisation des archives de la loi.

— La constitutionnalisation des archives de la loi.

— L'occultation des archives de la loi.

I. L'internationalisation des archives de la loi

La préparation de la loi par des acteurs divers et l'adoption finale de la loi, doit se faire dans le respect du droit international (A). Il en résulte que le processus d'élaboration d'un texte législatif est la résultante d'archives certes nationales mais aussi internationales dont l'accessibilité demeure réduite (B).

A. La soumission de la préparation de la loi et de la loi au droit international

Cette soumission résulte des dispositions de l'article 55 de la Constitution aux termes duquel « les traités ou accords régulièrement ratifiés ou approuvés, ont dès leur publication, une autorité supérieure à celle des lois ».

La préparation d'une loi, suppose donc que soit opéré *a priori*, un contrôle de conformité de la loi aux stipulations du droit international, droit international classique, mais aussi droit de l'Union européenne, particulièrement riche, dans la mesure où il comprend les traités fondateurs de la Communauté économique européenne puis de l'Union européenne, mais aussi un volumineux droit dérivé, composé essentiellement de règlements et de directives.

C'est le Conseil d'État qui, dans sa mission de préparation des projets de lois, opère ce contrôle. Effectué dans le cadre de ses missions consultatives, il ne fait pas obstacle à l'exercice d'un second contrôle de conformité de la loi au droit international ou au droit de l'Union dans le cadre cette fois de ses fonctions contentieuses.

Il existe en effet un contrôle *a posteriori* de la conformité des lois aux traités. Les juridictions nationales (administratives mais aussi judiciaires) peuvent être amenées, dans le cadre des contentieux dont elles sont saisies, à neutraliser un texte législatif qui ne serait pas jugé conforme aux stipulations d'un traité classique ou aux stipulations du droit plus spécifique qu'est le droit de l'Union européenne. En d'autres termes, les juridictions nationales peuvent procéder à un contrôle de conventionalité de la loi. On peut donc parler d'un double contrôle de conventionalité des lois, l'un opéré en amont de l'adoption de la loi, l'autre opéré en aval.

La loi apparaît donc largement déterminée par des archives internationalisées.

B. Une loi produit d'archives nationales et internationales d'accessibilité réduite

Comprendre le processus d'élaboration d'un texte législatif et le texte législatif final, au regard de l'exigence de conformité au droit international et au droit de l'Union européenne, supposerait donc un accès aux analyses opérées sur ce point par le Conseil d'État.

Cela n'est envisageable que dans un temps assez long, puisque les avis du Conseil d'État ne sont pas des documents communicables au sens de la loi du 17 juillet 1978 et que lorsque ces documents deviennent des archives, leur régime de communication est celui prévu par l'article L.213-2 du code du patrimoine, soit une communicabilité à l'expiration d'un délai de 25 ans.

Les archives du ministère des Affaires étrangères seraient également de nature à éclairer les conditions de l'engagement international de la France. Mais on se trouve ici en présence de documents non communicables au sens de la loi de 1978 (article 6 I 2° c) et qui en qualité d'archives publiques ne sont communicables, au mieux, qu'à l'expiration d'un délai de vingt-cinq ans, voire cinquante ans, dans le cas où la communication porte atteinte aux intérêts fondamentaux de l'État dans la conduite de la politique extérieure (article L.213-2 I 3° du code du patrimoine).

Les archives des organisations internationales sont également de nature à éclairer les conditions des engagements internationaux de la France. S'agissant de l'Union européenne, leur communicabilité est notamment organisée par un règlement du Conseil du 22 septembre 2003 (1700/2003). De ce règlement il résulte que les archives de l'Union sont en principe communicables au terme d'un délai de 30 ans à compter de la date de leur production.

Ce principe connaît cependant deux aménagements.

Certains documents peuvent faire l'objet de classifications qui les rendent incommunicables au-delà de trente ans (restreint, confidentiel, secret, très secret). Ils ne sont accessibles qu'après déclassification.

Certains documents concernant la vie privée et l'intégrité de l'individu répondent à des règles de communicabilité particulières. Ceux concernant les intérêts commerciaux d'une personne physique ou morale, ne peuvent être communiqués qu'avec l'accord des personnes intéressées. Leur désaccord ne peut être surmonté que par l'existence d'un intérêt public supérieur.

On mesure donc à travers ces premiers exemples que comprendre la loi à travers ses archives ne peut se faire que dans un temps fort long.

II. La constitutionnalisation des archives de la loi

Il s'agit de souligner ici que la préparation de la loi et l'adoption finale de la loi doivent se faire dans le respect des dispositions de la Constitution et plus largement du bloc de constitutionnalité (A). Ce nécessaire respect de la Constitution a pour conséquence un processus d'élaboration de la loi déterminé par des normes constitutionnelles qui confère aux archives du Conseil constitutionnel un rôle particulièrement important (B).

A. La soumission de la préparation de la loi et de la loi au respect du bloc de constitutionnalité

Elle est d'une part le fruit de l'article 61 de la Constitution disposant que : « les lois peuvent être déférées au Conseil constitutionnel avant leur promulgation, par le président de la République, le Premier ministre, le président de l'Assemblée nationale, le président du Sénat ou soixante députés ou soixante sénateurs ».

Elle est d'autre part la conséquence de l'article 61-1 de la Constitution disposant que : « Lorsque à l'occasion d'une instance en cours devant une juridiction, il est soutenu qu'une disposition législative porte atteinte aux droits et libertés que la Constitution garantit, le Conseil constitutionnel peut être saisi de cette question sur renvoi du Conseil d'État ou de la Cour de cassation qui se prononce dans un délai déterminé ».

Là aussi différents acteurs sont amenés à intervenir pour vérifier cette conformité à la Constitution, tout d'abord en amont de l'adoption de la loi. Les principaux sont le secrétariat général du gouvernement, les cabinets ministériels, mais aussi et surtout le Conseil d'État.

Ce dernier joue, au stade de la préparation de la loi, un rôle de contrôleur de la constitutionnalité particulièrement important, pour éviter une saisine du Conseil constitutionnel et une censure de la loi par le Conseil constitutionnel. Ce contrôle est devenu si cela est possible encore plus important depuis l'introduction de la question prioritaire de constitutionnalité (QPC) qui rend possible un contrôle de la constitutionnalité de la loi après promulgation de la loi.

Il convient donc de se prémunir au stade de la préparation de la loi d'un risque de censure par le Conseil constitutionnel, saisi soit avant la promulgation de la loi, soit après promulgation de la loi, à l'occasion d'un litige porté soit devant une juridiction administrative, soit devant une juridiction judiciaire.

En dépit de ce travail en amont, il arrive que le Conseil constitutionnel, saisi selon désormais deux procédures différentes, considère que telle ou telle disposition de la loi est contraire à la Constitution. Si la censure intervient avant la promulgation, la disposition censurée ne pourra pas se trouver dans le texte promulgué, il appartiendra au Parlement d'y renoncer ou de la modifier. Si la censure intervient après promulgation, il appartiendra au législateur d'abroger les dispositions litigieuses. Si les dispositions contestées sont déclarées conformes à la Constitution, elles peuvent être soit promulguées et entrer en vigueur soit demeurer en vigueur.

Dans tous ces cas de figure, la loi est le fruit d'archives nationales multiples, constitutionnalisées en ce sens que la contribution de chaque acteur au processus d'élaboration de la loi est déterminée par les dispositions du bloc de constitutionnalité. Comme pour les archives internationalisées, leur accès demeure réduit.

B. Une loi produit d'archives nationales multiples d'accessibilité réduite

Sont bien sûr essentielles à la compréhension du processus de fabrication de la loi les archives du Conseil d'État, sur lesquelles il n'y a rien d'autre à dire que ce qui a déjà été dit plus haut.

Le sont tout autant, les archives du Conseil constitutionnel, sur lesquelles nous attarderons un peu. En 2001, ces archives avaient été organisées par le Conseil constitutionnel lui-même, en rupture avec les règles du droit commun en la matière. Il avait fixé à soixante ans le délai au-delà duquel pouvaient être librement consultés les documents procédant de l'activité du Conseil.

Ce caractère dérogatoire avait suscité quelques commentaires critiques de la part de la doctrine. Saisi par un collègue, Jean-Philippe Brouant, le Conseil d'État avait hélas écarté sa compétence pour connaître d'un tel recours, jugeant que : « Le Conseil constitutionnel a entendu définir un régime particulier pour l'accès à l'ensemble de ses archives ; qu'eu égard à cet objet, qui n'est pas dissociable des conditions dans lesquelles le CC exerce les missions qui lui sont confiées par la Constitution, ce règlement ne revêt pas le caractère d'un acte administratif dont la juridiction serait compétente pour connaître » [3].

---

[3] CE, 25 octobre 2002, Brouant, *Rec*, p. 346, concl Goulard.

Concrètement cette déclaration d'incompétence permettait de laisser subsister le délai de 60 ans retenu par le Conseil constitutionnel pour la communicabilité de ses archives.

Mais il ne s'agit plus là que d'un souvenir puisque, avec l'adoption de la loi organique du 15 juillet 2008 modifiant la loi organique sur le Conseil constitutionnel du 7 novembre 1958, le régime juridique des archives du Conseil constitutionnel est revenu vers le droit commun. Le délai de communicabilité a en effet été ramené à 25 ans.

III. L'occultation des archives de la loi

Par ce terme un peu mystérieux d'occultation des archives de la loi, il s'agit d'évoquer « la représentation des intérêts » autrement dit le lobbying au sein des institutions publiques et son influence sur le processus législatif (A). J'évoquerai ensuite le louable objectif de rendre visible ces archives de la loi pour l'heure encore largement invisibles (B).

A. La « représentation des intérêts » particuliers au sein des institutions publiques

Il s'agit bien sûr d'un phénomène des plus anciens, aussi ancien que les assemblées parlementaires. Pour la longue troisième République, peu avare en scandales politico-financiers, l'un des principaux fut bien sûr celui du canal de Panama, qui fit apparaître qu'un ministre des Travaux publics (Baïhaut) avait touché 300 000 francs pour déposer le projet de loi autorisant la société du canal de Panama à émettre des obligations qui ne suffiront pas à la sauver de la faillite. Le scandale mit aussi en évidence que des députés, les « chéquards » avaient sans doute aussi bénéficié de largesses pour soutenir ce texte, même si les parlementaires compromis furent acquittés en 1893 devant les Assises de la Seine. Cette affaire illustre la pire des hypothèses, celle dans laquelle la représentation des intérêts utilise la corruption pour obtenir un texte législatif à son avantage.

Pareilles affaires restent cependant exceptionnelles, la « représentation des intérêts » peut tenter d'infléchir la législation ou parvenir à l'infléchir, sans recourir à la corruption, mais à d'autres moyens de pression, en particulier celui consistant à faire peser une menace sur les chances de réélection d'un élu ou d'élus qui ne se montreraient pas assez à l'écoute de ceux qu'ils sont censés représenter.

La Vème République offre un exemple intéressant de ce cas de figure peut-être un peu oublié. C'était en avril 1960. Le général de Gaulle, dans un courrier adressé au président de l'Assemblée nationale, refusait la convocation en session extraordinaire de l'Assemblée nationale demandée par une majorité de députés. Cette demande était largement déterminée par les « démarches pressantes dont ils ont été l'objet de la part des dirigeants d'un groupement professionnel. Or, celui-ci, quelle que puisse être sa représentativité quant aux intérêts économiques particuliers qu'il fait valoir, n'en est pas moins, suivant la loi, dépourvu de toute qualification et de toute responsabilité politique ». Et le général de Gaulle d'ajouter ne pas croire « que la réunion du Parlement qui serait déterminée par des « invitations » d'une telle nature, puisse être tenue pour conforme au caractère de nos nouvelles institutions et même à la règle qui condamne tout mandat impératif ». (l'article 27 de la Constitution selon lequel « Tout mandat impératif est nul ») [4].

Depuis ces temps lointains du début de la Vème République, il semble que la représentation des intérêts soit moins artisanale, soit mieux organisée, plus discrète et plus systématique, jouant davantage sur le terrain de la pédagogie auprès des parlementaires que sur celui de tonitruantes sommations, voire de la corruption, préférant exercer une forme de « dictature de la persuasion », selon la formule fameuse appliquée notamment à Thiers.

Il suffit pour s'en convaincre de scruter même sommairement l'actualité, pour découvrir des exemples de plus en plus nombreux de ces lois qui sont le produit d'un processus dont on peut dire, diplomatiquement, qu'il n'est pas purement institutionnel, autrement dit de lois négociées avec la « représentation des intérêts ».

C'est ainsi que la fameuse taxe à 75 % sur les rémunérations de plus d'un million d'euros a fait l'objet d'aménagements spécifiques, destinés à limiter le poids de cette taxe pour les clubs de football. Toujours en faveur du sport, les ventes de billets d'évènements sportifs sont soumises à une TVA à taux réduit, soit 5,5 %.

La loi de finances rectificative pour 2014 devrait consacrer une exonération fiscale au profit de l'UEFA (Euro 2016 SAS détenue à 95 % par l'UEFA et à 5 % par la Fédération française de football) organisatrice de l'Euro 2016.

Signalons aussi cet amendement à la loi de finances pour 2015 déposé par deux députés et tendant à limiter les effets de la hausse des taxes sur le tabac devant intervenir à compter du 1er janvier 2015.

Le récent rapport (octobre 2014) de l'association Tranparency international, attire quant à lui l'attention sur la loi de séparation des activités ban-

[4] Cet épisode est notamment relaté par R. Chiroux dans : « La constitution de la république française, analyses et commentaires », sous la direction de F. Luchaire et G. Conac, Économica 1979, T. 2, p. 449.

caires de juillet 2013, dont je cite : « le texte final se révèle très éloigné des intentions de départ », l'association y voyant la conséquence du lobbying des grandes banques françaises [5].

B. De l'invisibilité à la visibilité de ces archives de la loi ?

Dans son rapport précité, Tranparency international France attribue une médiocre note de 24 sur 100 concernant la traçabilité des décisions publiques qui aujourd'hui en France n'est pas possible, en particulier parce qu'il n'existe pas de loi définissant et réglementant les activités de lobbying en France [6].

L'association reconnaît cependant aux assemblées parlementaires, Assemblée nationale et Sénat, le mérite de s'être intéressées à l'action des lobbies au sein des assemblées, même si ce n'est que depuis l'année 2006.

Après deux propositions de résolutions (2006 et 2007) visant à mettre en place un registre destiné à contrôler la circulation des représentants d'intérêts dans les locaux de l'Assemblée et à la définition d'un code de bonne conduite, le bureau de l'Assemblée a en 2009 adopté « des règles de transparence et d'éthique applicables à l'activité des représentants d'intérêts à l'Assemblée nationale ».

Concrètement a été mis en place un registre volontaire des représentants d'intérêts. En contrepartie de leur inscription sur le registre et de leur engagement à respecter un code de conduite, les représentants d'intérêts disposent d'un badge leur donnant accès à certaines salles de l'Assemblée ».

Le Sénat s'est engagé la même année dans une démarche similaire.

Ces récentes évolutions sont cependant jugées insuffisantes. Est notamment souligné le faible nombre d'inscrits sur ces registres (fin 2013, 176 à l'Assemblée nationale et 114 au Sénat) et l'existence d'inscrits différents d'un registre à l'autre.

L'association regrette encore que la « réglementation du lobbying soit réduite à un enjeu d'accès et de sécurité et non de transparence de la décision publique » [7].

Mais surtout, est regretté le fait que : « Aucune disposition n'est prévue pour faire la transparence sur les informations et argumentaires transmis aux parlementaires. Il est dès lors impossible d'avoir une idée précise des in-

---

[5] *Transparence et intégrité du lobbying, un enjeu de démocratie, État des lieux citoyen sur le lobbying en France*, rapport de Transparency international France 2014, p. 23.

[6] Rapport, *op. cit.*, p. 7.

[7] Rapport, *op. cit.*, p. 15.

fluences réellement exercées auprès des parlementaires et des moyens financiers et humains mis en œuvre par les acteurs du lobbying » [8].

Est également souligné le fait que : « Les autres lieux où se forgent les décisions publiques (services de l'Élysée et cabinets ministériels, autorités administratives indépendantes, lieux d'expertise, collectivités locales…) sont pour l'instant oubliés alors même qu'ils peuvent jouer un rôle aussi important dans l'élaboration des politiques ».

Transparency international formule une série de propositions pour faire évoluer cette situation jugée insatisfaisante, notamment la publication des positions, argumentaires et autres éléments d'informations reçus par les décideurs publics. Autrement dit est préconisée la création d'archives publiques de la représentation des intérêts.

Il s'agit bien sûr d'un enjeu démocratique considérable, d'un enjeu de souveraineté, qui nécessitera sans doute une loi, preuve que la loi a encore son mot à dire, en dépit de l'érosion de l'autorité de la loi soulignée dans mes propos introductifs, et aussi sans doute un agrandissement substantiel des linéaires de la grande maison qui nous accueille.

Je vous remercie.

[8] Rapport, *op. cit.*, p. 15.

L'apport de la diplomatique contemporaine à la compréhension du processus de production de la loi

CHRISTINE NOUGARET
Professeur, École nationale des chartes,
PSL Research University, Centre Jean Mabillon

La présente contribution s'inscrit dans le cadre de la réflexion menée par le programme de recherche Mémoloi sur l'apport possible de la diplomatique à une meilleure connaissance de la norme. Levons d'emblée une ambiguïté : le mot diplomatique ne fait pas référence aux relations internationales, mais à une science de l'érudition, entrée dans le dictionnaire de l'Académie française dès 1762 : « On appelle ainsi l'art de reconnaître les Diplômes authentiques. » Diplôme s'entend ici comme une « pièce officielle (primitivement pliée en deux et scellée) émanant d'une autorité souveraine, établissant un droit, un privilège » [9]. Le Trésor de la langue française définit aujourd'hui la diplomatique comme la « Science ayant pour objet les diplômes, chartes et autres documents officiels, leur authenticité, leur intégrité, leur âge et leurs variations au cours des temps » [10]. Le champ de la diplomatique s'est donc considérablement élargi, tout en continuant à englober largement l'étude des actes officiels, dont les lois.

Le sujet traité ici n'est pas nouveau : depuis deux siècles les diplomatistes spécialistes du Moyen Âge ont largement emprunté cette voie [11]. Leurs travaux sur les usages de la chancellerie royale à travers les siècles leur ont

[9] Le Trésor de la langue française informatisé (TLFI) : http://atilf.atilf.fr/.

[2] *Ibidem.*

[3] Pour une bibliographie du sujet voir : Guyotjeannin (Olivier), Pycke (Jacques) et Tock (Benoît-Michel), *Diplomatique médiévale*, Turnhout, Brepols, 1993, 3e édition revue et corrigée, 2006 (L'Atelier du médiéviste, 2).

permis d'identifier les caractères diplomatiques des actes législatifs, d'en étudier l'évolution du Moyen Âge à la période moderne, et d'arrêter une typologie de ces actes selon leur aspect formel et leur portée.

Le questionnaire de la diplomatique, bien connu des médiévistes et de plus en plus des modernistes, n'a encore été que trop rarement appliqué à la période contemporaine. Il est vrai que nous disposons pour celle-ci d'autres outils pour appréhender la norme dans son étendue et dans sa complexité :

— La publication des lois, organisée dès 1789 [12], nous fournit un corpus exhaustif et fiable des textes législatifs, sans aucun équivalent pour l'Ancien Régime. Il aura fallu attendre l'entreprise conduite de 1821 à 1833 sous la houlette d'Isambert pour avoir une idée d'ensemble, quoique non exhaustive, des « *anciennes lois françaises* » du Moyen Âge à 1789 [13]. Il s'agissait alors de recueillir les précédents à la charte octroyée par le roi, tandis que se poursuit dans les années 1820-1840 la publication du *Recueil des ordonnances des rois de France de la troisième race*, entamé au XVIIIe siècle.

— Par ailleurs la légistique, à la fois « art de légiférer » [14] et « science de la composition des lois » [15], qui étudie les méthodes de rédaction des textes normatifs, n'est plus réservée aux seuls juristes. Elle constitue aujourd'hui un outil de compréhension de la norme, comme en témoigne la mise en ligne sur le site Légifrance, dans un souci de transparence administrative, du guide de légistique du gouvernement [16].

Dans ces conditions, on peut s'interroger sur l'utilité de manier l'outil diplomatique pour appréhender les lois contemporaines tant les clés d'analyse et de lecture sont nombreuses et disponibles aujourd'hui. Je ne citerai pour mémoire que deux initiatives récentes : l'ANR RevLoi sur « la loi en révolu-

---

[12] La *Gazette nationale ou le Moniteur universel* (1789-1810), puis le *Bulletin des lois* (1794-1931). Voir aussi la collection Baudouin, imprimeur de l'Assemblée, désormais disponible sous forme numérisée (1789-1795) dans le cadre de l'ANR RevLoi : http://collection-baudouin.univ-paris1.fr.

[13] Isambert, Decrusy, Jourdan et Taillandier, *Recueil général des anciennes lois françaises*, Paris, 1821-1833, 29 vol.

[14] Guinchard (Serge) dir., *Lexique des termes juridiques 2014-2015*, Paris, Dalloz, 22e édition, 2014.

[15] Cornu (Gérard) dir., *Vocabulaire juridique*, Paris, PUF, 10e édition, 2014.

[16] Conseil d'État et Secrétariat général du Gouvernement, *Guide pour l'élaboration des textes législatifs et réglementaires*, 2nde édition, Paris, La Documentation française, 2007. Version en ligne actualisée au 20 mai 2015 sur : http://www.legifrance.gouv.fr/Droit-francais/Guide-de-legistique.

tion, 1789-1795 »[17], et l'exposition des Archives nationales « Le pouvoir en actes » (2013), dont le très riche catalogue, dirigé par Elsa Marguin-Hamon, fait la part belle aux aspects matériels, rédactionnels et symboliques de l'acte d'autorité, qu'il s'agisse du diplôme, de la charte ou de la loi[18]. La présente contribution est une commande du groupe de recherche Mémoloi qu'animent Marie Cornu et Jérôme Fromageau sur la mémoire des lois patrimoniales. Elle ne prétend donc pas révéler une genèse de la loi alors que celle-ci est généralement bien connue. Il s'agit davantage de montrer comment ce processus d'élaboration de la loi contemporaine tire ses origines des pratiques de la chancellerie royale et a évolué ces deux derniers siècles, s'émancipant progressivement du modèle monarchique.

Pour ce faire je m'intéresserai à la forme de la loi : après avoir défini les principales notions de la critique diplomatique, je présenterai les deux formulaires successivement employés depuis la Révolution française pour établir la loi, à savoir la lettre et le procès-verbal.

I. Quelques notions de critique diplomatique

La notion de forme en diplomatique

Selon Pierre Legendre, la loi est « un assemblage formel » qui de « lui-même ne dit rien »[19]. Ce point de vue n'est pas partagé par les diplomatistes, pour lesquels la forme est un élément essentiel qui permet d'identifier un acte et de l'authentifier. Est présumé sincère (ou diplomatiquement authentique) un acte qui répond **dans sa forme** à ce pour quoi il se donne[20].

La forme de l'acte est le moule dans lequel est coulé le contenu de l'acte ; elle est constituée par l'ensemble des caractères externes (support, écriture, format et mise en page, signes de validation, ...) et des caractères internes (éléments de langue, d'agencement et de formulation du discours) qui don-

---

[17] En particulier, une journée d'études et un colloque international organisés dans le cadre de l'ANR RevLoi, projet coordonné par Anne Simonin et Pierre Serna : « Les source matérielles de la loi » (2011) ; « Fonder l'ordre et établir la norme » (2013). Pour plus de détails voir http://collection-baudouin.univ-paris1.fr.

[18] *Le pouvoir en actes : fonder, dire, montrer, contrefaire l'autorité*, Paris, Archives nationales-Somogy, 2013. Voir notamment les contributions d'Elsa Marguin-Hamon, « Essai sur l'acte souverain comme acte de langage », p. 56-63 ; d'Isabelle Rouge-Ducos, « (Ré)inventer la loi », p. 86-90 ; ou de Claire Martin, « Processus de signature des textes législatifs et réglementaires », p. 176-178.

[19] *L'amour du censeur, essai sur l'ordre dogmatique*, 1974 ; cité par le programme du colloque « Les sources matérielles de la loi » (Paris, Archives nationales, 2011). Voir ci-dessus note 9.

[20] Voir *Vocabulaire international de la diplomatique*, éd. Maria Milagros Cárcel Ortí, 2e édition, Valence (Espagne), 1997, art. 108 et 110. En ligne sur : http://www.cei.lmu.de/VID.

nent à l'acte son aspect, selon les règles en vigueur dans les organisations. Tous les actes de même nature répondent à un même formulaire. Les diplomatistes s'attachent tout particulièrement à l'étude du discours diplomatique, c'est-à-dire des différentes parties constitutives de l'acte écrit. De manière générale, on distingue, depuis l'Antiquité romaine, trois parties dans l'acte :

— le protocole : formules du début d'un acte,
— le texte : le corps même de l'acte,
— le protocole final : formules de fin, dates et signes de validation [21].

Si le corps de l'acte nous renseigne sur son contenu, le protocole initial et le protocole final nous éclairent sur la responsabilité et le processus de décision, les modes d'authentification, voire de publication. La forme nous fournit en quelque sorte l'ADN de l'acte.

Quelle généalogie pour le formulaire de la loi ?

La Déclaration des droits de l'homme de 1789 définit la loi comme « l'expression de la volonté générale » [22]. C'est la Constitution, norme suprême, qui fixe la procédure législative, en déterminant qui vote, qui sanctionne, qui promulgue, qui valide et qui publie [23].

Texte voté et promulgué, la loi adopte un formulaire très codifié, qui trouve son origine sous l'Ancien Régime, dans le formulaire des ordonnances et des édits royaux, ainsi que dans celui des ordonnances des juges, appelées décrets. Des trois formulaires classiques en usage sous l'Ancien Régime (la lettre ; le récit ; le procès-verbal), deux ont été employés pour la loi contemporaine dans les deux siècles écoulés : la forme épistolaire et le procès-verbal que j'examinerai successivement.

II. La forme épistolaire

Les lois adoptées sous la monarchie constitutionnelle, entre 1789 et 1792, le sont sous la forme diplomatique des lettres patentes des XVIIe et

[21] Alain de Bouärd, *Manuel de diplomatique française et pontificale*, tome I, *Diplomatique générale*, Paris, Picard, 1929, p. 255.

[22] Déclaration des droits de l'homme et du citoyen, 1789, art. 6.

[23] Sanction. s. f. Acte par lequel le roi, exerçant une partie de l'autorité législative, donne à une loi l'approbation, la confirmation sans laquelle elle ne serait point exécutoire (Acad. 1835). Promulgation : acte par lequel l'exécutif constate officiellement l'existence de la loi et la rend exécutoire (d'après le Lexique Dalloz). Validation : apposition sur un acte des marques d'authenticité généralement annoncées dans la formule de corroboration (d'après *Vocabulaire international de la diplomatique*).

XVIIIe siècles, actes solennels à valeur perpétuelle, scellés du grand sceau royal de cire verte (couleur symbolisant la perpétuité) [24]. Toutefois, le monarque n'étant plus la source de la loi, mais l'un des représentants de la Nation avec le corps législatif, les lettres patentes ne suffisent plus pour dire la loi : elles viennent sanctionner le décret du corps législatif, lui seul ayant le pouvoir de proposer et décréter les lois. Sur le plan diplomatique, ce nouvel exercice du pouvoir législatif se traduit par la formule « Lettres patentes du roi sur décret de l'Assemblée nationale… ». Les lettres patentes ne sont plus que le cadre qui enchâsse le décret.

Cette forme épistolaire enchâssant l'acte voté par le corps législatif est employée pour les lois sous toutes les monarchies constitutionnelles (royautés et empires) qu'a connues la France, même si l'appellation de lettres patentes est abandonnée. Cette forme diplomatique se caractérise par les trois éléments incontournables que sont :

— la suscription, composée du nom de l'auteur de l'acte et de sa titulature, suivie d'une formule de légitimation (le plus souvent une formule de dévotion, affirmation de droit divin), et éventuellement de la référence à la Constitution :

Louis [XVI] par la grâce de Dieu et par la loi constitutionnelle de l'État roi des Français

Napoléon [I] par la grâce de Dieu et les Constitutions de la République empereur des Français

Louis [XVIII] par la grâce de Dieu roi de France et de Navarre

Louis Philippe roi des Français

Napoléon [III] par la grâce de Dieu et la volonté nationale empereur des Français

— l'adresse générale, « À tous présents et à venir », selon la formule consacrée depuis le XIIIe siècle,

— enfin le « Salut », employé depuis l'Antiquité.

La subjectivité du discours, propre aux actes de souverains depuis le Moyen Âge, se manifeste par l'emploi du pluriel de majesté, tant dans le dispositif (« nous voulons et ordonnons », Louis XVI ; « nous ordonnons », Napoléon I ; « nous avons ordonné et ordonnons, Charles X, Louis-Philippe ; « avons sanctionné et sanctionnons, promulgué et promulguons », Napoléon III) que dans la clause finale d'injonction (« donnons en mande-

[24] Bernard Barbiche, *Les institutions de la monarchie française à l'époque moderne*, 2e éd. revue et corrigée, Paris, PUF, 2001, p. 166-169.

ment », Louis XVI, Charles X, Louis-Philippe ; « mandons et ordonnons », Napoléon I et Napoléon III). Le pluriel ici traduit une « autorité amplifiée dans son être et son énonciation » [25]. La clause intentionnelle « car tel est notre plaisir », qui souligne la volonté royale, n'est plus employée en revanche que sous la Restauration qui reprend les « oripeaux de l'Ancien Régime » [26].

La subjectivité majestueuse se retrouve dans la date finale de la loi, qui fait systématiquement référence au lieu du pouvoir (« donné en notre palais des Tuileries », pour Napoléon ; « fait au Palais des Tuileries » pour Louis-Philippe et Napoléon III), éventuellement à l'année du règne (« Donné à Paris, en notre château des Tuileries, le … du mois de …, l'an de grâce…, et de notre règne le… », pour Louis XVIII et Charles X). Le verbe « donner », en revanche, qui traduisait la volonté royale source de la loi, est définitivement abandonné dès Louis-Philippe au profit du verbe « faire », beaucoup plus neutre.

Enfin, la validation de la loi est solennelle. Elle comporte la signature autographe du prénom du souverain, suivie du contreseing du ministre endossant la responsabilité, introduit par la formule « par le roi… », « par l'empereur » ; viennent ensuite le visa du chancelier et le grand sceau. Ce dernier est annoncé par la clause de corroboration, qui peut contenir une formule de perpétuité :

Sous Louis XVI, Louis XVIII, Charles X et Louis-Philippe : *« afin que ce soit chose ferme et stable à toujours nous y avons fait mettre notre sceau ».*

Sous Napoléon I et Napoléon III : *« Soit la présente loi revêtue du sceau de l'État ».*

Sous Napoléon III : *« … les présentes revêtues du sceau de l'État ».*

III. La forme du procès-verbal, dite forme objective

La forme épistolaire, on l'a vu, n'est que le cadre dans lequel vient s'enchâsser l'acte voté par le pouvoir législatif, lui-même dressé sous forme de procès-verbal. Comme l'a très bien montré Isabelle Rouge-Ducos [27], dès 1789, les décisions de l'Assemblée sont consignées dans le procès-verbal des séances qui constitue désormais le « référent de tout décret ». La minute originale du décret n'est que l'extrait du procès-verbal qui l'authentifie.

---

[25] Elsa Marguin-Hamon, « Essai sur l'acte souverain… », *art. cit.*, p. 56.

[26] Formule de Théophile Lavallée, dans *Histoire des Français depuis le temps des Gaulois jusqu'en 1830*, tome IV, Paris, 1841, p. 396.

[27] Isabelle Rouge-Ducos, « (Ré)inventer la loi… », *art. cit.*, p. 86-88.

Sur le plan diplomatique, cette origine de la loi se manifeste dans la formule « extrait des registres du Sénat conservateur » ou « extrait du procès-verbal du Corps législatif » qui figure dans les textes législatifs des premier et second empires. Elle n'est pas sans rappeler les expéditions des arrêts du Conseil du roi de l'Ancien Régime qui portaient en tête la formule « Extrait des registres du conseil d'État du roi » [28] et étaient dressés eux aussi en forme de procès-verbal selon un modèle très simple.

Le formulaire en forme de procès-verbal s'impose pour tous les actes issus des assemblées, quelle que soit l'évolution de la terminologie (décrets du Corps législatif, résolutions du Conseil des 500, sénatus-consultes, lois, ...). Il est le moule unique de la loi sous les cinq républiques. Ce formulaire comprend la suscription, qui désigne le ou les acteurs de la loi, puis le dispositif, énoncé à la 3e personne qui atteste de la dépersonnalisation du pouvoir et de ses actes [29]. Le contenu même de la suscription traduit l'évolution de la procédure législative et des forces en présence :

IInde République (1849) : *« L'Assemblée nationale a adopté et le Président de l'Assemblée promulgue la loi dont la teneur suit ».*

IInde République (1850) : *« L'Assemblée nationale a adopté la loi dont la teneur suit ».*

IIIe République : *« Le Président de la République promulgue la loi dont la teneur suit ».*

IVe République : *« L'Assemblée nationale et le Conseil de la République ont délibéré, l'Assemblée nationale a adopté, le Président de la République promulgue la loi dont la teneur suit ».*

Quant au dispositif, il constitue l'essentiel de l'acte. Plus encore que dans les arrêts du Conseil de l'Ancien Régime, le formulaire est simplifié à l'extrême après la Convention : ici pas d'exposé mentionnant les rapports ou avis préalables, ces derniers ne figurant, jusqu'à aujourd'hui, que dans les décrets de l'exécutif.

En revanche, les clauses finales innovent dès la Convention avec l'insertion d'une clause de publication (« L'insertion du décret au bulletin vaudra promulgation »), clause présente dans les textes des lois jusqu'à la fin du Second Empire, et à nouveau sous la Ve République.

Enfin, la validation de la loi comprend à partir de la IInde République la signature autographe du chef de l'exécutif (nom propre + titulature). Elle

[28] Bernard Barbiche, *Les institutions de la monarchie…*, *op. cit.*, p. 304.
[29] Voir Elsa Marguin-Hamon, « Essai sur l'acte souverain... ».

est suivie du contreseing du ministre endossant la responsabilité (garde des Sceaux le plus souvent), introduit par la formule « par le président de la République » (IIIe, IVe et Ve Républiques), tandis que le sceau disparaît avec l'avènement de la IIIe République.

***

Au terme de cette lecture comparée et bien trop rapide des textes de lois, quelles conclusions peut-on en tirer sur le plan diplomatique ?

La filiation avec l'Ancien Régime est évidente. On ne se départit pas si aisément des modèles antérieurs, même si les intentions diffèrent. Le formulaire séculaire de la loi, à l'authenticité juridique éprouvée par une longue pratique, trouve à se réemployer sous la Révolution et au-delà, en s'adaptant aux institutions du nouveau régime, en particulier à la séparation des pouvoirs qui exige de distinguer celui qui vote la loi et celui qui l'exécute. La simplification du formulaire, très progressive, est acquise à partir de la IIIe République et de la fin durable de la monarchie, hormis sous l'Occupation où le Maréchal Pétain réemploiera le nous de majesté dans ses décrets-lois. Simultanément, la notion de perpétuité que traduisaient le sceau de l'État et la formule perpétuelle de la clause de corroboration, disparaissent. La loi n'est plus intangible et la voie est ouverte à l'instabilité et à l'inflation législatives qui caractérisent l'époque contemporaine [30].

[30] Hervé Moysan, « La manifestation de l'autorité publique dans la loi à l'heure d'Internet », dans *Le pouvoir en actes…*, *op. cit.*, p. 110.

L'apport de l'histoire contemporaine du droit à la compréhension du processus de production de la loi

Jean-Louis Halpérin
Professeur à l'École normale supérieure,
membre de l'Institut Universitaire de France,
UMR 7074 « Centre de Théorie et Analyse du Droit »

Nul ne paraît douter en France, depuis plusieurs décennies, d'un déclin de la loi comme source (ou, si l'on veut éviter ce terme ambigu, comme méthode de création) du droit. Alors que la loi était censée occuper une place centrale dans notre ordre juridique, au moins depuis la Révolution française et son idéologie qualifiée de légicentriste, la Constitution de 1958 aurait marqué une perte d'influence pour la loi parlementaire, avec la limitation par les articles 34 et 37 de la compétence du Parlement au profit du domaine réglementaire devenu le droit commun et avec l'instauration du contrôle de constitutionnalité permettant d'invalider les lois contraires à la Constitution. Les évolutions de la fin du XXe siècle et du début du XXIe siècle – l'invention du « contrôle de conventionnalité » par les juges judiciaires en 1975, le ralliement en 1989 des juges administratifs à cette technique faisant prévaloir le droit international et européen sur la loi française même postérieure, les condamnations de la France par la Cour de Strasbourg pour incompatibilité de certaines de ses lois avec la convention européenne des droits de l'homme, la création de la question prioritaire de constitutionnalité en 2008-2009 permettant d'écarter des lois même antérieures à 1958 qui ne sont pas conformes à la Constitution – auraient aggravé la fragilité des lois « nationales » dont le rôle serait désormais marginal (en comparaison avec les lois transposant des directives européennes) dans la fabrique du droit français.

À ces considérations franco-françaises s'ajouterait, dans le monde entier, la montée en puissance (et apparemment en force de conviction) des thèses critiques à l'égard du « positivisme législatif » et du « normativisme » kelsénien, censé en être la forme à la fois la plus aboutie et la plus dépassée par les développements d'un « droit global » dans lequel les sources infra-étatiques et supra-étatiques du droit auraient beaucoup plus d'importance que les lois de facture classique, c'est-à-dire, sauf exceptions, les lois votées depuis 1789 par des organes représentatifs. Qu'il s'agisse du décisionnisme de Carl Schmitt, du réalisme juridique dans ses versions nord-américaine et scandinave, des diverses formes théoriques de « pluralisme juridique », des variations autour du « tournant herméneutique » qui donnent le pouvoir d'établir des normes aux autorités (le plus souvent extra-parlementaires) chargées d'interpréter et de donner sens aux énoncés normatifs, il serait devenu un lieu commun, comme une nouvelle *doxa*, de considérer le droit comme un ensemble hétérogène et désordonné de décisions (notamment judiciaires) et non comme su système (codifié ou non) de lois. Il serait aujourd'hui dépassé de croire un tant soit peu dans l'empire de la loi et les historiens du droit contemporain (développé depuis la Révolution française), renouant avec la démarche moins stato-centrée des médiévistes, seraient appelés à jeter au rebut la classique « histoire législative » ou l'étude des « législations comparées » telle que prétendaient la pratiquer Lerminier et Laboulaye au Collège de France au XIXe siècle.

Je ne partage pas personnellement cette critique frontale, souvent sommaire et déformante, d'un positivisme prétendument obsolète parce qu'il accorderait trop d'importance, dans le présent et dans le passé, à la loi comme source du droit. Je souhaiterais, dans un premier temps, exposer dans quelle mesure nous avons à tenir compte des objections adressées aux conceptions « classiques » de la loi et de l'histoire législative et, dans un second temps, proposer ce qui me paraît souhaitable et réalisable en termes d'approches historiques du droit législatif, dans une perspective comparatiste qui dépasse le strict cadre de la France.

I.

Les constatations empiriques relatives à l'importance quantitative et qualitative des textes législatifs à l'époque contemporaine conservent leur valeur et doivent continuer à nous convaincre que les lois ont participé, et continuent de participer, de manière décisive à la formation et à la fabrique du droit. Mais une telle conviction n'empêche pas de retenir, des critiques réalistes et du « tournant herméneutique », l'idée que les textes législatifs prennent place dans des processus complexes, variables dans le temps et dans l'espace, qui vont de la conception de la norme à l'édiction d'un énoncé normatif, puis à son application par des interprétations proprement normatives données par des autorités habilitées à la faire, ce qui correspond à la dernière conception de Kelsen des normes comme des « significations d'actes de volonté »[31].

Des voix s'étaient fait entendre, dès la première moitié du XXe siècle, pour dénoncer l'illusion des recherches – qu'elles émanent des juges, des auteurs de la doctrine ou des historiens – portant sur « l'intention » du législateur à partir des travaux préparatoires des lois. Prenant appui sur la méthode des juges de *common law* qui ne faisaient guère appel à ces travaux préparatoires (peut-être en raison de l'ancienneté du régime parlementaire Outre-Manche), Henri Capitant affirmait déjà en 1935 que « l'interprétation des lois deviendrait plus simple, plus forte si l'on faisait abstraction des travaux préparatoires »[32]. Toute l'œuvre de Kelsen, on le sait, vise à écarter de la science du droit les phénomènes non normatifs, ce qui s'applique aux « actes préparatoires » à l'adoption des lois, des actes qui ne pouvaient être qualifiés de droit selon le théoricien normativiste. S'agissant des textes votés par les assemblées, Michel Troper a récemment rappelé tous les arguments qui militent contre l'idée même d'identification d'une prétendue volonté du législateur. Les textes sont adoptés, souvent article par article, par des majorités hétérogènes (combinant les votes des deux assemblées dans les systèmes bicaméralistes) de députés qui se sont prononcés pour des raisons multiples, impossibles à cerner et qu'il est abusif de confondre avec les opinions exprimées (en général par une minorité de parlementaires) au cous de la discussion[33]. L'alchimie politique des votes de compromis qui caractérisent la vie parlementaire efface toutes traces des intentions, par ailleurs obscures, voire cachées. Du législateur humain, on peut se demander, comme du législateur divin, à perte de vue « ce qu'il a voulu dire » !

D'un point de vue théorique, il fallait aller plus loin pour dessiller les yeux des juristes et des historiens du droit qui – nous comprenons d'autant mieux cette illusion que nous avons pu nous livrer à cet exercice – scrutaient les travaux préparatoires, considérés comme de véritables mines, des

---

[31] Hans Kelsen, *Théorie pure du droit*, 2e éd., trad. fr. Ch. Eisenmann, LGDJ Bruylant, 1999, p. 12.

[32] Henri Capitant, « L'interprétation des lois d'après les travaux préparatoires », *DH* 1935, Chron. 77.

[33] Michel Troper, *Terminer la Révolution. La Constitution de 1795*, Paris, Fayard, 2006, p. 18.

assemblées révolutionnaires (notamment de la Constituante), du Conseil d'État et des assemblées du Consulat pour la codification napoléonienne ou des chambres de la Restauration, de la Monarchie du Juillet ou de la Troisième République pour les grandes lois libérales sur la presse, le droit pénal ou la reconnaissance des syndicats. Il faut ici encore citer les travaux de Michel Troper et sa « théorie réaliste de l'interprétation » : les énoncés législatifs n'ont pas de sens prédéterminé tant qu'ils n'ont pas été interprétés, c'est-à-dire créés en tant que norme, par les autorités habilitées à les interpréter, du Parlement à l'agent de police qui siffle un contrevenant (un exemple venant de Kelsen), en passant par les juges [34].

Sans vouloir trancher ici la querelle doctrinale qui a opposé, en 2002 dans la *Revue française de droit constitutionnel*, Michel Troper et Otto Pfersmann, nous nous rallions, avec beaucoup de partisans du positivisme juridique, à l'idée que les effets des textes juridiques résultent beaucoup plus des interprétations jurisprudentielles en aval que de la volonté des législateurs en amont, une volonté qu'il est d'ailleurs impossible de connaître en dehors du texte lui-même. Dès 1823, Favard de Langlade n'écrivait-il pas, dans son *Répertoire de législation civile*, que la loi était une « théorie incomplète » jusqu'à ce que « son sens soit fixé par les tribunaux » [35] ?

Que les historiens ne s'inquiètent pas outre mesure de ces postulats réalistes qui privilégient, dans la « fabrique de la loi », le moment créateur de son application (ou si l'on préfère de sa mise en circulation en tant que norme) par rapport au moment précédent d'édiction de l'énoncé législatif. La méthode préconisée par Michel Troper, et qu'il a pratiquée lui-même sur le terrain de l'histoire juridique de la Révolution française, reste historique de part en part : elle n'écarte, d'ailleurs, ni les textes législatifs, ni les argumentaires développés au cours de la discussion. Elle les utilise comme autant de pièces qui permettent au chercheur de distinguer, avec l'aide de concepts contemporains (c'est-à-dire sans lien nécessaire avec le contexte étudié, pour éviter précisément d'être « contaminé » par l'idéologie qui a entouré l'élaboration de ces textes et souvent obscurci leur compréhension), les écarts entre les discours politiques (de justification, faisant appel souvent à des raisons qui ne sont pas les vrais ressorts de l'adoption d'une loi) et les énoncés législatifs. S'agissant des textes constitutionnels, dont Michel Troper met en doute la qualité de « norme juridique » sous la Révolution (un

---

[34] Michel Troper, « Une théorie réaliste de l'interprétation », *in* Olivier Jouanjan, *Théories réalistes du droit*, Presses universitaires de Strasbourg, 2001, p. 51-66.

[35] Cité par Pierre-Nicolas Barenot, *Entre théorie et pratique : les recueils de jurisprudence, miroirs de la pensée juridique française (1789-1914)*, thèse droit, Bordeaux, 2014, p. 158.

point de vue que nous ne partageons pas), les interprétations subséquentes par la pratique institutionnelle (que certains considèrent comme une coutume constitutionnelle) sont même écartées de cet examen des textes, au motif qu'il s'agit souvent d'interprétations « déviantes » qui risquent de surdéterminer notre lecture *a posteriori* des constitutions.

Ce dernier argument ne peut s'appliquer aux textes législatifs pour lesquels l'interprétation jurisprudentielle est indissociable de la mise en œuvre. Un texte législatif qui n'est pas appliqué par les tribunaux est un texte « sans vie », sans effectivité sociale, à moins de supposer (ce qui nous paraît improbable) que l'absence de contentieux traduit un bon fonctionnement et une large acceptation de la loi. Or, un texte appliqué par les tribunaux est un texte donnant lieu à la création de normes jurisprudentielles ou, si l'on préfère, à des interprétations créatrices de sens susceptibles de faire prévaloir les arrêts de principe sur la signification commune (en réalité, pour l'essentiel, celle donné par la communauté épistémique des juristes) donnée aux énoncés législatifs. Toute l'histoire de l'application du Code Napoléon, et spécialement des articles dont la rédaction est restée inchangée depuis 1804, confirme ce postulat qu'un texte législatif ne se comprend pas à l'aune de ce que ses « auteurs » ont voulu faire, mais de ce qu'ils ont fait réellement, c'est-à-dire livrer un énoncé qui a été interprété par les tribunaux. Les articles 544, 1134, 1382 et 1384 – pour citer les plus célèbres – ont ainsi « échappé » aux intentions, pour le moins complexes, de leurs rédacteurs collectifs et ont donné naissance à une palette extrêmement riche d'interprétations jurisprudentielles qui ont irrigué l'ensemble du droit privé français.

L'histoire du droit – et cela est valable pour l'étude de n'importe quelle loi – doit prendre en compte, comme le remarquait Gadamer [36], cet éventail (dans certains cas déployé sur plusieurs siècles) d'interprétations successives qui se sont superposées de telle manière que les juges eux-mêmes ont souvent accès à au moins une partie de cet ensemble de normes.

Dira-t-on que cette vision réaliste est trop influencée par les situations contemporaines liées à l'essor du contentieux constitutionnel ou qu'elle est plus adaptée au rôle créateur du juge dans les pays de *common law* (reflété par l'expression *judge-made law*) que dans les pays de droit civil ? Je répondrai que l'histoire contemporaine, et donc post-révolutionnaire, des rapports entre le juge et la loi est caractérisée en France, ainsi que dans beaucoup d'autres pays européens, par la rationalisation d'une jurisprudence de plus en plus

[36] Hans-Georg Gadamer, *Vérité et Méthode*, trad. fr. Étienne Sacre, Paris, 1976, p. 178 et s.

modelée sur le style de la loi, de plus en plus diffusée et par conséquent douée d'une autorité de plus en plus forte. En dépit de sa réputation légicentriste, la France a même été pionnière dans ce domaine avec sa juridiction de cassation, ses recueils de jurisprudence et ses controverses doctrinales sur la jurisprudence comme source du droit. Qu'il s'agisse du droit privé, avec la mise en œuvre parallèle de la codification napoléonienne et de la jurisprudence de la Cour de cassation, ou du droit administratif avec l'œuvre du Conseil d'État largement bâtie sur des textes de lois (notamment d'époque révolutionnaire), la France a servi de modèle, par exemple pour l'Espagne, l'Italie ou même l'Allemagne, de cet essor de la jurisprudence. Il convient, de ce point de vue, de relativiser l'opposition entre pays de *common law* et pays de droit civil en notant que l'avènement de grandes séries de publications systématiques (en réalité sélectives) de décisions judiciaires et de lois est aussi un phénomène du XIXe siècle en Angleterre [37] et aux États-Unis.

Si l'on remonte en arrière aux Temps modernes, l'on sait combien les parlements d'Ancien Régime prenaient des libertés avec la législation royale pour l'interpréter ou même pour ne pas l'appliquer. Si différence il y a, elle est de degré (en liaison avec la motivation des arrêts et leur publication dans des recueils réguliers) et non de nature sur l'influence du juge dans la mise en œuvre de la norme législative. Dans le long terme, l'histoire du droit doit tenir compte de ces modalités d'impression, de diffusion et de conservation (face au risque considérable que représente la désuétude par l'oubli) des textes législatifs [38], comme de la place (variable avec le temps) de ce phénomène jurisprudentiel dont l'apparition commence dans les derniers siècles de l'Ancien Régime. Le légicentrisme relève du mythe quand il s'appuie sur la croyance aveugle dans l'idée simpliste que le droit révolutionnaire aurait réglé définitivement ces problèmes de transmission de la loi. Les réalités du parcours de la loi vers sa concrétisation sont bien plus complexes dans la période qui va de 1789 à 1804, comme après la codification napoléonienne.

Comme on le voit, une approche « réaliste » de la loi comme source de normes ne conduit pas nécessairement, loin s'en faut, à diminuer le rôle de la législation dans les processus de changement qui caractérisent les ordres juridiques. Bien au contraire, une telle vision dynamique d'une construction,

[37] Même de la seconde moitié du XIXe siècle pour ce pays : Jean-Louis Halpérin, *Five legal Revolution since the 17th century*, Springer, 2014, p. 58.

[38] Patrick Arabeyre, « Le premier recueil méthodique d'ordonnances royales françaises : le *Tractatus ordinationum regiarum* d'Étienne Aufréri (fin XVe-début XVIe siècle) », *Tijdschrift voor Rechtsgeschiedenis* 2011, 79, p. 391-453.

toujours en marche, des règles de droit laisse au législateur l'initiative de nombreuses inflexions, voire de ruptures. Comme l'avait analysé le juriste allemand Oskar von Bülow dans *Gesetz und Richteramt* en 1885 [39], le juge a peut-être le « dernier mot » en fixant, au moins provisoirement, le sens d'un énoncé législatif par une interprétation jurisprudentielle, mais le législateur a bien le premier mot en imposant une forme (relative) de contrainte par l'énoncé de la loi. La Cour de cassation pouvait bien manipuler les articles du Code civil dès le XIXe siècle, elle ne pouvait pas recréer l'institution du divorce quand celle-ci avait été abolie de 1816 à 1884, pas plus qu'elle n'aurait pu établir la responsabilité du fait des choses sans la responsabilité du fait personnel et celle du fait d'autrui érigées en loi par les articles 1382 et 1384 du Code Napoléon. C'est sur ce point aussi qu'il nous paraît possible de réconcilier les théories les plus légalistes, attachées au texte et au sens commun des mots, et les plus réalistes, amenées à tenir compte des contraintes interprétatives qui pèsent sur les juges. Les normes juridiques, dans l'histoire contemporaine, résultent d'une combinaison d'interprétation intertextuelles et d'un jeu de pouvoir entre les législateurs et les juges [40].

II.

En fonction de ces postulats théoriques, quelles sont les tâches que doit s'assigner l'histoire législative pour l'ère contemporaine et en quoi devons-nous tenir compte des changements intervenus dans la place reconnue à la législation depuis 1789 en France et hors de France ? Nous avons essayé de synthétiser la méthode proposée en dix points. Le premier pose la question du vocabulaire qui n'est pas plus anodine à l'époque contemporaine qu'aux époques anciennes pour définir et classer les lois. On n'a pas fait le tour de la question, même si ce phénomène est d'une grande importance politique, quand on a dit qu'avec le transfert de souveraineté la loi édictée par le monarque a été remplacée par la loi votée par une ou plusieurs assemblées. Les assemblées révolutionnaires ont voté plusieurs dizaines de milliers de textes qui ont porté le titre de loi et/ou de décret. La dichotomie décret/loi ne se limite pas à l'époque de la monarchie constitutionnelle où le décret voté par l'Assemblée nationale devenait loi par la sanction royale. L'équivoque créée par les deux termes et renforcée par notre usage du terme de « décret » pour les actes administratifs émanant du Gouvernement s'est poursuivie sous la République, donnant lieu notamment sous la Convention à des réflexions

---

[39] Oskar von Bülow, *Gesetz und Richteramt*, Leipzig, Duncker & Humblot, 1885.

[40] Benoît Frydman, *Le sens des lois*, Paris – Bruxelles, LGDJ Bruylant, 2005, p. 576-615.

plus théoriques sur la distinction entre textes à portée générale et textes à portée plus restreinte. Le droit révolutionnaire n'est jamais parvenu à clarifier ce que les théoriciens du droit conçoivent aujourd'hui comme la différence entre normes générales (ne visant pas des personnes dénommées) et normes individuelles (applicables à des personnes physiques ou morales identifiées par la norme elle-même). Or, en France et dans les autres pays européens, les Parlements de l'époque contemporaine (parmi lesquels il faut compter les Sénats impériaux avec leurs sénatus-consultes) ont voté à la fois des lois « générales » et des lois d'intérêt privé. Ces dernières, qu'il faut distinguer des privilèges dans la mesure où elles s'inscrivent dans la perspective nouvelle du « principe d'égalité » (ce sont plutôt des « lois d'espèce »), correspondent à toutes les mesures en faveur d'individus, mais surtout de communautés ou de personnes morales : les lois sur l'allocation de secours à telle ou telle personne, sur l'aliénation des biens de telle ou telle commune, sur la création d'un octroi, sur la construction d'un canal ou d'une voie de chemin de fer, ces derniers exemples ayant tenu (avec les lois sur les *enclosures*) une très grande place dans l'histoire du Parlement britannique au XVIIIe et au XIXe siècles.

Face à des lois « particulières », voire « privées » (c'est-à-dire se combinant avec une initiative privée, une requête à l'origine de la loi, ce que les Anglais appelaient *private bills*), les lois générales n'ont jamais formé un ensemble homogène. La seconde tâche consiste ainsi à distinguer les lois en fonction de leur longueur, de leur caractère plus ou moins précis ou au contraire programmatique, enfin de leur systématicité qu'il s'agisse des processus de « renvoi » d'un texte de loi à un autre (des lois « en réseau » pourrait-on dire aujourd'hui) ou des entreprises de codification (utilisant ou non le terme de « code »). Pour nous en tenir à l'exemple le plus connu, il faut rappeler que le Code Napoléon résulte de 36 lois votées séparément qui ont bien été réunies par la loi du 30 ventôse an XII dans un corpus unique à numérotation continue (ce qui était une innovation), mais qui ne forment pas pour autant un système complètement clos sur lui-même. Non seulement la codification renvoie à des sources extérieures au texte du code proprement dit (les usages, mais aussi des règles implicites comme celles de la liberté du commerce ou de la liberté religieuse qui sont énoncées dans d'autres textes de lois), mais il a pu exister des tensions, voire des contradictions, entre des articles du code que l'on peut alors considérer comme autant de lois séparées. La réforme d'une partie des articles du Code, dès 1807, a accru cette « parcellisation » qui a fait ressembler progressivement le Code Napoléon à un « patchwork » (soumis à l'interprétation des juges) plutôt qu'à un bloc sculpté dans le granit. Les autres codes de la codification napoléonienne, mais aussi le code forestier ou le code du travail plus tardivement, ont pu connaître des phénomènes de porosité de la loi, même générale, qui font penser aux *Acts* dits de « consolidation » du Parlement britannique.

La troisième tâche consiste à intégrer pleinement les règlements dans l'histoire législative. L'absence de délimitation claire entre un domaine de la loi et un domaine réglementaire a eu longtemps pour conséquence que, malgré l'essor indéniable des Parlements, les règlements pris par le Gouvernement ont prospéré en France (dès l'Empire avec même des décrets qui se situent sur le même terrain que les lois) et dans de nombreux pays du continent européen. Or ces règlements, *orders in council* au Royaume-Uni, *Verordnungen* dans les États allemands et finalement dans le *Reich* après 1871 (avec le rôle très important du *Reichsrat*) sont ce que Laband a appelé des « lois matérielles » (pour les distinguer des lois formelles votées par le Parlement). Toute étude de la production législative à l'époque contemporaine doit tenir compte (comme l'ont fait les juges dans l'application concrète de ces textes) de cette masse de règles de droit qui ont été mises par écrit, notamment dans les périodes dites exceptionnelles (comme celles de Vichy et de la Libération). La genèse de l'ordonnance du 2 février 1945 sur les mineurs délinquants est un exemple de ces processus, associant législation et réglementation, qui ont chevauché les périodes de Vichy et de la Libération (avec le rôle du magistrat Jean Chazal et d'Hélène César-Campinchi) [41].

En pensant que cette production législative connaît un indéniable essor à l'époque contemporaine, il est important (comme quatrième piste de recherche) de compter les lois, à la fois pour mesurer les différentes étapes d'un essor quantitatif qui est loin d'être rectiligne et pour disposer d'éléments de comparaison entre États. Les collègues qui ont participé au programme ANR « RevLoi » se sont attelés à cette entreprise difficile consistant à dénombrer plus exactement les lois produites par les assemblées révolutionnaires. L'on savait que cette production était considérable et avait bouleversé le droit français notamment par rapport à l'Ancien Régime, mais aussi du fait de ses effets massifs (liés à un stock important de textes qui n'ont jamais été explicitement abrogés) se prolongeant au XIXe siècle, des effets qui ne doivent pas être masqués par la codification napoléonienne, celle-ci n'ayant pas remplacé la législation révolutionnaire dans tous les do-

---

[41] Jacques Bourquin, « Genèse de l'ordonnance du 23 décembre 1958 sur l'enfance en danger », *Revue d'Histoire de l'enfance irrégulière*, 2007, p. 151-164.

maines. Les résultats se situent, je crois, à environ 20 000 lois de 1789 à 1795 et peut-être autant sous le Directoire, ce qui rend compte du « déluge législatif » qui a déferlé sur la France et sur les juristes (rappelons que l'on estime aujourd'hui le stock des lois en vigueur en France entre 8 000 et 10 000, auxquelles s'ajoutent il est vrai environ 100 000 décrets). Dans notre *Histoire des droits en Europe*, nous avions proposé de tels comptages (qu'il faudrait affiner) pour le XIXe siècle. En France, l'on serait passé d'une moyenne d'une vingtaine de lois adoptées chaque année sous la Restauration à 130 sous la Monarchie de Juillet, près de 200 sous le Second Empire, plus de 300 (entre 305 et 334) pour les années 1881-1885 et 1891-1895. En Grande-Bretagne, les chiffres tournent autour de 100 textes législatifs au milieu du XVIIIe siècle, 200 dès la fin du XVIIIe siècle, 300 au XIXe siècle (mais rarement plus de 100 *statutes* à portée générale). Les chiffres sont moins élevés en Belgique, en Italie ou en Allemagne (sauf pour les cinq premières années du Reich qui ont vu le vote de 167 lois) [42].

Cet essor quantitatif correspond, dans les grandes lignes, à un passage d'une législation élaborée par les cercles gouvernementaux (c'est encore le cas pour la codification napoléonienne, comme cela l'avait été pour les grandes ordonnances de Colbert) à des textes votés par des parlementaires élus, avec l'impact du suffrage universel et de la démocratisation progressive sur la législation. Distinguer cette législation proprement parlementaire de l'ancienne législation princière constitue un cinquième axe de recherches. Il s'agit de déterminer dans quelle mesure les juristes, autrefois conseillers des princes en tant que « légistes », ont perdu le monopole de l'élaboration de la loi au profit de « politiques » faisant triompher les souhaits de leurs électeurs. Souvent caricaturée sous la forme du passage d'une loi rédigée par des techniciens du droit (censés être inspirés par le seul intérêt général) à une loi « démagogique », œuvre de non-juristes qui se soumettent à des intérêts catégoriels, cette évolution a besoin d'être mieux connue et certainement nuancée. Il faut tenir compte de la répartition changeante entre les textes issus de propositions parlementaires (nombreuses dans l'Angleterre des débuts du parlementarisme, apparues plus tard avec l'initiative parlementaire sur le continent) et textes élaborés par le Gouvernement, ainsi que du rôle des juristes, des conseillers-juristes du Gouvernement (comme les membres du Conseil d'État en France), ou parlementaires-juristes (plus ou moins nombreux, mais souvent actifs dans des domaines comme l'organisation judiciaire ou le droit privé). Qui propose une loi ? Sous quelle forme, avec

[42] Jean-Louis Halpérin, *Histoire des droits en Europe*, Paris, Flammarion, 2004, p. 92-93.

quel recours à un exposé des motifs (pour la Troisième République, les propositions parlementaires publiées en annexe du *Journal officiel* sont une mine encore peu exploitée), avec quel travail des commissions, mais aussi des organismes para-étatiques ou privés (sociétés de pensée, associations, syndicats) les textes législatifs ont-ils été formés ? Ces questions restent cruciales et y répondre nécessite souvent de longues recherches. Par rapport à l'étude classique des travaux préparatoires (réduits aux « grands débats »), on attache aujourd'hui moins d'importance aux discours et aux opinions des politiques qui se sont exprimés et davantage de poids aux projets (même ceux qui n'ont pas abouti), aux ébauches de rédaction et à l'inter-textualité qui entoure, en amont et en aval, tout le processus de « bricolage » du texte législatif. Conçu comme une construction, souvent faite de morceaux plutôt que modelée d'une seule pièce, le texte de loi fait apparaître le croisement entre différents niveaux de discours juridiques, idéologiques et sociaux. Il fait souvent appel à la reprise de textes ou formulations antérieurs, empruntés à une législation du passé ou à celle de l'étranger (avec toutes les formes de transplants juridiques, si l'on songe aux codes qui ont emprunté, en le traduisant ou non, des articles *verbatim* au Code Napoléon).

Dans une sixième perspective, cette attention au discours textuel amène à distinguer, conformément aux théories positivistes, les « concepts du droit », c'est-à-dire les noms de concepts ou les ensembles de signifiés présents dans l'énoncé même des lois, et les « concepts de la science du droit » que la doctrine a ensuite (parfois avec un long écart de temps et un risque d'incom-préhension) voulu lire dans les textes de loi. Au cours des dernières décennies, les recherches sur les textes de l'époque révolutionnaire ont ainsi mis en lumière la présence précoce des expressions « vie privée », « individu », « justiciable », « excès de pouvoir » dans les textes législatifs (ou constitutionnels), comme l'absence d'expressions comme « souveraineté nationale » ou « constitutionnalité ».

L'étude du style législatif et de son évolution constitue une septième approche de l'histoire législative. Comment en est-on arrivé à la création en Grande-Bretagne d'un office de *parliamentary draftsman* en 1860 et à la multiplication des définitions dans les premiers articles des lois ? Ce type de questions se pose aussi en France avec l'emploi de « nouveaux langages » liés au développement de la législation dans des domaines qui étaient étrangers à la normativité juridique jusqu'au XIXe siècle : de nouveaux mécanismes fiscaux ou financiers (le domaine des lois de finances représente deux tiers des lois en France dans les années 1800 et 1890 et reste peu étudié avec tout ce qu'il comporte de chiffres et de tableaux), les nouveaux moyens de paiement ou de crédit (que l'on songe au *Bill of Exchange Act* britannique de 1882), les normes techniques de production des biens, la protection des consommateurs contre les fraudes (la loi du 27 mars 1851 en France dans les débats de laquelle est apparu le terme de « consommateur », le *Sale of Goods Act* de 1883 au Royaume-Uni), les relations de travail (avec la reconnaissance législative du contrat de travail), les questions scolaires, l'encadrement des professions réglementées, la médecine et la santé, la protection sociale, l'administration des colonies avec la prise en compte des spécificités des territoires, voire des lois personnelles des indigènes. Parallèlement les techniques proprement législatives ont été renouvelées et cela constitue un huitième objectif d'étudier les lois de pleins pouvoirs, les décrets-lois, les lois d'application partielle ou temporaire (très fréquentes au Royaume-Uni avec les cas particuliers de l'Écosse et de l'Irlande), les lois expérimentales, les lois de circonstances (multipliées notamment avec les deux guerres mondiales), les lois de programmation.

En aval, l'étude de la fabrique de la loi à l'ère contemporaine intègre, comme un neuvième domaine de recherches, l'analyse de sa diffusion, de son application notamment jurisprudentielle, de sa déformation, de son éventuelle désuétude ou abrogation, des phénomènes liés à l'accélération du « temps » juridique. Les investigations portent alors sur la publication de la loi, des journaux officiels aux ouvrages de vulgarisation en passant par les recueils de jurisprudence avec leur partie législative, les répertoires, dictionnaires, codes annotés et bien sûr les travaux de la doctrine. Il n'est pas inutile de s'interroger, alors même que la question de l'impression de la loi paraît résolue depuis le XVIe siècle, sur les nombres d'exemplaires de ces « vecteurs » écrits de la loi (on a quelques chiffres sur le lancement de la codification napoléonienne), sur le rôle des éditeurs publics et privés, finalement sur la part de réalité et de fiction dans l'adage « nul n'est censé ignorer la loi ». Les rapports avec les droits étrangers dépendent étroitement des traductions et des publications dans des médias spécialisés. Est-il besoin encore d'insister sur l'impact de la jurisprudence publiée ?

Un dernier type d'approche, le dixième dans notre liste, est susceptible de rapprocher l'histoire de la loi à l'époque contemporaine des préoccupations des historiens modernistes, voire médiévistes. C'est la question de la mémoire, ou concurremment de l'oubli, de la loi. Dans quelle mesure les juristes et les historiens mettent-ils en valeur de « grandes » lois – par exemple, en France, la loi Waldeck Rousseau sur les syndicats ou la loi de Séparation des Églises et de l'État [43] – au risque d'exagérer leur impact sur le droit par rapport à des textes appliqués quotidiennement par les tribunaux ? Travailler sur les représentations et les mythologies de la loi nous ramène à cette conviction de départ : dans l'imaginaire collectif comme dans la pratique quotidienne du droit, la Loi n'a pas connu une fulgurante ascension (qui serait rattachée à une poussée de « nomophilie » ou de « légicentrisme » au tournant des XVIIIe et XIXe siècles), suivie d'une banalisation, puis d'un long déclin. Les figures de la loi n'ont cessé d'évoluer au centre du champ juridique et de manifester ce qui fait la puissance du droit : transformer la signification d'une volonté politique en norme de conduite pour les tribunaux et les sujets de droit.

[43] Jean-Louis Halpérin, « La représentation de la laïcité parmi les juristes français et européens » *in* Patrick Weil, *Politiques de la laïcité au XXe siècle*, Paris, PUF, 2007, p. 181-202.

Genèse et fabrique de la loi au regard de la sociologie

CLAIRE DE GALEMBERT
Chargée de recherche, CNRS, ISP/ENS Cachan

Parce qu'elle constitue l'une des expressions les plus emblématiques du gouvernement de la société, parce qu'elle est un moment fort de la décision politique suscitant une multiplicité d'engagements, de prises de position et de débats, parce que sa production laisse moult traces et documents exploitables par les chercheurs, la loi sa genèse et sa fabrication, ont, de longue date, suscité la curiosité sociologique. Les perspectives théoriques et méthodologiques varient selon les traditions, écoles, paradigmes sociologiques et objectifs de connaissance. On est donc loin d'avoir affaire à un champ unifié.

Quelle soit cette hétérogénéité, la sociologie a néanmoins en partage, dès lors qu'il est question de la genèse et de la fabrique de la loi, une entreprise de dé-réification du « Législateur », ce législateur que Pierre Lascoumes (l'une des figures de proue en France de la recherche sur l'élaboration des lois) qualifie significativement d'« Arlésienne du discours juridique » [44]. Il y a bien là une divergence fondamentale par rapport à la perspective juridique davantage encline à naturaliser la loi et à anthropomorphiser le législateur auquel sont prêtées intentionnalité, volonté, rationalité propres.

Le premier temps de cette contribution, destinée à donner un aperçu des travaux sociologiques relatifs à l'élaboration de la loi, reviendra sur ce point en précisant en quoi les attendus sociologique et juridique diffèrent. Ce cadre général posé, un second temps rappellera ce que l'exploration sociologique de la production législative doit à la criminologie et à la sociologie pé-

---

[44] Pierre Lascoumes, P. Roth, R. Sansonetti, *L'incrimination en matière économique. Trois exemples de processus : cartels, petits crédits, initiés*, Genève, Université de Genève, Faculté de droit, CETEL, 1989, p. 6.

nale et évoquera brièvement les grands débats qui ont traversé ce champ de recherche qui s'est constitué à partir des années 1960. Le troisième temps de cette contribution mettra l'accent sur le renouveau des recherches induit par la multiplication de travaux relevant de la sociologie de l'action publique, pour laquelle l'étude du processus de production des lois forme un observatoire privilégié du processus de prise de décision politique et des mutations qu'il connaît aujourd'hui.

1. La raison du « Législateur » à l'épreuve de la sociologie

Comme le souligne Jacques Chevallier « (t)out se passe comme si la norme juridique ne pouvait remplir la fonction symbolique qui lui était assignée qu'à la condition que soient transcendés ses modes d'élaboration, occultées les conditions de sa production, effacées les traces de sa généalogie politique : elle n'apparaît plus alors comme le produit contingent d'un rapport de force circonstanciel, mais comme parée des attributs de la nécessité et de l'incontestabilité » [45]. Aux contingences et à l'artificialité d'un droit qui est toujours l'expression historique d'un ordre social donné est ainsi substituée l'illusion de sa naturalité comme si le droit renvoyait à une morale naturelle, à un ordre méta-historique et atemporel.

Que cette inclination soit présente dans le discours juridique n'empêche évidemment pas que de nombreux juristes – et particulièrement les historiens du droit ou les praticiens familiers de la production des lois – rejoignent les sociologues pour constater les sources diffuses du pouvoir législatif. La sociologie et la science politique sont en effet loin d'avoir l'apanage d'une interrogation sur les instances et acteurs multiples que recouvre le singulier du législateur. « Qui est-il ? » s'interroge Guy Braibant répondant ainsi : « C'est en réalité un ensemble complexe d'acteurs comme on dit aujourd'hui, ou encore de « décideurs ». Au commencement de la fabrication se situent des personnages divers : le président de la République, le Premier ministre, un ministre (qui parfois lui donne son nom), ou leurs collaborateurs ; ou un parlementaire ; un parti, un syndicat, une organisation professionnelle, ou encore une autorité qui exerce une fonction de contrôle, d'étude ou de juridiction, comme le Conseil d'État, la Cour de cassation, la Cour des comptes, le médiateur de la République, un corps d'inspection ; ou bien, et c'est le plus souvent le cas, l'administration elle-même (...) la législation des chefs de bureau. » Et d'évoquer encore les commissions ou comité de « sages » permanents ou créés pour la circonstance [46]. Jean-Claude Bé-

[45] Jacques Chevallier, *L'État de droit*, Paris, Montchrestien-Lextenso, 5e éd., 2010, p. 64.
[46] Guy Braibant, « Qui fait la loi ? », *Pouvoirs*, 1993, p. 43.

cane et Michel Couderc [47] remarquent à leur tour que « les sources d'inspiration législative sont multiples » au point que « vouloir en dresser une liste ou une classification constitue une opération difficile – voire impossible ». Pierre Avril, dans une réflexion sur les auteurs de la loi, abonde en ce sens : « Du programme que le gouvernement est censé présenter en application de l'article 49 al. 1er de la Constitution aux "forces sociales" invoquées par Georges Ripert, en passant par les engagements présidentiels, les fonds de tiroirs de l'administration et les sollicitations pressantes des groupes d'intérêts, sans oublier l'obsédant souci de la "communication", c'est un inventaire à la Prévert qu'il faudrait dresser » [48].

Juristes et sociologues s'accordent également sur le constat que la loi se fait ailleurs qu'au Parlement, ou du moins que celui-ci loin d'en constituer l'auteur exclusif ne serait qu'un acteur somme toute assez marginal dans une configuration institutionnelle où le centre de gravité du pouvoir législatif se situerait plus du côté de l'exécutif que du Parlement ; et cela *a fortiori* dans une configuration de parlementarisme rationnalisé tel qu'instauré depuis 1958. Pour autant le périmètre du questionnement des juristes n'est en général pas le même que celui des sociologues ou des politistes. Les premiers sont plus enclins à s'intéresser aux processus formels de fabrication de la loi, aux mécanismes institutionnels et à leurs évolutions et impact. Leurs réflexions restent souvent ordonnées à une vision quelque peu sacralisée parfois de la séparation des pouvoirs et focalisées sur les conditions nécessaires à la bonne qualité formelle de la loi. Ce sont en conséquence les différents protagonistes institutionnels intervenant dans la rédaction même des textes qui se trouvent au premier plan des interrogations des juristes : l'étude de la fabrication de la loi commence avec la décision gouvernementale de légiférer et s'achève une fois que le passage au Parlement a donné force de loi au texte et que, fort de cette métamorphose, la nouvelle loi vient s'inscrire dans le système de normes qui lui préexiste. Cette lecture axée sur la phase institutionnelle minimise par conséquent le rôle des législateurs qui, sans toujours interférer directement dans la mise en forme textuelle de la loi, n'en sont pas moins les co-auteurs au sens où ils ont contribué à faire du législateur le porte-voix d'une volonté qui devient alors la volonté générale. Surtout, elle s'intéresse peu ou rarement à ce qui *a contrario* se trouve au cœur de l'investigation sociologique : l'émergence d'une demande sociale et sa « mise en loi », étant entendu par là l'ensemble des processus conduisant à la mise à

---

[47] *La Loi*, Dalloz, 1994, p. 118.

[48] Pierre Avril, « Qui fait la loi ? », *Pouvoirs*, 114, 2005, p. 89.

l'agenda législatif de ladite demande. Le livre, *La confection de la loi*, dirigé par le publiciste Roland Drago [49] qui synthétise les travaux d'une réflexion collective sur la fabrication législative en livre une illustration exemplaire. Ses différents chapitres de même que sa bibliographie prennent à peine en considération la question des acteurs sociaux dans la production législative pour se concentrer pour l'essentiel sur les différentes instances institutionnelles intervenant dans ce processus (le Secrétariat général du Gouvernement, le Conseil d'État, le Conseil constitutionnel, les commissions parlementaires, etc.) ainsi que sur les transformations institutionnelles des modalités de production de la loi liées à la constitutionnalisation et à l'internationalisation du droit [50].

Par contraste, les sociologues ne se limitent pas à considérer la transposition juridique d'une réponse politique à un problème public ou à une revendication sociale comme la simple succession de conséquences logiques ; il s'agit plutôt de considérer la loi comme une sorte d'enjeu transactionnel révélateur des stratégies, rapports de forces et négociations entre toute une série d'acteurs, d'instances et d'institutions relevant aussi bien de l'arène politique et juridique que de l'arène sociale et médiatique. À rebours d'un législateur mû par une rationalité évoquée par les problématiques positivistes, la démarche sociologique met ainsi en relief la contingence et le parcours chaotique des cheminements législatifs jamais parfaitement prévisibles [51].

Une telle démarche implique l'extension du périmètre d'investigation sociologique. Elle conduit tout d'abord à s'interroger sur la nécessité législative, c'est-à-dire, sur les raisons qui font qu'à un moment donné c'est l'instrument législatif qui s'impose plutôt qu'un autre instrument de la boîte à outils juridiques gouvernemental. Le recours à tel medium plus que tel autre n'échappe pas bien sûr à des prescriptions elles-mêmes juridiques qui définissent le champ des possibles. Le choix de tel ou tel instrument, en ce qu'il structure un espace de jeu, un cadre d'action donné et véhicule une densité symbolique variable (passer par la loi ce n'est pas la même chose que

---

[49] PUF, 2005.

[50] Dans ce questionnement, les « groupes de pression », lorsqu'ils sont évoqués, sont bien souvent les seuls acteurs extra-institutionnels qui semblent entrer dans leur ligne de mire. Voir par exemple la bibliographie thématique publiée dans le livre coordonné par Roland Drago, *La confection de la loi*, PUF, 2005.

[51] Comme l'affirme Guy Rocher en sa double qualité de sociologue du droit et d'ancien acteur gouvernemental, les trajectoires des projets de loi sont parfois inattendues. Légiférer implique pour l'exécutif un travail constant de désamorçage des résistances et blocages susceptibles de mettre en péril le projet poursuivi « La 'fabrique' de la loi à l'épreuve de la démocratie. Décréter, consulter, négocier ». Entretien avec Guy Rocher. *Négociations,* 2004, 93-1009.

de procéder de manière réglementaire) peut faire l'objet d'un calcul stratégique aussi bien du côté des gouvernés que des gouvernants. Ensuite, la démarche sociologique invite à prendre du champ par rapport à la mise en récit institutionnelle de la loi ou du moins à l'élargir. Il s'agit de s'intéresser à ce qui se passe en amont de la phase institutionnelle pour saisir des processus d'émergence de projets de loi dont un nombre non négligeable prend racine hors des sphères officielles du pouvoir politique. De même, attention est prêtée aux acteurs et scènes périphériques à ceux qui sont se trouvent au centre du processus institutionnel ainsi qu'aux coulisses de ce qui est donné à voir au public notamment sur la scène du théâtre parlementaire, les négociations informelles, les transactions et avancées qui se déroulent dans le huis-clos des commissions ou des administrations ou en marge des lieux institutionnels.

De cette perspective sociologique découle donc un redimensionnement du cadre spatio-temporel de la recherche. Il s'agit de concevoir les trajectoires des différents processus législatifs étudiés non plus seulement en fonction de repères chronologiques tels que la mise à l'agenda législatif, son vote, sa promulgation et enfin sa mise en œuvre mais d'englober des séquences historiques antérieures et le cas échéant postérieures. Il importe ainsi de revenir sur la genèse d'une loi en s'interrogeant sur le contexte et les logiques d'acteurs qui contribuent à l'imposer comme une réponse évidente et nécessaire et suivre la trajectoire de la décision que formalisent le vote et la promulgation de la loi. Parmi ces « législateurs » que tend à occulter la problématique juridique, l'on pense évidemment aux mouvements sociaux, groupes de pression et d'intérêts ayant pignons sur rue et disposant pour certains d'entre eux de canaux d'influence institutionnalisés auprès des pouvoirs publics très classiquement référencés comme acteurs clefs du processus de production de la loi par les problématiques sociologiques ou de science politique. On songe également aux acteurs se forgeant une identité dans le feu de l'action. Mais il ne faut pas oublier d'autres « législative sponsors » dont le rôle à longtemps été sous-estimé dans la production législative : les administrations qui peuvent être à l'origine de lois comme l'ont montré divers travaux. Au final, on peut dire avec Pierre Bourdieu que pour le sociologue « Le véritable législateur n'est pas le rédacteur de la loi mais l'ensemble des agents qui, déterminés par les intérêts et les contraintes spécifiques associées à leurs positions dans les champs différents (champ juridique mais aussi champ religieux, politique, etc.) élaborent des aspirations ou des revendications privées ou officieuses, les font accéder à l'état de problèmes sociaux, organisent des expressions (articles de presse, ouvrages, plateforme d'associations ou de partis, etc.) destinées à les faire avancer. [52] »

Compte tenu de la multiplicité des lieux possibles d'investigation et des acteurs pertinents, un vaste champ de recherche s'offre à l'enquête sociologique. Nul n'était d'ailleurs plus conscient de cette « irréductibilité de l'histoire vécue » que le doyen Jean Carbonnier, lorsqu'il constatait fort de son expérience la multiplicité des coulisses et éléments échappant à la « machinerie étatique ». Autant de lignes de fuites qui le faisaient douter de l'accessibilité de la vérité de l'histoire législative [53]. Lignes de fuite qui n'ont pas pour autant dissuadé les sciences sociales de s'emparer de ces beaux objets de recherche que sont la genèse et la fabrique législative.

2. La production des lois pénales : laboratoire d'exploration des logiques de production de la loi

L'élaboration des normes pénales est devenu à partir des années 60 l'un des principaux laboratoires d'analyse de la production de la loi. L'intérêt pour la naissance de nouvelles incriminations s'arrime fortement au tournant que marque l'apparition d'une sociologie de la déviance qui rompt les amarres avec une criminologie positiviste, c'est-à-dire une criminologique considérant les crimes et les délits ainsi que les incriminations s'y rapportant comme découlant de « règles morales » sinon naturelles, allant de soi pour tous.

La sociologie de la déviance a à cet égard radicalement inversé le regard en déplaçant la focale du délinquant et du criminel pour s'interroger sur la manière dont la société à un moment donné s'accorde pour labelliser un comportement ou une pratique comme déviante et à cet égard passible d'une norme sanctionnatrice. Autrement dit, la naissance d'une pratique délinquante et criminelle entretient un rapport dialectique avec son incrimination. Ce qui signifie que de telles pratiques sont des notions relatives définies par la loi dans une société donnée à un moment donné. Comme l'écrivent Pierre Lascoumes, Pierrette Poncela et Pierre Lenoël : « les infractions ne sont pas des données d'évidence, des matériaux anhistoriques ou des moyens pour défendre une "morale naturelle" atemporelle : elles sont bien plutôt des constructions, résultats d'activités humaines de sélection, de retraduction et de pondération de valeurs et d'intérêts sociaux objecti-

---

[52] Pierre Bourdieu, « La force du droit. Eléments pour une sociologie du champ juridique », *Actes de la Recherche en Sciences Sociales*, n° 64, 1986, p. 17.

[53] Cité par Jacques Commaille dans *L'esprit sociologique des lois*, PUF, 1994, p. 13.

vables » [54]. Et c'est bien ce qui en fait tout l'intérêt pour le sociologue. Les travaux qui se sont intéressés à la naissance de nouveaux crimes et délits oscillent entre deux principaux modèles interprétatifs, le modèle du consensus et le modèle du conflit [55].

De façon, là encore très schématique, la perspective du consensus, très empreinte de fonctionnalisme, tend à considérer la loi comme l'expression de valeurs unanimement partagées par la société, elle-même considérée comme un tout ou une unité. Proche d'une lecture durkheimienne du droit, la production des lois est vue comme la conséquence d'une mise en phase de l'édifice juridique avec l'évolution des mœurs et de la culture. Les évolutions du droit pénal opéreraient de manière quasi spontanée, le législateur neutre s'employant à consacrer les évolutions des valeurs collectives. Cette perspective rejoint ce que Jean Carbonnier désignait comme le « législateur sociologique », ce par quoi il entend les forces « impersonnelles », les « besoins sociaux, économiques, moraux, religieux, etc. qui ont déterminé l'apparition d'un texte » [56]. Identifier ces évolutions et cerner les attentes qui en découlent fut d'ailleurs à l'origine de la « sociologie législative » mise en œuvre par ce dernier [57]. Innovation dans la méthode juridique de production du droit, cette démarche consistait en effet à rompre avec la dogmatique juridique au profit d'une meilleure connaissance de l'état des normes sociales, la sociologie devenant ici une science auxiliaire, voire ancillaire pour ajuster les réformes législatives à l'état des mœurs.

Si elle peut se vérifier dans certains cas, la perspective du consensus fait cependant peu de cas des conflits d'intérêts, de normes et de valeurs ainsi que des segmentations qui travaillent la société. Elle fait l'impasse sur les processus à l'œuvre dans l'émergence d'un consensus moral, moins à considérer comme un donné que comme le résultat d'une construction sociale. Le modèle du consensus s'est ainsi vu remis en cause par les tenants du « *conflict model* », soit un modèle qui envisage le législateur comme tributaire des conflits sociaux et d'intérêts. On en trouve une variante pluraliste dans les travaux qui, dans une logique fonctionnaliste, prêtent au droit des vertus

---

[54] Pierre Lascoumes, Pierrette Poncela, Pierre Lenoël, *Au nom de l'ordre, Une histoire politique du code pénal*, Hachette, 1989, p. 11.

[55] A. Hopkins (1975), « On the Sociology of Criminal Law », *Social problems* 22(5), p. 608-618 ; J.-F. Galliher 1980), « The Study of the Social Origins of Criminal Law: an Inventory of Research Findings », In *Research in Law and Sociology*, London, JAI Press inc., p. 301-319 ; P. Hebberecht (1985), « Le processus de criminalisation primaire », *Déviance et société* 9(1) p. 59-77.

[56] Jean Carbonnier, *Sociologie juridique*, Paris, Presses universitaires de France, 1978.

[57] Jean-François Perrin, « Jean Carbonnier et la sociologie législative », *L'Année sociologie*, 57(2), 2007, p. 403-415. Voir également Jean Carbonnier, *op. cit.*, p. 283- 283.

conciliatrices [58]. Décliné sur un mode postmarxiste, le *conflict model*, loin d'envisager le droit comme un conciliateur « neutre » et impartial des intérêts antagonistes, y voit le fruit de clivages structurels, voire l'instrument de domination au service des classes ou groupes dominants. Cette lecture, pour laquelle la célèbre analyse de Marx sur le vol de bois [59] est une référence, a inspiré nombre de travaux sur les législations pénales de veine marxiste ou néo-marxiste des années 70 et 80. La force motrice de l'élaboration normative en matière pénale est, selon cette approche, la lutte entre groupes sociaux, le droit ne faisant que refléter l'évolution économique de la société capitaliste ou assurer la suprématie des intérêts des groupes dominants. L'ouvrage de E.P. Thompson sur l'émergence du *Black Act* en fournit une illustration bien connue [60].

La polarisation entre *consensus model* et *conflict model* a suscité moult débats jusqu'aux années 80 même si certains auteurs considèrent que ces perspectives ne s'excluent pas nécessairement.

Enclines au déterminisme, ces approches laissent pour finir peu d'espace à la multiplicité des lignes de clivage qui traversent la société, aux recompositions incessantes des rapports de force et à l'indétermination. Macrosociologiques et appliquées souvent à des périodes longues, elles nous apprennent peu de chose des acteurs et processus concrets d'élaboration de la loi. Avec les années 80 les recherches centrées sur les acteurs, en gagnant du terrain, ont considérablement renouvelé les perspectives d'analyse [61]. Favorisant études de cas et niveau micro, ces recherches trouvent en général une

---

[58] L'étude que Hall (1952) a consacrée au contexte socio-économique dans lequel intervient l'apparition de la *Theft Law* en Grande-Bretagne entre le XVe et XVIIIe siècle relève de cette mouvance. Les législations sur le vol, au cœur de son étude, sont certes en partie le produit de l'apparition d'intérêts mercantiles opposés aux intérêts plus traditionnels. Mais le législateur opérerait ici comme un réducteur de conflit, en trouvant une solution à un problème qui se pose à la société.

[59] Lascoumes Pierre et Zander Hartwig (1984), *Marx : du « Vol de bois » à la critique du droit : Karl Marx à la « Gazette rhénane » : naissance d'une méthode*, Paris, Presses Universitaires de France.

[60] Edward Palmer Thompson (1975), *Whigs and Hunters. The Origins of the Black Act*. London, Allan Lane, Penguin Books. Cette loi, adoptée par le Parlement britannique en 1723, est destinée à réprimer les actes de révolte tels que le vol ou la chasse de cervidés, la coupe de bois, le braconnage – perpétrés par les résistants au mouvement des enclosures, lequel met un terme aux droits d'usages, en particulier des communaux, dont dépendait la survie de nombre de paysans. Cette nouvelle législation, destinée à servir les intérêts économiques des élites montantes, les *Whigs*, consacre non seulement un mouvement d'expropriation mais encore la transformation de droits en crimes passibles de pendaison. Le *Black Act* est, selon Thompson, un instrument du pouvoir de classe.

[61] Françoise Digneffe (dir), *Acteur social et délinquance. Une grille de lecture du système de justice pénale : en hommage à Christian Debuyst*, Liège, Bruxelles, Mardaga, 1990.
Philippe Robert (dir.), *La création de la loi et ses acteurs. L'exemple du droit pénal*, Onati, Onati International Institute for the Sociology of Law, 1991.

source d'inspiration essentielle dans l'École de Chicago. Les travaux de Becker [62] et de Gusfield [63] constituent des références séminales. Ces auteurs ont montré ce que l'émergence des normes doit aux « croisades symboliques » menées par des « entrepreneurs moraux » parvenant diffuser l'idée selon laquelle la pénalisation de telle ou telle pratique qu'ils jugent déviante s'impose comme une évidence. La pénalisation de la consommation d'alcool et de drogue résulte ainsi de la mobilisation d'acteurs résolus à faire admettre à l'ensemble du corps social une certaine vision, en l'espèce puritaine, de la conformité sociale. Cette mobilisation, à la faveur de laquelle certaines pratiques sont érigées en crime et d'autre parées des vertus de la normalité, participe d'un processus de construction de la réalité sociale dans lequel la mise en droit, confère le statut de norme publique à des valeurs et intérêts d'un groupe social particulier. Becker considère ainsi qu'une nouvelle légis-lation constitue « la conséquence la plus évidente d'une croisade réussie » [64]. Cette problématique a largement inspiré les travaux ayant trait aux processus de criminalisation et de décriminalisation des conduites.

Mais cette approche centrée sur les acteurs n'est, elle non plus, pas exempte d'écueils. Elle tend parfois à imputer la création des lois à l'action unilatérale de certains groupes sociaux et à sous-estimer les conjonctions d'influences et dynamiques de compromis inhérentes au processus de création législative [65]. De plus, souffrant d'un tropisme social elle prend insuffisamment au sérieux les conditions et effets de la mise à l'agenda politique et législatif, ainsi que les processus décisionnels, qui accompagnent l'élaboration législative par l'exécutif et le Parlement. Ces étapes de politisation et de formalisation s'accompagnent pourtant d'incessantes transactions et reconfigurations des jeux d'acteurs qui, à leur tour, interviennent dans le façonnage de la loi.

3. Apports de la sociologie de l'action publique à l'étude de la fabrique de la loi

La sociologie de l'action publique [66] s'est révèlée d'un grand apport pour ouvrir ce qui jusque-là était restée un peu comme la boîte noire de la production législative. Rappelons que ce domaine d'étude au croisement de la

[62] Howard S. Becker, *Outsiders*, 1963, trad. fr. Métailié, 1985.

[63] Joseph R. Gusfield, *Symbolic Crusade Status politics and the American Temperance Movement*, Urbana, University of Illinois Press, 1963.

[64] *Op. cit.*, p. 179.

[65] Pierre Lascoumes, P. Roth, R. Sansonetti, *op. cit.*

[66] P. Lascoumes, P. Le Galès, *Sociologie de l'action publique*, Paris, A. Colin, 2009.

sociologie et de la science politique a remis en cause une conception descendante de la production de l'action publique par des décideurs politiques rationnels qui l'imposeraient *ex cathedra* à la société. Il a montré l'ampleur des segmentations et luttes internes existant au sein de l'appareil et fait apparaître l'importance des imbrications entre les sphères politico-administratives et la société. Les politiques publiques ne sont ainsi plus tant conçues aujourd'hui comme l'expression d'une autorité centrale et dirigiste que comme un vaste espace de négociation entre acteurs, privés et publics, aux ressources et capacités de jeu contrastées. Il ne s'agit donc pas de substituer au tropisme social consistant à considérer que certains groupes sociaux feraient la loi un tropisme politique l'envisageant comme le simple résultat d'un volontarisme politique. La sociologie de l'action publique met au contraire en évidence l'autonomie toute relative des décideurs politiques, l'étroitesse de leur marge de manœuvre, les contradictions induites par un processus décisionnel comprenant une multiplicité d'acteurs, de scènes, d'étapes, d'ajustements et de compromis. Analyser la fabrique de la loi avec ce cadre théorique pour arrière-plan, à l'instar de ce qu'ont fait Pierre Lascoumes [67] et Jacques Commaille [68], l'un et l'autre pionniers en la matière, c'est entrer dans les méandres complexes de l'élaboration des choix collectifs. Élaboration des choix publics qui implique une multiplicité d'acteurs, d'arènes et d'instances (3.1) d'autant plus grande que les circuits de la loi se complexifient sous l'effet de la judiciarisation et de l'internationalisation (3.2).

3.1. Multiplicité des acteurs, arènes et instances

Si le relayage par les acteurs politiques et le passage par le Parlement représentent des étapes incontournables dans la fabrique législative, les initiatives législatives sont loin de provenir exclusivement du centre du système politique.

Mobilisations sociales et réseaux d'action publique

L'attention accordée par la *policy analysis* à la genèse des politiques publiques a mis l'accent sur le caractère déterminant que peuvent avoir des demandes sociales et montré l'importance du processus de transformation de ces demandes en problèmes publics. Rejoignant sur ce point les travaux sur les entrepreneurs de morale de l'École de Chicago, elle a mis en relief le

[67] Pierre Lascoumes, P. Roth, R. Sansonetti, *op. cit.* et Pierre Lascoumes, Pierrette Poncela, Pierre Lenoël, *op. cit.*

[68] Jacques Commaille, *L'esprit sociologique des lois, op. cit.*

rôle d'acteurs situés hors des sphères du pouvoir officiel et parvenant à imposer aux décideurs politiques la prise en charge d'une revendication et sa mise à l'agenda. Le rôle joué par ces acteurs sociaux dans la mise en loi d'un problème public a bénéficié de la relativisation d'une analyse critique du droit. Le droit loin de ne participer que du pouvoir dominateur de l'État constitue également une ressource et un enjeu clef de mobilisation sociale et de luttes politiques [69]. Les modes d'action des groupes varient selon le degré d'institutionnalisation de leur rapport à l'État et leur capacité d'influence sur les gouvernants. Lobbying formel ou informel, manifestation, pétition, grève de la faim, scandalisation, action judiciaire : il existe tout un répertoire d'actions, dont un répertoire juridique, destiné à capter l'attention des pouvoirs publics, amplifier l'écho de la revendication, enrôler de nouveaux publics, faire évoluer les cadres de perception légitimes sur une question et faire pression sur les autorités publiques pour qu'ils la traitent en priorité. Quelles qu'en soient les modalités concrètes, l'action de ces entrepreneurs de causes, groupes d'intérêts ou mouvements sociaux ne se limite pas à contraindre les pouvoirs publics à se saisir d'un problème ; elle façonne très largement les cadres cognitifs en fonction desquels le problème est perçu et préfigure en partie ses contours et modes de traitement. Les législations pénales évoquées plus haut livrent de nombreuses illustrations de l'emprise que peuvent avoir les intérêts privés sur le processus législatif. Des logiques similaires sont à l'œuvre dans d'autres domaines. La loi sur la réglementation du livre de 1981 résulte de la mobilisation des éditeurs traditionnels se sentant menacés par la marchandisation du livre [70]. La mise à l'agenda d'une loi pro-parité résulte pour partie de l'action de militantes féministes [71].

Ces acteurs extra-étatiques agissent toutefois rarement de manière isolée. La naissance d'une nouvelle politique publique résulte bien souvent, non seulement d'une pluralité d'influences et de coalitions d'acteurs issus de mondes sociaux et professionnels hétérogènes, mais encore de conflits d'intérêts et de luttes symboliques contraignant à des compromis.

Des alliances peuvent se nouer au sein de réseaux, plus ou moins stabilisés, à cheval entre les mondes sociaux et politiques. Il peut s'agir de coalition de cause (*advocacy coalition*) ponctuelles. Les réseaux peuvent parfois s'inscrire dans la durée et exercer une emprise sur certains domaines

---

[69] Liora Israël, *L'arme du droit*, Presses de Science Po, 2009.

[70] Yves Surel, « Quand la politique change les politiques. La loi Lang du 10 août 1981 et les politiques du livre », *Revue française de science politique* 47(2), 1997, p. 147-172.

[71] Eléonore Lépinard, *L'égalité introuvable : la parité, les féministes et la République*, Paris, Presses de Science Po, 2007.

d'action publique. Les politiques pénales de la IIIe République sont pour partie façonnées par la *Société Générale des Prisons*, espace intermédiaire réunissant acteurs sociaux et politico-administratifs et dans lequel circulent des savoirs, doctrines et expertises. S'y forgent de nouveaux paradigmes d'action publique voire des propositions législatives en matière pénale [72]. Ces réseaux peuvent se constituer en « communautés épistémiques » pour emprunter le concept de Haas, c'est-à-dire un réseau « de professionnels disposant d'une compétence reconnue dans un domaine particulier et qui revendiquent avec autorité leur connaissance politique dans ce domaine » [73]. Lieux de production d'informations, d'expertises et de matrices cognitives et normatives, ils forment des réservoirs d'idées, de solutions ou de nouveaux paradigmes d'action publique pour des décideurs qui y participent et en dépendent étroitement pour l'élaboration des politiques. On retrouve de semblables jeux d'alliances dans la généalogie aussi bien de la loi Lang de 1981 réglementant la vente du livre que celle de 2004 prohibant le port du voile à l'école pour ne citer que quelques exemples.

Formuler une revendication collective suppose certes des ajustements, des alignements et coordinations pour agir ensemble. Cela implique aussi d'être confronté aux résistances venant d'acteurs porteurs d'intérêts ou de représentations du monde antagonistes. L'émergence d'une cause peut se heurter à des *veto players* ou « inhibiteurs d'intérêts » [74] exerçant leur emprise sur la mise à l'agenda législatif. Elle suscite en général des contre-mobilisations dont certaines parviennent sinon à bloquer l'aboutissement de la revendication initiale du moins à peser sur le projet législatif. L'étude de la genèse d'un processus législatif suppose, ainsi qu'y invite P. Lascoumes, de cartographier les intérêts en lice afin de mettre au jour ce qu'il appelle la « grammaire des intérêts » c'est-à-dire « les règles de construction normative productrice de sens » [75].

L'emprise des administrations sur la production législative

À la différence du rôle des acteurs sociaux, celui des administrations a été longtemps sous-estimé dans la production législative. Le postulat qui en ferait des acteurs neutres subordonnés au pouvoir politique, assimilables à de

---

[72] Martine Kaluszynski, « Les artisans de la loi. Espaces juridico-politiques en France sous la IIIe République », *Droit et Société*, n° 40, 3, 1998, p. 535-562.

[73] P. M. Haas, « Knowledge, Power and International Policy Coordination », *International Organization*, 46, 1, 1992.

[74] Pierre Favre, *Sida et politique. Les premiers affrontements 1981-1987*, Paris, L'Harmattan, 1992.

[75] P. Lascoumes, R. Roth, R. Sansonetti, *op. cit.*, p. 18

simples exécutants, chargés de la mise en forme des décisions élaborées en amont ne résiste pas à l'observation empirique. Il est largement acquis aujourd'hui que les fonctionnaires, des sommets de l'État à son échelon le plus modeste, interfèrent de manière notable dans la création du droit [76].

Les bureaucraties des ministères sont parfois à l'origine d'un projet législatif voire d'un travail de lobbying interne à l'appareil politico-administratif. J.-G. Padioleau a de longue date souligné l'action de ces « entrepreneurs technocrates » [77]. L'influence de l'administration se manifeste également dans l'opération de traduction juridique des décisions politiques : capacité d'expertise, accès à l'information, maîtrise des enjeux, position d'interface entre des multiples acteurs parties prenantes à l'élaboration législative sont autant de ressources permettant aux acteurs administratifs d'imprimer leur propre vision au projet. L'étude minutieuse réalisée par L. Bonnaud et E. Martinais de l'écriture de la loi sur le risque industriel permet de mesurer avec précision le niveau d'implication de certains des hauts fonctionnaires dans ce processus rédactionnel [78]. Ces derniers ont un rôle de premier plan, participant activement à toutes les décisions, explorant et proposant des solutions. Sans être à l'origine des principales dispositions de la loi qui émanent des conseillers du ministre, ils en assurent la mise en musique. La position stratégique qu'ils occupent à l'intersection des échanges leur fournit des ressources essentielles pour modeler un texte conciliant leur vision de la réforme avec celles, plus ou moins concurrentes défendues par les autres acteurs parties prenantes à la négociation (autres ministères, conseillers et fonctionnaires de Matignon, groupes de pression).

L'intervention des fonctionnaires dans l'élaboration législative varie bien entendu selon les régimes politiques, conjonctures historiques et secteurs d'action publique. Dans les secteurs techniques, l'influence de ces hauts fonctionnaires peut se révéler décisive aussi bien au stade de la formulation des problèmes publics que de leur solution. Elle est d'autant plus forte lorsqu'existent des corps d'État spécialisés dans un domaine donné, comme c'est le cas en France, dans les domaines des politiques sociales, des poli-

[76] Voir entre autres, André J. Hoekema, « La production des normes juridiques pas les administrations », *Droit et Société* (27), 1994, p. 303-321 ; Pierre Le Crom, « Le rôle des administrations centrales dans la fabrication des normes », *Droit et Société* (79), 2011, p. 553-560 ; Jacques Chevallier, « La place de l'administration dans la production des normes », *Droit et Société* (79) 2011, p. 623-636.

[77] Jean-Gustave Padioleau, *L'État au concret*, Paris, Presses Universitaires de France, 1982.

[78] Laure Bonnaud, Emmanuel Martinais, *Les leçons d'AZF. Chronique d'une loi sur les risques industriels*, Paris, La Documentation française, 2008.

tiques de sécurité routière ou des politiques environnementales [79]. Compétences techniques et partages de croyances normatives font de ces réseaux les détenteurs d'une expertise légitime. Leur capacité d'action collective est renforcée par la maîtrise des règles du monde politico-administratif et une stabilité contrastant avec la volatilité des personnels politiques.

La netteté de la frontière théorique divisant travail politique et travail technocratique se dilue ainsi et fait place au constat d'influences réciproques et d'interpénétration. Ce à quoi il faut ajouter les rapports de l'administration avec les acteurs sociaux, qui, institutionnalisés ou informels, accompagnent la phase de mise en forme administrative du texte législatif, ces interactions multiples se prolongeant jusqu'à la phase parlementaire et parfois même post-parlementaire lors de l'élaboration de décrets d'application par exemple.

Le Parlement : une simple instance d'entérinement ?

L'accent mis sur la participation des acteurs non étatiques dans la production des politiques publiques a conduit parfois à négliger certains des lieux officiels intervenant dans ce processus. Symptôme sans doute du déclin de la démocratie représentative et d'un scepticisme quant à sa capacité législative surtout en terre de parlementarisme rationnalisé, le Parlement est une arène qui a été peu investiguée du point de vue de la fabrique législative si l'on excepte les *legislative studies* [80]. Encore faut-il souligner que ces dernières privilégient une approche par le vote, la loi étant analysée principalement comme un produit dérivé de cette séquence. Fortement inspirées par le paradigme du choix rationnel ou de la théorie des jeux, ces travaux fondés sur des méthodes la plupart du temps quantitatives cherchent à percer le mystère de l'agrégation des préférences et les logiques de vote parlementaire à travers la prise en compte des différents paramètres susceptibles de peser sur le vote (affiliation partisane, propriétés sociales des députés, circonscription, etc.). Les approches qualitatives à partir d'études de cas ou observations ethnographiques, telles qu'elles se sont développées depuis les années 90, représentent des compléments précieux. Se décentrant de la séquence du vote, elles embrassent les activités de l'Assemblée dans leur ensemble. L'ethnologie de l'Assemblée nationale réalisée par Marc Abélès révèle ainsi

---

[79] Jean-Pierre Le Crom, *art. cit.*

[80] Cette question demeure une dimension relativement secondaire au profit d'autres dimensions telles que la sociographie des élus, l'analyse du fonctionnement des assemblées et de la délibération et des logiques argumentatives. Marc Milet, « Pour une sociologie législative du pouvoir des parlementaires en France », *Revue française d'administration publique*, n° 135, 2010, p. 601-618.

l'importance que revêt la fonction de « fabricants de la loi » chez les parlementaires à côté de celles de « militants des partis » et de « mandataires du concret » (ceux qui se font les porte-paroles des réalités concrètes du terrain) pour reprendre les catégories de l'auteur [81]. Ce travail rejoint d'autres travaux lorsqu'il identifie le rôle législatif des commissions, et plus particulièrement de la commission des lois. Les approches processuelles, encore rares, constituent une méthodologie efficace pour rendre compte des configurations d'acteurs qui se nouent autour du texte législatif et des effets juridiques des transactions dont il est l'objet. Le suivi de la trajectoire d'un projet législatif de son entrée à sa sortie du Parlement révèle non seulement l'importance de ce qui se joue en coulisse mais encore la complexité des relations entre les parlementaires et les acteurs gouvernementaux porteurs du projet législatif, dont l'influence est manifeste tout au long du processus parlementaire [82]. De tels travaux font apparaître le rôle pivot de certains acteurs, véritables « nœuds de réseaux » [83] tels que les rapporteurs des textes, présidents des commissions et des administrateurs.

Il ressort de ces analyses que le processus parlementaire n'est jamais joué d'avance. Et ce d'autant moins que d'autres acteurs extra-parlementaires, tels que les lobbies, l'électorat, les élus locaux peuvent aussi peser sur l'évolution du projet sans parler des effets du bicaméralisme. Cette expression tangible de l'autonomie relative de la phase parlementaire, plus ou moins manifeste selon les projets et configurations politiques, invite donc à prendre au sérieux cette séquence, de même que la séquence du débat parlementaire compte tenu de la dimension symbolique de cette étape de la formalisation de la loi [84].

S'ils tendent à réhabiliter la séquence parlementaire, les travaux récents mettent néanmoins en évidence la complexification du circuit institutionnel et décisionnel de l'élaboration législative résultant de la perte de centralité de l'État. Ils rejoignent les réflexions issues de la théorie du droit proposant de penser les choses non plus selon le schéma de la pyramide mais du réseau [85]. La production du droit hiérarchisée, linéaire et circonscrite à des territoires étatiques relativement autarciques est en déclin. Elle entre aujourd'hui en

[81] Marc Abélès, *Un Ethnologue à l'Assemblée*, Odile Jacob, 1999.
[82] Laure Bonnaud et Emmanuel Martinais, *op. cit.*
[83] Marc Milet, *art. cit.*, p. 613.
[84] Claire de Galembert, Olivier Rozenberg et Cécile Vigour, *Faire parler le Parlement*, LGDJ, 2013.
[85] François Ost, Michel Van de Kerchove, *De la pyramide au réseau ? Pour une théorie dialectique du droit*, Bruxelles, Facultés universitaires de Saint-Louis 2002.

tension croissante avec un mode d'élaboration de la norme juridique tributaire de hiérarchies enchevêtrées brouillant la linéarité de la pyramide des sources, brouillage qui procède de la relativisation à la fois de la régulation légicentrique et du monopole étatique de la création du droit. La judiciarisation et l'internationalisation de la fabrique législative, comptent parmi les transformations majeures témoignant de la perte de centralité de l'État dans la production du droit.

3.2. Complexification des circuits d'émergence et d'élaboration des lois

Entre judiciarisation législative…

Mise à mal par la montée en charge de l'idéologie constitutionnelle, la souveraineté populaire doit désormais compter avec une imbrication croissante des arènes législatives et de la justice constitutionnelle, à laquelle n'échappe plus des pays à forte tradition légicentrique tels que la France [86]. Ce phénomène de judiciarisation du travail législatif n'a pas manqué d'attirer l'attention des politistes qui ont mis en relief le rôle de *policy-makers* des cours. Le spectre d'une censure constitutionnelle conduit en effet les acteurs à intégrer la grammaire et le vocabulaire constitutionnel dans leur raisonnement et répertoire d'action. On assiste ainsi à de véritables « délibérations constitutionnelles » au sein même de l'arène parlementaire [87]. Loin de ne constituer qu'une contrainte pour les parlementaires, le contrôle de constitutionnalité représente une ressource. Il offre en effet une option supplémentaire aux opposants d'un projet de loi lesquels peuvent, à moindre coût, par ce moyen ouvrir une nouvelle séquence décisionnelle. Les analyses s'accordent pour mettre en relief l'usage stratégique qui est fait du droit constitutionnel bien souvent enrôlé dans la lutte partisane. Arme stratégique de l'opposition ou parfois même de parlementaires de la majorité contre un projet gouvernemental, le droit constitutionnel peut aussi devenir un levier d'action pour des groupes d'intérêts à condition bien entendu qu'ils disposent de compétences juridiques et de relais au sein du monde politique. La

---

[86] Alec Stone-sweet, *The birth of judicial politics in France: the Constitution Council in comparative perspective*, New York, Oxford University Press, 1992 ; Bastien François, « Le Conseil constitutionnel et la Cinquième République. Réflexions sur l'émergence et les effets du contrôle de constitutionnalité en France », In *Revue française de science politique*, 47e année, n° 3-4, 1997, pp. 377-404.

[87] J. Mitchell Pickerill, *Constitutional Deliberation in Congress. The Impact of Judicial Review in a Separated System*, Durham, Duke University Press, 2004 ; Claire de Galembert, « Forcer le droit à parler contre la burqa. Une *judicial politics* à la française ? », *Revue française de science politique* 2014/4 (Vol. 64), p. 647-668.

réforme de 2008 et l'ouverture d'une possibilité de saisine directe du Conseil constitutionnel via la question prioritaire de constitutionnalité (QPC) renforcent cette logique. La judiciarisation du processus de production de la loi implique donc la constitution d'un nouvel espace de jeu permettant aux acteurs, disposant des compétences et ressources nécessaires, de faire des « coups » pour peser sur le texte législatif.

Or, la judiciarisation du travail législatif ne se joue pas exclusivement dans un vase clos national. L'internationalisation n'a en effet pas peu contribué à la démultiplication des scènes, des acteurs et sources de droit impliqués dans la fabrique législative.

...et internationalisation de la gouvernance

L'anticipation des possibles réactions des cours supranationales dans le travail législatif n'est pas sans effets sur ce dernier. La loi sur le port de signes ostentatoires fournit un bon exemple de la manière dont la Convention européenne des droits de l'homme s'est constituée en l'un des enjeux clefs de la fabrique législative et du travail de domestication du droit européen déployé par les acteurs désireux de légiférer. Cet exemple permet d'observer le déploiement d'une controverse juridique mobilisant des acteurs issus de mondes sociaux très hétérogènes – mouvements sociaux, journalistes, intellectuels, professionnels du droit et les transformations interprétatives qu'elle induit. Ainsi l'article 9 de la Convention européenne des droits de l'homme, brandit dans premier temps par des acteurs comme un obstacle à une législation prohibant le port du voile à l'école publique, est-il devenu l'un des principaux arguments en faveur de cette législation [88]. La jurisprudence de la CJUE peut elle aussi avoir des effets leviers sur les législations nationales ainsi que l'a montré Sonia Mazey à partir des politiques européennes en matière d'égalité des chances pour les femmes au travail [89].

L'européanisation de l'activité législative ne se traduit pas seulement par l'anticipation par les législateurs d'éventuelles censures des cours européennes ou encore une réaction à des condamnations. Elle se manifeste aussi par une européanisation plus ou moins directe des agendas législatifs nationaux. La prolifération de textes législatifs des États membres en matière de politiques d'égalité des chances est par exemple fortement tributaire

[88] '*L'affaire du foulard* in the Shadow of the Strasbourg Court: Article Nine and the Public Career of theVeil in France.", R. Grillo, A. Ferrari, P. Shah, (dir.) *Legal Practice and Cultural Diversity*. London, Ashgate, 2009.

[89] Sonia Mazey « The European Union and women's rights: from the Europeanization of national agendas to the nationalization of a European agenda? », *Journal of European Public Policy*, 5(1), 1998, p. 131-152.

des directives européennes, véritables catalyseurs des politiques nationales [90]. Cette dynamique d'européanisation de la production législative doit cependant moins être envisagée sous l'angle d'une contrainte unilatérale subie par des acteurs nationaux que sous celui de la création d'un nouvel espace d'opportunité pourvoyeur de ressources pour les acteurs sociaux et politiques nationaux. Ces derniers les impulsent et les façonnent plus qu'ils ne s'y soumettent. Les espaces nationaux et européens n'évoluent pas de manière indépendante mais s'interpénètrent et se superposent à travers les jeux d'acteurs qu'il convient par conséquent d'examiner à différentes échelles. Les approches *bottom-up*, attentives à la manière dont les acteurs investissent cet espace, incitent en effet à relativiser une vision descendante et hiérarchique de l'européanisation et pointent tout ce qu'a de trompeur une analyse qui ferait du niveau européen une variable indépendante pesant sur le niveau national, conçu alors comme variable dépendante. L'étude de la genèse de la loi française sur la parité fait ainsi apparaître un « jeu d'échelle » [91] identifiable dans biens d'autres lois. Ce sont donc parfois des coups à plusieurs bandes que déploient les acteurs, dont le passage par l'Europe peut se révéler une stratégie permettant d'obtenir gain de cause nationalement via une contribution à la production de normes internationales d'action publique.

Si l'européanisation témoigne de façon emblématique des effets sur le travail législatif de la montée en puissance de ce qu'il est convenu d'appeler la « *multi-level governance* » (gouvernance multi-niveau), celle-ci ne s'y limite pas. L'essaimage international des lois prohibant – dans des proportions variées – le port du voile islamique, le mouvement en cascade des lois anti-excision ou encore des lois sur l'égalité des chances sont des illustrations parmi d'autres témoignant du substrat international des législations nationales qui prennent on l'a dit des colorations propres.

La multiplication des sources, étapes et acteurs de la production législative ne fait pas que complexifier le parcours de la confection législative ; cette complexification tend à rendre les objectifs et finalités des politiques plus en plus flous. Cette indétermination est d'autant plus accentuée que la mise en œuvre des politiques publiques apparaît elle-même comme une source inéluctable d'imprévisibilité tant l'appropriation de ces politiques par les acteurs chargés de son exécution est le lieu de redéfinitions et de reformulations de leurs objectifs initiaux.

---

[90] *Ibidem.*

[91] Eléonore Lépinard *op. cit.*

***

Travailler la genèse de la loi dans une perspective sociologique conduit, on le voit, à démultiplier les lieux d'investigation et à faire ressortir les sources variées et diffuses du pouvoir législatif. Légiférer n'est pas simplement recourir à un cadre procédural pour formaliser et opérationnaliser une décision politique qui s'imposerait telle Minerve sortie casquée de la cuisse de Jupiter. C'est un processus bien souvent contingent pour ne pas dire indéterminé dont l'origine véritable se révèle parfois difficile à cerner. Légiférer implique un processus, la traversée de diverses arènes et une succession de séquences décisionnelles, au fil desquels une demande sociale est constituée, prise en compte par les acteurs politiques et fait l'objet de luttes, rapports de force, négociations et compromis.

L'immensité du champ à explorer n'est pas étrangère au caractère somme toute assez disparate des recherches sociologiques dont la plupart s'appuie sur des études de cas singulières. S'il apparaît, au terme de ce trop rapide survol que la sociologie s'est bel et bien emparée de l'étude de la genèse et de la fabrique législatives, force est en effet de conclure qu'au-delà des trois veines de travaux évoqués (études des incriminations pénales, les analyses relevant de la sociologie de l'action publique, les *legislative studies*) il n'existe pas de véritable champ de connaissance unifié autour d'un cet objet. Et ce d'autant moins que c'est bien souvent moins la genèse de la loi en tant que telle qui intéresse que ce que l'entrée exceptionnelle qu'elle représente pour accéder aux mécanismes de gouvernement des sociétés, de leurs transformations, ou encore des mutations de la production du droit. Il en résulte un déficit en terme de cumulativité de la recherche. Hétéroclites, les travaux disponibles se prêtent difficilement à la systématisation des analyses. Or, si chaque trajectoire législative demeure singulière, elle n'en est pas moins porteuses de régularités que seule une étude comparative ordonnée à un cadre d'analyse commun, permettraient d'objectiver. Une telle étude permettrait de typifier utilement les origines et parcours des législations. Elle reste à mener.

Réinterpréter la fabrique de la loi

Les archives du politique

Les archives du législateur [92]

FLORENCE ROUSSEL
Conseiller, responsable de la division des Archives du Sénat

MARC BÉCLÈRE
Administrateur-adjoint à la division des Archives de l'Assemblée nationale

La véritable construction institutionnelle et intellectuelle des archives date de la Révolution française [93] : le 29 juillet 1789, le chapitre VIII du premier règlement de l'Assemblée nationale prévoit en effet tout à la fois la conservation « de toutes les pièces originales relatives aux opérations de l'Assemblée » et « l'élection d'un archiviste, élu entre les membres de l'Assemblée ». Armand Gaston Camus, député de Paris, est élu archiviste le 4 août [94] et s'attache dès lors à rassembler tous les papiers produits à partir de mai 1789 par les États généraux puis par l'Assemblée nationale (procès-verbaux, lois et décrets), remontant même aux deux Assemblées des notables de 1787 et 1788.

Le 7 septembre 1790, les archives de l'Assemblée nationale prennent le nom d'*Archives nationales* ; la loi du 7 messidor an II (27 juin 1794) les place « sous la surveillance du corps législatif et sous l'inspection du comité des archives. »

Ce cadre institutionnel est bouleversé par le Consulat qui retire la responsabilité des archives au pouvoir législatif : l'arrêté du 8 prairial an VIII

---

[92] Le périmètre de la présente communication est bien moins large que son intitulé tendrait à le laisser croire. En effet, ce n'est pas la production archivistique de l'ensemble des acteurs du processus législatif qui est décrite ici de manière très générale, mais seulement celle des assemblées parlementaires françaises depuis 1789.

[93] Jean-Pierre Brunterc'h et Olivier Poncet Prologue, « Lieux d'archives, lieux de pouvoir : de Rome à l'hôtel de Soubise », in Claire Béchu (dir.), *Les Archives nationales. Des lieux pour l'histoire de France. Bicentenaire d'une installation, 1808-2008*, Paris, Archives nationales-Éditions Somogy, 2008.

[94] Le résultat du scrutin est annoncé le 14 août suivant.

(28 mai 1800) prévoit que les Archives nationales « seront établies dans les lieux qui seront désignés par les Consuls » et que « l'archiviste sera nommé et révocable par le premier Consul ; il sera sous son autorité immédiate ». En attendant de trouver des locaux, les Archives nationales demeurent au Palais Bourbon, siège du Conseil des Cinq-Cents depuis 1798 ; elles ne le quittent qu'en 1808, après l'acquisition et l'aménagement de l'hôtel de Soubise, emportant avec elles, notamment, les collections des lois et décrets et les archives des comités (actuelles séries A et D).

Dès lors, les Chambres se chargent de la conservation, du classement et de l'analyse de leurs seuls actes. Au Sénat, la fonction de garde des archives est exercée, à partir de 1799, par le secrétaire général, le plus haut fonctionnaire de son administration. Les Archives des chambres basses [95] assurent également la conservation de l'ensemble des débats, rapports législatifs et autres publications officielles parlementaires (P.O.P.) des deux assemblées [96], mission qui incombe, dans les chambres hautes, à la Bibliothèque.

C'est par la lecture des P.O.P. que les juristes, chercheurs ou simples citoyens abordent généralement les travaux parlementaires, avant d'approfondir leurs recherches dans les fonds d'archives des assemblées. Ce rapide tour d'horizon commencera donc par une présentation de ces P.O.P., avant d'évoquer la réglementation et le contenu des archives parlementaires *stricto sensu.*

Les publications officielles parlementaires (P.O.P.)

Depuis 1789, de multiples collections de P.O.P. ont été constituées, dont certaines existent encore de nos jours ; d'autres, plus temporaires, ont disparu après une existence plus ou moins longue. Par ailleurs, la nature et le contenu de certaines publications au titre encore inchangé aujourd'hui ont pu évoluer dans le temps. Il n'est donc pas possible d'être exhaustif dans le cadre de cette brève étude, c'est pourquoi ne seront présentées ici que les plus représentatives d'entre elles [97].

---

[95] Ce terme inclut également les Chambres monocamérales (Assemblées nationales de 1848-1851 et 1871-1875), ainsi que l'Assemblée consultative provisoire (ACP), les Assemblées nationales constituantes (ANC) et l'Assemblée de l'Union française (AUF). Sont également incluses les réunions des deux chambres en Congrès (« Assemblée nationale » sous la IIIe République).

[96] En 2011, l'Assemblée nationale a créé un Centre de documentation parlementaire permettant la consultation par tous les publics des P.O.P. et, naturellement, des archives conservées à l'Assemblée nationale.

[97] Pour une présentation des P.O.P. de la Ve République, voir, sur le site Internet de la Bibliothèque Cujas :

Les procès-verbaux et comptes rendus des débats de la séance publique

Ces documents matérialisent le **principe de la publicité des débats**, en rupture avec le secret des délibérations qui prévalait sous l'Ancien Régime [98].

Le procès-verbal de la séance publique

Le premier procès-verbal officiel est rédigé le 12 juin 1789, soit 5 jours avant même la constitution du Tiers état en Assemblée nationale [99] ; sa rédaction est assurée par deux députés élus secrétaires, Armand-Gaston Camus et Alexis-François Pison du Galland fils. Son impression, ordonnée par l'Assemblée dès sa proclamation le 17 juin, est alors confiée à François-Jean Baudouin, député suppléant de Paris et, par ailleurs, imprimeur [100]. Après son adoption lors de la séance publique suivante, le P.V. officiel est établi en deux exemplaires [101], signés du président de séance et des secrétaires ; l'un d'entre eux est versé aux Archives, l'autre reste à disposition de l'Assemblée. Ce P.V. contient principalement les actes et les votes de l'Assemblée, et permet ainsi aux parlementaires de conserver une trace authentique des textes adoptés. Sa publication est assurée par *Le Moniteur* puis par le *Journal officiel* [102].

Toutefois, les retards de parution et l'aridité du contenu du P.V. officiel – n'y figure qu'un résumé succinct des propos tenus, sans indication du nom des orateurs avant les années 1840 – incitent les journaux [103] à établir et à publier leurs propres comptes rendus, certes bien plus fournis mais ni in-

---

http://bcujas-cms.univ-paris1.fr/sites/default/files/documents/guide_pop_26112013/index.html [consulté, de même que l'ensemble des liens de la présente note, le 15 juin 2015].

[98] Hugo Coniez, *Écrire la démocratie : de la publicité des débats parlementaires*, Paris, L'Harmattan, 2012. L'ouverture au public des tribunes des hémicycles parlementaires participe également à cette publicité dont étaient réglementairement exclus, jusqu'en 2009, les débats en commission (*cf. infra*).

[99] Sur les enjeux relatifs à la tenue d'un P.V. lors des États généraux de 1789, André Castaldo, *Les Méthodes de travail de la Constituante. Les techniques délibératives de l'Assemblée Nationale 1789-1791*, PUF, 1989, p. 106, 121 et 268.

[100] *Cf. infra* l'exemple de la première édition du premier procès-verbal.

[101] À partir de 1795, le P.V. est rédigé par des rédacteurs professionnels et non plus par les secrétaires, qui restent chargés du contrôle des scrutins.

[102] Pour une histoire des journaux officiels français, « Les journaux officiels de la République française, étude historique et analytique » dans *Notes et Études documentaires* n° 1738, 1953.

[103] Par exemple, *Le Moniteur, Le Journal des débats, Le Journal logographique, Le Logotachygraphe, Le Postillon.*

tégraux, ni forcément exacts et, surtout, ne présentant aucun caractère authentique.

Sous la IIIe République, le procès-verbal est remplacé par le compte rendu intégral des débats, d'abord au Sénat en 1890, puis à la Chambre des députés en 1917.

Les comptes rendus de la séance publique

Le Compte rendu in extenso ou intégral (C.R.I.)

Du fait des progrès de la sténographie [104], la Chambre des Pairs décide, le 18 février 1846, de créer un « bureau de rédaction sténographique », composé pour une grande part de sténographes jusqu'alors employés par *Le Moniteur*, et institue le premier compte rendu *in extenso* ou intégral (C.R.I.) officiel, dont le caractère authentique est acquis par la signature du président de séance [105]. En 1848 l'Assemblée nationale reprend à son compte cette décision que la Chambre des députés n'avait pas eu le temps d'adopter avant la chute de la monarchie de Juillet.

La publication du C.R.I. n'est suspendue que sous le Second Empire, entre 1852 et 1861, par volonté politique, et entre novembre 1943 et mai 1944, faute de personnels compétents à l'Assemblée consultative provisoire. Les autres assemblées telles que l'Assemblée de l'Union française (A.U.F.) ou le Sénat de la Communauté se dotent également d'un « intégral ».

La diffusion du compte rendu est assurée dès le lendemain de la séance, par le *Moniteur* puis par le *Journal officiel* [106]. Ce compte rendu est encore aujourd'hui le procès-verbal authentique de la séance publique [107].

S'il existe depuis de nombreuses années des enregistrements officiels audio puis audiovisuels des débats, aucun n'a de caractère authentique. Ces en-

---

[104] Delphine Gardey, *Écrire, calculer, classer. Comment une révolution de papier a transformé les sociétés contemporaines (1800-1940)*, Paris, la Découverte, 2008 et « Scriptes de la démocratie. Les sténographes et rédacteurs des Débats (1848-2005) », *Sociologie du Travail*, 2/2010, pp. 195-211, version en ligne : http://www.em-consulte.com/article/250201.

[105] Cette procédure de signature a cessé en 2007 à l'Assemblée ; elle est toujours en vigueur au Sénat, dont le Règlement prévoit que le compte rendu est également signé par les secrétaires de séance, et pour le Congrès.

[106] Pour les C.R.I. depuis 1871, *cf.* annexe 4.

[107] Pour la Ve république, l'article 33 de la Constitution et les articles 59, alinéa 3 du Règlement de l'Assemblée nationale et 41, alinéa 2 du Règlement du Sénat, en ligne respectivement :
http://www.conseil-constitutionnel.fr/conseil-constitutionnel/francais/la-constitution/la-constitution-du-4-octobre-1958/texte-integral-de-la-constitution-du-4-octobre-1958-en-vigueur.5074.html,
http://www.assemblee-nationale.fr/connaissance/reglement.asp et
http://www.senat.fr/reglement/reglement.html.

registrements sont d'ailleurs paradoxalement moins complets que le C.R.I. : les interruptions (questions ou interjections d'autres orateurs) figurent en effet dans le C.R.I. alors qu'elles sont inaudibles pour le téléspectateur en l'absence de micro d'ambiance dans les hémicycles [108].

Le Compte rendu analytique (C.R.A.)

« L'analytique » est **créé sous le Second Empire en 1852 au Corps législatif**, puis au Sénat en 1861, en remplacement de l'« *in extenso* ». Au départ volontairement très succinct et sans aucune aspérité (« Rien de saillant » selon le président du Corps législatif, Adolphe Billault [109]), il est rédigé dans des délais plus courts que le C.R.I. afin d'être transmis aux journaux dès la fin de la séance. Il est supprimé à l'Assemblée nationale en 2007 alors qu'il subsiste au Sénat [110].

« L'analytique » a parfois permis la rectification d'erreurs présentes dans le C.R.I. C'est ainsi qu'un discours prononcé le 19 septembre 1919 par Clemenceau, alors président du Conseil, au cours du débat sur la réforme de la loi électorale, a fait l'objet de l'*erratum* suivant [111] : « Au lieu de : "Je lui [112] demanderai de ne pas se désavouer", lire, conformément au texte du Compte rendu analytique : "Je ne lui demanderai pas de se désavouer" ».

Les documents ou impressions parlementaires

On trouve sous ces dénominations les dépôts de projets de loi, propositions de loi ou de résolution, les rapports législatifs, budgétaires, d'information des commissions permanentes ou spéciales, des missions d'information et des commissions de contrôle ou d'enquête. Ils constituent aujourd'hui un corpus de plusieurs millions de pages.

Ces documents existent sous deux formats :

---

[108] Le compte rendu « à la française », n'est pas un *verbatim*, à la différence de la pratique en vigueur dans d'autres pays ; les propos des orateurs peuvent être remis en forme, de manière à rendre intelligibles des débats parfois très animés, mais sans dénaturer le style oratoire et encore moins le fond des interventions.

[109] Bernard Gaudillère, « La publicité des débats parlementaires (1852-1870) », *Parlement[s], Revue d'histoire politique*, 3/2008 (n° HS 4), p. 27-49. Version en ligne : www.cairn.info/revue-parlements1-2008-3-page-27.htm.

[110] Ont également été créés sous la IIIe République un *Compte rendu sommaire* (devenu en 1947 *Bulletin de séance*), et le *printing* (résumé des débats envoyé par téléscripteurs), plus condensés que l'analytique qui étaient destinés à être affichés dans l'enceinte des assemblées en cours de séance. Ils ont été remplacés à la fin du XXe siècle par des retransmissions des débats en direct sur des postes de télévision.

[111] http://gallica.bnf.fr/ark:/12148/bpt6k62618042/f42.image.

[112] Clemenceau s'adresse alors à la Chambre en son entier (*J.O. Débats Chambre des députés*, 19/09/1919, p. 4456).

— « distribution » : il s'agit des impressions effectuées pour le compte des assemblées – par exemple par Baudouin sous la Révolution [113] – et destinées aux parlementaires et aux services des assemblées ;

— « publication » : de 1869 à 1969, le *Journal officiel* publie l'ensemble de ces documents, mais il est courant que l'ordre numérique de dépôt ne soit pas respecté ou que l'impression soit incomplète (annexes manquantes par exemple) ou que certains documents soient absents [114].

Depuis 1969, le format « distribution » est l'unique édition des documents parlementaires, à la suite de l'abandon de leur impression au *Journal officiel.* Dans le cadre de la numérisation de documents parlementaires de la IIIe République entreprise en partenariat avec la Bibliothèque nationale de France (BnF), les deux assemblées ont choisi de mettre à disposition des internautes la version « distribution », en raison de sa complétude et de son caractère historique dans la mesure où c'est la version connue des parlementaires au moment du vote [115].

Les Annales parlementaires

On a vu plus haut que la qualité des publications faisait l'objet de nombreuses réserves de la part des Chambres et des parlementaires eux-mêmes. À tout seigneur tout honneur, dans la *première* note de bas de page de la *première* page de la *première* édition du *premier* procès-verbal du 12 juin 1789, apparaît déjà une différence entre les versions manuscrite et imprimée. La version manuscrite « Cette expression se rapporte au récit de ce qui doit être fait qui précède le Procès-Verbal et qui doit comprendre le commencement de cette séance » est devenue dans l'édition de Baudouin « Il doit être imprimé un récit particulier de ce qui s'est passé depuis le 5 mai 1789, jusqu'au moment où il a été procédé à la vérification des pouvoirs, et où le Procès-Verbal a commencé ». Si cette divergence ne porte pas atteinte au sens général, elle est malgré tout source d'incertitude par rapport à un texte authentique.

[113] L'ANR RevLoi a entrepris la numérisation de cette collection : http://collection-baudouin.univ-paris1.fr/.

[114] Il convient de rappeler l'importance de la réforme du *J.O.* de 1880, qui permet une clarification des impressions parlementaires : sont ainsi créés quatre fascicules d'information purement parlementaire avec, pour chacune des deux chambres, un fascicule *Débats* et un autre pour les *Documents parlementaires* ; les débats et les impressions antérieurs sont publiés dans le *J.O. Lois et décrets.*

[115] L'annexe 4 présente un récapitulatif des opérations de numérisation dans le cadre de ce partenariat.

Ces erreurs sont jugées si nombreuses qu'en 1848, l'Assemblée nationale décide la réimpression – après correction des erreurs matérielles et intégration des *errata* – des C.R.I. et des documents parlementaires dans une nouvelle collection, les *Annales parlementaires* [116]. Les rectifications portent principalement sur des erreurs matérielles [117], dues aux contraintes de la publication, les services des chambres et l'imprimeur travaillant toujours dans l'urgence. En tout état de cause, les directeurs des services des comptes rendus et les Bureaux des deux assemblées ont toujours veillé, et veillent encore, à ne pas modifier le sens de propos réellement prononcés ou écrits [118].

Cette collection a longtemps été utilisée pour l'établissement des tables analytiques (*cf. infra*), bien qu'elle n'ait pas de caractère authentique [119], qu'elle ne soit disponible quasiment que dans les assemblées et ne soit pas plus complète que la version du *Moniteur* ou du *Journal officiel* en ce qui concerne les « documents parlementaires ».

Les autres documents parlementaires

Parmi ceux-ci, on peut citer :

Le Feuilleton

Publié, depuis 1789, les jours de séance publique – mais pas en cas de comité secret –, son contenu a varié dans le temps : ordres du jour prévisionnels de la séance publique et des commissions, réunions organisées par les parlementaires, liste des dépôts de documents parlementaires. Sous la

[116] Ces *Annales* sont publiées jusqu'en 1950.

[117] Ces erreurs matérielles concernent au premier chef les résultats de scrutins publics ainsi que les listes nominatives des votants. Voir par exemple au *J.O. Débats Chambre des députés* du 19 juillet 1913, p. 2827 (http://gallica.bnf.fr/ark:/12148/bpt6k6441937q/f57.image), le scrutin n° 831 sur l'ensemble du projet de loi concernant le recrutement de l'armée (loi dite « des Trois ans ») et le rectificatif publié « par suite d'une erreur typographique » au même *J.O.* le 21 juillet 1913, p. 2860 (http://gallica.bnf.fr/ark:/12148/bpt6k64419384/f32.image.r=erreurs.langFR). En règle générale, le chercheur doit toujours vérifier dans un *J.O.* postérieur la présence d'un tel rectificatif voire d'un erratum.

[118] Cette problématique de l'exactitude de la publication de textes authentiques n'a pas concerné que les publications parlementaires, voir Gougeon Pascal, Collovald Annie, François Bastien, « "Nul n'est censé ignorer la loi". La publication au Journal officiel : genèse d'un mode d'universalisation de la "puissance publique" », *Politix.*, Vol. 8, n° 32, 1995. pp. 66-88. Version en ligne : http://www.persee.fr/web/revues/home/prescript/article/polix_0295-2319_1995_num_8_32_2090.

[119] À une exception rétroactive près : étant donné que les procès-verbaux authentiques des séances du 15 février 1937 au 10 juillet 1940 « ont été détruits par les Allemands pendant l'occupation », les Bureaux des deux assemblées décidèrent en 1947 de les remplacer par les *Annales*, chaque volume étant alors authentifié par la signature du Président, avec copie de la décision.

IIIe République, y figurait également la composition des commissions ou des groupes, informations qui paraissent au *J.O. Lois et décrets* (partie Informations parlementaires) depuis la IVe République [120].

Le *Feuilleton des pétitions*, qui recense les pétitions reçues par les assemblées, est encore publié de nos jours, même si sa périodicité a fortement décru depuis le début du XXe siècle, en raison de la diminution du nombre de pétitions [121].

Le Bulletin et les comptes rendus des commissions

Le *Bulletin des commissions*, qui fournit un compte rendu résumé de chacune des réunions des commissions parlementaires, est publié à partir de 1927. Ce document est très précieux pour accéder aux archives de ces commissions dans lesquelles figurent les procès-verbaux, plus complets, voire intégraux, des réunions de ces organes parlementaires.

À la suite de la réforme constitutionnelle de 2008 et des modifications subséquentes des règlements des deux assemblées en 2009, le *Bulletin* a été remplacé par un *Compte rendu* détaillé publié par les deux institutions sur leurs sites Internet respectifs. Ceux-ci proposent également en flux continu les enregistrements en vidéo des réunions publiques de commission [122].

Les tables analytiques

Clefs d'accès à l'ensemble des P.O.P., les tables des débats trouvent leur origine dans une pratique d'indexation instaurée par Camus, déjà confronté à une masse énorme de documents. Jusqu'en 1816, elles sont réalisées et imprimées par les Archives nationales [123] puis, après cette date, par les Chambres elles-mêmes.

---

[120] *Cf.* annexe 4.

[121] « Les pétitions adressées aux Assemblées (Chambre et Sénat) de 1815 à 1940 », laboratoire Analyse comparée des pouvoirs de l'Université de Paris-Est Marne-la-Vallée, en ligne sur http://acp.u-pem.fr/projets-de-recherche/petitions. Voir aussi Yann-Arzel Durelle-Marc, Pétitionnement et droit de pétition durant l'Assemblée nationale constituante (1789-1791). Contribution à l'histoire du régime représentatif, thèse Université Paris 1, Paris, 2004.

[122] Décision n° 2009-581 DC du 25 juin 2009 relative à la modification du Règlement de l'Assemblée nationale : « les exigences de clarté et de sincérité du débat parlementaire, qui s'appliquent aux travaux des commissions, imposent qu'il soit précisément rendu compte des interventions faites devant celles-ci, des motifs des modifications proposées aux textes dont elles sont saisies et des votes émis en leur sein ». En ligne à l'adresse suivante : http://www.conseil-constitutionnel.fr/decision/2009/2009-581-dc/decision-n-2009-581-dc-du-25-juin-2009.42749.html/

[123] À l'exception de celles de la Convention nationale (1792-1795), qui n'existent qu'en version manuscrite.

Ces tables sont organisées par nom d'intervenant en séance publique (table nominative) ou par thème (table thématique) évoqué lors des débats ou dans les documents parlementaires. Selon les époques elles renvoient aux procès-verbaux ou comptes rendus, en version *J.O.* et/ou *Annales* ou *Moniteur*, aux feuilletons et aux documents parlementaires eux-mêmes.

Elles permettent de retrouver, pour chaque lecture dans chacune des deux chambres, les auteurs, numéros et dates de dépôts des textes en discussions (projets ou propositions de loi ou de résolution), les références des rapports des commissions saisies au fond ou pour avis, ainsi que les dates de discussion en séance publique. Par ailleurs, elles comportent, selon les périodes, un résumé de la discussion générale puis des articles, voire des amendements ainsi que, pour certains textes, des tableaux de concordance entre les articles du projet initial et ceux du texte promulgué avec, le cas échéant, depuis 1958, les références des décisions du Conseil constitutionnel.

Les tables recensent également les différents organes du contrôle parlementaire – commissions d'enquête ou de contrôle, missions d'information, etc. – et reprennent les informations parlementaires (évolutions de la composition des groupes et des commissions …) [124].

Ces tables analytiques sont toujours établies, mais sous une forme allégée à l'Assemblée depuis 2009 (fiches nominatives seulement) alors que les Archives du Sénat continuent à élaborer des tables détaillées non seulement nominatives mais aussi thématiques.

Les publications associées

Les Archives parlementaires

En 1862, le Corps législatif décide de participer au financement de la collection des *Archives parlementaires*, initiée par deux de ses bibliothécaires, Jules Mavidal et Émile Laurent. L'objectif est de réaliser un compte rendu intégral des débats de 1789 à 1848, pour lesquels n'existait qu'un procès-verbal, à partir des comptes rendus parus dans les différents journaux (*cf. supra*) et des archives des assemblées parlementaires. Sa parution, interrompue en

[124] La table des questions écrites et orales autrefois établie par le service de la séance, est depuis de nombreuses années remplacée par des bases de données interrogeables aux adresses suivantes :
http://www2.assemblee-nationale.fr/recherche/questions et
http://www.senat.fr/quesdom.html.

1913, est reprise depuis 1956, par l'Institut d'Histoire de la Révolution française (IHRF) avec le soutien du CNRS, pour la période 1789-1799 [125].

Les Dictionnaires des parlementaires français

Ces dictionnaires fournissent des notices biographiques de tous les parlementaires depuis 1789, accessibles – et, pour les députés, le cas échéant mises à jour ou rectifiées s'agissant des plus anciennes [126] – sur les sites Internet des deux institutions [127]. Ces notices contiennent un lien vers les fonds d'archives privées des députés, lorsque ces fonds sont localisés.

Traité de droit politique, électoral et parlementaire d'Eugène Pierre

Eugène Pierre, Secrétaire général de la Présidence de la Chambre des députés de 1885 à 1925 [128], a laissé de nombreuses éditions et suppléments de son *Traité de droit politique, électoral et parlementaire,* accessibles depuis 2010 sur Gallica [129]. Cet outil, irremplaçable pour la connaissance et la compréhension de l'histoire et du droit parlementaires [130], a fait l'objet de trois suppléments qui couvrent la période 1925-1978, rédigés par Jean Lyon, lointain successeur d'Eugène Pierre au Secrétariat général de la Présidence [131].

Au total, l'ensemble des P.O.P. au format papier représente environ 1 kml. Depuis 1997 au Sénat et 1998 à l'Assemblée nationale [132], les P.O.P. sont accessibles sur les sites Internet des deux institutions mais l'édition

---

[125] À lire sur le site de l'IHRF, une précieuse présentation où sont exposés les problèmes scientifiques des parutions d'avant 1913, et qui démontre tout l'intérêt que l'on doit porter à cette collection https://ihrf.univ-paris1.fr/les-archives-parlementaires-1787-1799/. Le même site permet d'accéder aux tomes 1 à 82, numérisés en partenariat avec la Bibliothèque nationale de France et l'Université de Stanford : http://frda.stanford.edu/fr/ap.

[126] Les premières de ces notices sont publiées sous la direction d'Adolphe Robert, Edgar Bourloton et Gaston Cougny en 1889, édition par le fait surnommée « du centenaire ».

[127] http://www.assemblee-nationale.fr/sycomore/ et http://www.senat.fr/elus.html.

[128] http://www.assemblee-nationale.fr/connaissance/droit_eugene_pierre.asp.

[129] http://gallica.bnf.fr/Search?ArianeWireIndex=index&p=1&lang=FR&q=Pierre%2C+Eug%C3%A8ne+%281848-1925%29&x=0&y=0.
Le dernier supplément d'Eugène Pierre datant de 1924 et ceux de Jean Lyon ne sont pas encore numérisés.

[130] Bien évidemment la consultation des règlements des différentes assemblées est indispensable ; trop souvent, les chercheurs sont imprégnés par les institutions qui leur sont contemporaines et ne perçoivent pas ou incomplètement le sens de procédures parlementaires parfois abandonnées, ou pis, qui subsistent encore, mais de manière différente.

[131] Une grande partie des informations figurant dans la présente étude trouve son origine dans les différentes éditions du Traité et ses suppléments.

[132] Pour mémoire, en 2011, l'Assemblée nationale a versé aux archives du ministère des Affaires étrangères sa collection de documents parlementaires étrangers (dépôts et rapports parlementaires) reçus dans le cadre d'échanges interparlementaires depuis la IIIe République, soit plus de 3,5 kml.

électronique n'a pas encore de caractère authentique. La dématérialisation complète du *Journal officiel Débats parlementaires* prévue pour 2016 conduira les assemblées à mener une réflexion sur la mise en place d'un système d'archivage électronique (SAE) en leur sein afin d'assurer la conservation des comptes rendus des débats électroniques authentifiés.

Il est enfin à noter que, pour faciliter les recherches, les deux assemblées finalisent un document, à terme disponible sur leurs sites Internet respectifs, recensant l'ensemble des P.O.P. accessibles en ligne, numérisées ou nativement numériques.

Les archives parlementaires

Avant de décrire le contenu de ces archives, il est indispensable d'en rappeler le **statut juridique** et les **règles de communicabilité**.

Le régime juridique des archives parlementaires

Le principe de l'autonomie de gestion de leurs archives par les assemblées

Depuis 1789, sauf exception, chaque assemblée définit, dans le cadre fixé par la Constitution, les règles qui lui sont applicables, afin de permettre aux parlementaires d'exercer librement leurs prérogatives institutionnelles d'élaboration de la loi et de contrôle du gouvernement. Le principe de l'autonomie de gestion de leurs archives par les assemblées s'inscrit dans cette logique. Il a été réaffirmé par la loi du 15 juillet 2008 sur les archives [133] alors même que le projet initial du gouvernement proposait une définition élargie des archives de l'État incluant les « archives des pouvoirs publics constitutionnels », donc des assemblées.

Lors de la discussion en première lecture au Sénat, le rapporteur de la commission des Lois, M. René Garrec, a en effet estimé qu'une telle approche aurait pour effet d'introduire « une relation de contrôleur à contrôlé entre l'administration des Archives nationales, service relevant de l'Exécutif, et les assemblées » [134], à l'encontre de l'autonomie des assemblées parlementaires qui découle des principes d'exercice de la souveraineté nationale par ses représentants, posé à l'article 2 de la Constitution [135] et de la séparation

---

[133] http://www.legifrance.gouv.fr/affichTexte.do?cidTexte=JORFTEXT000019198529, notamment les articles L. 211-1 à L. 211-4.

[134] *J.O. Débats Sénat*, 8 janvier 2008, p. 46 (http://www.senat.fr/seances/s200801/s20080108/s20080108001.html).

[135] http://www.conseil-constitutionnel.fr/conseil-constitutionnel/francais/la-constitution/la-constitution-du-4-octobre-1958/texte-integral-de-la-constitution-du-4-octobre-1958-en-vigueur.5074.html.

des pouvoirs formulé à l'article 16 de la Déclaration des droits de l'homme [136].

Le gouvernement s'en étant remis à la « sagesse du Sénat », celui-ci adopta un dispositif fort différent du projet initial, dispositif ensuite approuvé par l'Assemblée nationale et dont il résulte que « les actes et documents des assemblées parlementaires » sont des « archives publiques » mais ils « sont régis par l'ordonnance n° 58-1100 du 17 novembre 1958 relative au fonctionnement des assemblées parlementaires ». L'article 7 bis inséré par voie de conséquence dans l'ordonnance [137] précise à cet égard : « Chaque assemblée parlementaire est propriétaire de ses archives et responsable de leur conservation et de leur mise en valeur. Elle détermine les conditions dans lesquelles ses archives sont collectées, conservées, classées et communiquées ».

La mise en œuvre de l'autonomie de gestion des archives parlementaires

Les archives parlementaires sont ainsi des archives publiques relevant d'un régime autonome. Cette spécificité induit principalement trois conséquences.

En premier lieu, l'absence de contrôle scientifique et technique, au sens juridique du terme, des services de l'État, ce qui, bien évidemment, ne signifie pas pour autant l'absence de procédures archivistiques rigoureuses : depuis plus d'une décennie, – donc avant même le vote de la loi de 2008 –, les divisions des archives des deux assemblées se sont engagées dans une politique de professionnalisation de la gestion des archives : recrutement d'archivistes professionnels, mise en œuvre des normes archivistiques en matière de collecte, conservation, classement et communication, échanges avec de nombreuses institutions, dont les Archives nationales.

En deuxième lieu, la définition par les assemblées des règles et délais de communicabilité de leurs archives [138] : dans les deux cas, le délai de communicabilité de droit commun est fixé à vingt-cinq ans, contre trente avant 2008, sous réserve de l'application des délais spéciaux mentionnés à l'article L. 213-2 du code du patrimoine auquel il est renvoyé. Des dérogations sont

---

http://www.conseil-constitutionnel.fr/conseil-constitutionnel/francais/la-constitution/la-constitution-du-4-octobre-1958/declaration-des-droits-de-l-homme-et-du-citoyen-de-1789.5076.html.

[137] http://www.assemblee-nationale.fr/connaissance/pouvoirs-publics/pouvoirs_publics-08.asp#P13383_1259070.

[138] *Instruction générale du Bureau de l'Assemblée nationale*, article 27, et celle du Sénat, article, XIX en ligne aux adresses suivantes http://www.assemblee-nationale.fr/connaissance/instruction.asp#igb_27 et http://www.senat.fr/reglement/reglement_mono.html#IGB_table_XIX.

évidemment possibles ; l'appréciation des demandes, en pratique très ouverte, incombe dans chaque assemblée aux secrétaires généraux, sur délégation du président, après avis du service versant et des Archives.

On signalera en outre que l'intervention de la Commission d'accès aux documents administratifs (CADA) avait déjà été écartée en 2000 en matière de communication des actes des assemblées parlementaires, y compris ceux relatifs à l'organisation et au fonctionnement des services des assemblées [139].

Enfin, les assemblées déterminent elles-mêmes les règles de conservation de leurs archives. Le Sénat a ainsi choisi de conserver l'ensemble de ses actes et documents depuis 1852 [140]. Inversement, la Chambre des députés puis l'Assemblée nationale ont effectué plusieurs versements aux Archives nationales [141] entre 1920 et 2006.

L'état et la localisation des fonds d'archives parlementaires

Avant de décrire succinctement quelques-uns des fonds d'archives des assemblées, on présentera les principaux types de documents qui les composent et leur localisation.

L'état général des fonds des archives parlementaires

On peut distinguer plusieurs types de dossiers relatifs aux activités législatives et de contrôle :

— les P.V. authentiques des séances publiques, en version manuscrite [142] puis imprimée (*cf. supra*) ;

— les sténographies et leurs retranscriptions manuscrites – ou en tapuscrit – des comptes rendus intégraux des séances publiques et des comités secrets [143] ;

---

[139] Article 7 de la loi 2000-321 du 12 avril 2000 relative aux droits des citoyens dans leurs relations avec les administrations : http://www.legifrance.gouv.fr/affichTexte.do?cidTexte=JORFTEXT000000215117.

[140] À l'exception de pétitions du Second Empire versées aux Archives nationales en 1921, faute de place pour les conserver.

[141] *Cf.* annexe 1. Ces versements sont généralement dus aux circonstances, notamment la saturation des locaux.

[142] Les P.V. originaux numérisés des séances du Serment du Jeu de paume (20 juin 1789), le jugement de Louis XVI (16 et 17 janvier 1793), du 19 brumaire an VIII (conseils des Cinq-Cents et des Anciens) sont disponibles à l'adresse suivante : http://www.assemblee-nationale.fr/connaissance/archives/index.htm.

[143] C'est seulement en avril 2011 que l'Assemblée nationale a autorisé la publication des comptes rendus des comités secrets de 1870 et 1871 : Éric Bonhomme et Bernard Accoyer (préface), *De l'Empire à la République : comités secrets du Parlement, 1870-1871*, Paris, Perrin, 2011. Pour sa part, le Sénat a procédé à la publication des comités secrets de la Première guerre mondiale en 1968 (*J.O. Débats Sénat*, 25 juillet 1968,

— les projets ou propositions de loi ou de résolution déposés ;

— les dossiers des commissions parlementaires [144] :

- procès-verbaux des réunions, plus ou moins intégraux et auditions (sténographies et tapuscrits) ;
- un « dossier administrateur » contenant des documents relatifs aux travaux préparatoires d'une loi, par exemple les différentes versions du rapport avant son adoption par la commission, les amendements présentés en commission et un ensemble documentaire (correspondance, rapports, comptes rendus d'auditions du rapporteur, etc.) ;

— le dossier du Président de séance, qui contient, outre le texte en discussion, les rapports de l'Assemblée et du Sénat, les amendements (minutes), les modifications subies par le texte au cours de la séance et le texte définitivement adopté ;

— les textes adoptés (lois et décrets révolutionnaires) ;

— les dossiers des commissions, des commissions d'enquête et de contrôle ou des missions d'information.

À côté de ces archives purement législatives, on trouve également :

— les dossiers relatifs à la vérification des pouvoirs des parlementaires, opération réalisée jusqu'en 1958 par les chambres elles-mêmes et depuis lors par le Conseil constitutionnel ;

— les pétitions adressées aux Chambres ;

— des pièces relatives à l'activité judiciaire du Parlement : procès devant la Cour des Pairs jusqu'en 1848 et devant la Haute Cour de Justice de la IIIe République [145] ;

— les archives de la *diplomatie parlementaire*, provenant du service des Affaires internationales, des délégations interparlementaires, des orga-

---

http://www.senat.fr/comptes-rendus-seances/5eme/pdf/1968/07/s19680725_0609_0640.pdf).

[144] Les P.V. des commissions permanentes, créées en 1902 à la Chambre de députés et en 1921 au Sénat consacrant ainsi une pratique générée par le premier conflit mondial, sont généralement réunis dans des registres ou des classeurs, classés par commission ; pour les commissions antérieures (*ad hoc*) ou les commissions spéciales postérieures, ces P.V. sont classés par projet ou proposition de loi.

[145] Disponibles aux adresses suivantes :
http://www.senat.fr/histoire/les_proces_de_la_cour_des_pairs.html et
http://www.senat.fr/evenement/archives/D40/intro1.html.

nismes internationaux [146], les archives des groupes d'amitié et groupes d'études à vocation internationale (années 1940-2000) ;
— des archives du fonctionnement administratif des services des deux chambres : Questure (travaux, constructions et aménagements), comptabilité, recrutement, marchés publics, etc.

La localisation des fonds d'archives

Les archives parlementaires définitives représentent au total 7,7 kml, dont 1,7 kml conservés aux Archives nationales, sur le site de Pierrefitte-sur-Seine [147], chacune des deux assemblées en conservant 3 kml. S'y ajoutent plusieurs kml d'archives intermédiaires [148].

Les fonds conservés aux Archives nationales (site de Pierrefitte-sur-Seine)

Le tableau ci-après récapitule sommairement les différents fonds d'archives parlementaires conservés par les Archives nationales [149].

	Chambres basses Assemblées nationales ACP – ANC AUF Congrès (séries C, C/*I et C/*II)	Chambres hautes (série CC)
Doubles des procès-verbaux authentiques	< 2007	Tous
Dépôts de projets / propositions de loi et de résolution Dossiers des commissions Dossiers du président de séance Textes adoptés	< 1997	< 1848
Commissions d'enquête Dossiers de vérification des pouvoirs (élections)	< 1958	
Pétitions	< 1997	< 1848 et Second Empire
Dossiers judiciaires de la Cour des Pairs		< 1848

[146] Par exemple, l'Assemblée parlementaire de la Francophonie (A.P.F.), l'Union interparlementaire (U.I.P.) ou encore l'Assemblée parlementaire de l'Organisation pour la sécurité et la coopération en Europe (O.S.C.E.) dont des parlementaires sont membres.

[147] Dans lequel sont réunis les fonds antérieurement conservés sur le site de Paris (séries C, C*/I, C*/II et CC) et les versements postérieurs à 1979, précédemment conservés sur le site de Fontainebleau (en cotation continue).

[148] Après un tri auquel il est procédé à l'issue de leur durée d'utilisation administrative, les archives font l'objet d'un versement définitif.

[149] *Cf.* annexe 1 pour une présentation très générale de ces fonds.

Archives administratives	< 1848 et Questure < 1949 [150]	

Les instruments de recherche réalisés par les Archives nationales sont disponibles dans la salle des inventaires virtuels (SIV) [151] ; les documents sont classés par grandes thématiques : sessions, élections, pétitions, lois et résolutions.

Les fonds conservés par les assemblées

Les assemblées conservent dans leurs locaux les archives législatives postérieures à 1848 pour le Sénat et à 1997 pour l'Assemblée, ainsi que leurs archives administratives. La professionnalisation engagée depuis l'an 2000 (*cf. supra*) a permis l'élaboration de nombreux instruments de recherche par les archivistes des deux institutions et les personnels des services d'archives, sous leur contrôle technique [152].

Dans le domaine des activités législatives et de contrôle, on peut citer, outre les archives des commissions permanentes et spéciales, les fonds des :

- commissions de contrôle et d'enquête (pour l'Assemblée nationale à partir de 1958) [153] ;
- missions d'information, missions de contrôle et d'évaluation, groupes de travail.

Par ailleurs, le Sénat conserve les archives de la Haute-Cour de Justice de la IIIe République et du Sénat de la Communauté [154].

Les deux assemblées conservent également de nombreuses archives administratives très riches :

- les dossiers administratifs et de pension des parlementaires depuis 1904, très utiles notamment pour l'élaboration des biographies des parlementaires ou pour des recherches généalogiques ;

150 Il s'agit principalement de listes de députés, de la composition des organes parlementaires, des pétitions, etc.

151 https://www.siv.archives-nationales.culture.gouv.fr/siv/ ;
pour l'indispensable état général des fonds de la série C :
https://www.siv.archives-nationales.culture.gouv.fr/mm/media/ download/
FRAN_ANX_ 011339.pdf.

152 *Cf.* annexes 2 et 3. Ces instruments de recherche sont mis à disposition dans les salles de consultation des Archives des deux institutions.

153 Les cartons contenant les archives des commissions d'enquête de la Ve République sont scellés et ne peuvent être descellés qu'à l'issue d'une période de 25 ans, sans aucune dérogation possible ; leur communication est alors soumise à l'application éventuelle des délais spéciaux mentionnés à l'article L. 214-2 du code du patrimoine (*cf. supra*).

154 http://www.senat.fr/evenement/archives/le_senat_de_la_communaute.html.

- les archives du fonctionnement administratif des services des deux assemblées et les dossiers administratifs de leurs personnels ;
- des dossiers, plans et dessins des palais [155] où siègent les deux assemblées ;
- des documents variés, dont des lettres autographes de personnages célèbres (la seconde abdication de Napoléon [156], la lettre de démission du général de Gaulle le 20 janvier 1946 ou encore des lettres signées par le député Victor Hugo, la dernière lettre du maréchal Ney exécuté après avoir été jugé par la Cour des Pairs au Palais du Luxembourg, etc.) ;
- l'Assemblée possède par ailleurs un fonds particulièrement intéressant de *Notes historiques* rédigées entre 1900 et 1925, sur l'histoire et le fonctionnement des chambres basses depuis leur origine [157].

Les assemblées ont également reçu des dépôts privés :

- de parlementaires :
- dans les deux Chambres : les fonds Georges et Édouard Bonnefous ;
- à l'Assemblée : Maurice Bokanowski [158], Jacques Baumel, ou Gilbert Gantier ;
- au Sénat : Gaston Monnerville (mais les archives de sa présidence proprement dite ont été déposées à la Fondation nationale de Sciences Politiques), Michel Dreyfus-Schmidt et Philippe Marini etc., ;
- au Sénat, des Présidents Alain Poher (1968-1992), Christian Poncelet (1998-2008), Gérard Larcher (2008-2011) et tout récemment Jean-Pierre Bel (2011-2014) ;

---

[155] Ainsi que des hôtels de la présidence et, pour le Sénat, du jardin du Luxembourg dont il assure la gestion.

[156] Disponible, ainsi que d'autres documents d'archives, sur le site Internet que l'université de Warwick consacre aux Cent-Jours, http://www.100days.eu/.

[157] Dont une partie figure dans l'ouvrage de Georges Gatulle, *Petite histoire du Palais-Bourbon*, Bordeaux, Elytis, 2011.

[158] Pour une retranscription de ses carnets tenus en tant que militaire et parlementaire pendant la Première Guerre mondiale : http://www2.assemblee-nationale.fr/decouvrir-l-assemblee/histoire/1914-1918/l-exposition-du-centenaire/etre-depute-pendant-la-guerre/trois-deputes-dans-la-grande-guerre/maurice-bokanowski.

- à l'Assemblée, de membres des cabinets des présidents Philippe Séguin et Jean-Louis Debré ;
- à l'Assemblée, de groupes parlementaires, notamment le groupe Démocratie libérale et indépendants (1998-2002) et celles des anciens partis gaullistes et du groupe RPR (des années 1940 à 2002).

Elles gèrent enfin des fonds photographiques :

- publics : clichés des services photographiques des deux assemblées mais également, d'agences de presse pour les années 1933-1971 à l'Assemblée nationale ou encore le fonds Chevojon [159] au Sénat ;
- privés : notamment ceux de Jules-Louis Breton [160] à l'Assemblée nationale.

Les archives parlementaires de l'avenir ou l'avenir des archives parlementaires

Au tournant de l'an 2000, grâce notamment à la professionnalisation de la gestion des archives, les assemblées se sont engagées dans un processus de valorisation de leurs fonds d'archives.

Depuis 2013 pour le Sénat et 2014 pour l'Assemblée nationale, les travaux des commissions parlementaires de la Première Guerre mondiale sont ainsi accessibles sur chacun des sites [161] et à terme sur celui des Archives nationales en ce qui concerne les commissions de la Chambre des députés. Cette action menée dans le cadre de la commémoration de la Grande Guerre est la preuve que l'autonomie de gestion des Assemblées parlementaires n'empêche pas une collaboration de l'Assemblée nationale avec les Archives nationales qui conservent ces fonds, collaboration fructueuse que les deux institutions espèrent renouveler rapidement.

---

[159] http://www.senat.fr/fileadmin/Fichiers/Images/evenement/70eliberation_senat/Expo_70_liberation_senat.pdf :
225 plaques photographiques acquises en 2014 (Libération du Palais du Luxembourg le 25 août 1944).

[160] Quelques images de ce fonds en cours de classement sont disponibles à l'adresse suivante :
http://www2.assemblee-nationale.fr/decouvrir-l-assemblee/histoire/1914-1918/hommage-a-jean-jaures/l-album-de-jules-louis-breton.

[161] http://www2.assemblee-nationale.fr/decouvrir-l-assemblee/histoire/1914-1918 et http://www.senat.fr/histoire/1914_1918/. Par ailleurs, les archivistes des deux assemblées ont réalisé des instruments de recherche sur les fonds mis en ligne ; celui du Sénat est consultable à partir du lien *url* précédent ; celui de l'Assemblée sera intégré dans la SIV des Archives nationales à compter du 2e semestre 2015.

De même, la participation active des deux assemblées au programme de numérisation de masse initié par la Bibliothèque nationale de France, permet la mise en ligne de près de 800 000 pages de P.O.P., jusqu'alors accessibles uniquement dans des bibliothèques publiques, voire seulement dans celles des deux assemblées [162]. Là encore, les parties se réjouissent de pouvoir poursuivre cette collaboration qui permet au Parlement français de répondre à la demande d'un public de plus en plus large, et de se rapprocher de ce que proposent la plupart des Parlements étrangers.

Mais aujourd'hui, l'institution parlementaire est confrontée aux conséquences de l'informatisation tant de la procédure législative que de son fonctionnement interne. La dématérialisation du circuit de production de la loi, accélérée par la mise en place de l'application SOLON [163] par le Secrétariat général du Gouvernement et la dématérialisation de la production documentaire parlementaire rendent nécessaires la définition et la mise en œuvre d'une véritable politique d'archivage électronique, tant pour garantir l'intégrité de l'ensemble de la production documentaire parlementaire que sa pérennité.

---

[162] *Cf.* annexe 4.

[163] Système d'organisation en ligne des opérations normatives ; *cf.* http://www.senat.fr/rap/appleg_07/appleg_0724.html.

Annexe 1

Présentation générale des archives des assemblées parlementaires conservées aux Archives nationales (site de Pierrefitte-sur-Seine) [164]

Série	Description	Nombre d'articles
C/	**Archives des assemblées nationales** Cette série contient notamment : - Les papiers des assemblées de la Révolution (1787-1814) - Les sessions, élections, pétitions, lois et résolutions, papiers de la questure (1814-1962), dont : - Assemblée nationale consultative provisoire d'Alger et Paris (1943-1945) - Assemblées nationales constituantes (1945-1946) - Assemblée nationale (1946-1958) - Assemblée de l'Union française (1947-1959)	15 311
C*/I	**Procès-verbaux des séances des Assemblées nationales (1789-2007)** [165] Cette série se compose des doubles des procès-verbaux dont la minute originale est conservée par chacune des deux assemblées.	899
C*/II	**Questure des Assemblées nationales : enregistrements (1789-1949)** [166] Cette série, très disparate, est composée essentiellement : - des procès-verbaux de séance en comité secret et de commission - des listes des membres des chambres basses et de leurs organes (bureaux et commissions) - des *Impressions parlementaires* et listes de décrets - de résultats électoraux et de législation électorale - des arrêtés du président et des papiers des questeurs - des pétitions et de leurs registres et rôles	1 057
CC/	**Sénat, Chambre et Cour des Pairs** Cette série est constituée de documents des chambres hautes depuis 1799 [167]. Elle contient notamment : - Les *Procès-verbaux* des séances - Les pétitions de 1815 à 1870	1 366

164 http://www.archivesnationales.culture.gouv.fr/chan/chan/pdf/sm/C_2008.pdf.

165 Il s'agit de la seconde minute des *Procès-verbaux* authentiques, la première étant conservée par les assemblées.

166 http://www.archivesnationales.culture.gouv.fr/chan/chan/pdf/sm/CII_1-1057.pdf.

167 https://www.siv.archives-nationales.culture.gouv.fr/mm/media/download/FRAN_ANX_011156.pdf.

Série	Description	Nombre d'articles
	- Les procès de la Cour des Pairs (1815-1847), dont ceux du maréchal Ney, des ministres de Charles X, du journal le *Drapeau blanc* ou encore du duc de Choiseul-Praslin	
19790681 à 20060700	Ces versements de l'Assemblée nationale, précédemment conservés à Fontainebleau, contiennent principalement : - les dossiers des élections (IVe République) - les dossiers des commissions [168] et du service de la séance [169] pour les 10 premières législatures de la Ve République (1958-1997)	6 029
Total		**24 662**

[168] Commissions permanentes, mixtes paritaires et spéciales, missions d'information et d'enquête.

[169] Dossiers des scrutins et nominations, messages du président de la République lus en séance publique, communications et allocutions des présidents, textes adoptés (dossiers de séance et vélins), textes non adoptés, motions de censure, rapports parlementaires, budgets et rapports extraparlementaires (reçus par l'Assemblée nationale).

Annexe 2
Quelques exemples de fonds d'archives conservés par l'Assemblée nationale

Cote	Intitulé du fonds	Dates
Fonds publics, dont		
1 P	Archives publiques (pièces isolées)	1790-2000
6 P	Cabinets du ministère de la Santé publique et de la sécurité sociale de Robert Boulin (1969-1972) et du ministère des Affaires sociales d'Edgar Faure (1972-1973)	1969-1973
7 P	Commission d'enquête sur les conditions de délivrance des autorisations de démolir et de construire dans les secteurs sauvegardés de la ville de Paris	1971-1975
13 P	Secrétariat général de la Questure : notes historiques	1899-1945
15 P	Commission d'enquête sur le fonctionnement des sociétés civiles de placement immobilier et sur leurs rapports avec le pouvoir politique	1967-1972
17 P	Rapports et procès-verbaux de la commission de l'Armée (1910-1914) et de la commission des Finances (1940)	1910-1914, 1940
22 P	Commission de contrôle de la gestion du service public du téléphone	1954-1974
23 P	Commission de contrôle ayant pour objet l'Union générale cinématographique en ce qui concerne exclusivement ses rapports avec ses filiales et les filiales de ses filiales	1954-1962
24 P	Commission de contrôle de la gestion de l'Office de radiodiffusion télévision française (ORTF)	1953-1972
25 P	Commission de contrôle de la gestion financière de l'Office de radiodiffusion télévision française (ORTF)	1958-1974
26 P	Commission d'enquête sur les activités du Service d'action civique	1941-1983
27 P	Archives de la commission d'enquête sur la pollution du littoral méditerranéen et sur les mesures à mettre en œuvre pour la combattre et assurer la défense de la nature	1954-1975
28 P	Commission d'enquête sur la situation de l'énergie en France	1958-1975
29 P	Commission d'enquête sur les conditions commerciales, financières et fiscales dans lesquelles les sociétés pétrolières opérant en France approvisionnent le marché français et y assurent la distribution des différents produits pétroliers, et sur leurs rapports avec l'État	1971-1976
Fonds privés, dont		
1 J	Archives privées (pièces isolées)	
2 J	Groupe parlementaire Démocratie libérale et indépendants	1996-2002
3 J	Fonds Jacques Baumel	1979-2002
4 J	Georges Bonnefous, député	1879-1988

Cote	Intitulé du fonds	Dates
5 J	Jean Durroux, député de l'Ariège	1938-1951
7 J	Fonds Jacquemin	1986-1996
8 J	Fonds Bonnefous : photographies	1930-1958
9 J	Papiers d'André-François Mercier	1935-1992
10 J	Archives de Gilbert Gantier	1947-2004
11 J	Archives de Jean-Marie Bouvier O'Cottereau	vers 1916-1970
12 J	Carnets de guerre de Maurice Bokanowski	1915-1917
15 FP	Groupes parlementaires gaullistes (1948-2002)	1948-2002
Fonds photographiques		
2 Fi	Photographies séance/SGP	1933-1971
25 FP	Fonds Jules-Louis Breton	1912-1913

Rappel : ces archives – notamment celles des commissions parlementaires et du service de la Séance postérieurs à 1990 – ne sont communicables qu'au terme d'un délai de 25 ans [170]. Des inventaires détaillés ont été établis pour la plus grande part des fonds mentionnés ci-dessus.

[170] *Cf. supra* les règles de communicabilité.

Annexe 3
Extrait de l'état général des fonds législatifs conservés par le Sénat

Cotes	Intitulé des fonds	Dates
Fonds publics, dont*		
97S	Pétitions pour le rétablissement de l'Empire	1852
77S	Second Empire : rôle des pétitions	1852-1870
71S, 82S	Second Empire : procès-verbaux de commission, rapports, sénatus-consultes, décrets	1852-1860
60S	Second Empire : procès-verbaux de séance manuscrits	1852-1870
175S	Second Empire : procès-verbaux des réunions du Bureau	1852-1870
45S, 70S, 40S, 41S, 43S, 39S	IIIe République, Haute Cour : procès Déroulède (1899-1900), Boulanger, Dillon, Rochefort (1889), Cachin (1923), Malvy (1918), Péret (1931), Caillaux (1919)	1889-1931
124S, 14S, 69S, 80S	IIIe République : procès-verbaux des commissions du Sénat	1876-1940
9S, 317S, 335S, 371S, 450S	IIIe, IVe et Ve Républiques : procès-verbaux authentiques des séances	1876-1940, 1946-2013
13S, 102S, 157S, 255S, 287S, 316S, 370S, 428S, 461S	IVe et Ve Républiques : textes adoptés, dits « authentiques »	1947-2013
66S	IIIe République : élections sénatoriales – vérification des pouvoirs	1876-1938
7S	IIIe République : dossiers des réunions du Bureau du Sénat	1876-1942
15S à 35S	IVe République [171] : procès-verbaux des commissions	1946-1958
1S, 126S, 135S, 230S, 141S, 171S, 198S	IVe République Conseil de la République : dossiers législatifs	1946-1958
61S	IVe République : élections sénatoriales - vérification des pouvoirs	1946-1958
52S, 47S, 48S, 49S,	Ve République : procès-verbaux des commissions	1959-1981

[171] La Constitution de 1946 crée une Chambre haute qui ne s'appelle plus Sénat mais « Conseil de la République ».

Cotes	Intitulé des fonds	Dates
46S, 50S etc.		1982-2008
141S, 180S, 300S, 199S, 333S, 409S, 148S, etc.	Ve République : dossiers législatifs	1959-1981 1982-2008
109S, 128S, 164S, 278S, 252S, 278S, 290S, 342S, 342S, 358S, 418S, 448S, 456S, 478S et 500S	Ve République : dossiers de séance	1959-2014
39S, 56S, 99S, 158S, 183S et 398S	Ve République : fonds des commissions de contrôle	1960-1991
54S, 99S, 210S	Ve République : fonds des commissions d'enquête	1970-2003
1-3AV	Ve République : enregistrements de la séance publique (sur bandes magnétiques : 1985-1995, sur Betacam : 1995-2011, à partir de 2011 : enregistrement numérique)	1987-2014
6S	Fonds du Sénat de la Communauté	1959-1960
12S	Union interparlementaire	1939-1990
Fonds privés, dont		
27EO	Jacques Augarde, député puis sénateur de Constantine (IVe République)	1943-2012
17EO	Michel Dreyfus-Schmidt, sénateur du territoire de Belfort, vice-président (Ve République)	1957-2008
25EO	Yann Gaillard, sénateur de l'Aube (Ve République)	1994-2014
22EO	Philippe Marini, sénateur de l'Oise, rapporteur général de la commission des finances (Ve République)	1989-2004
10EO	Marcel Plaisant, député puis sénateur du Cher (IIIe et IVe Républiques)	1920-1957

* Les archives postérieures à 1990 ne sont en principe pas communicables sauf dérogation [172]. Des inventaires détaillés ont été établis pour la plus grande part des fonds mentionnés ci-dessus.

[172] *Cf. supra* les règles de communicabilité.

Annexe 4
P.O.P. numériques

P.O.P. numérisées dans le cadre du partenariat des assemblées avec la BnF accessibles sur le site gallica.bnf.fr

Tranche du programme	Assemblée	Typologie des documents	Lien url	Volumétrie
2011-2014	Assemblée nationale	J.O. Débats parlementaires 1871-1940	http://gallica.bnf.fr/ark:/12148/cb328020951/date	Volumes : 785 Pages : 418 102 Nombre de fichiers : 23 000
		Feuilletons de 1871 à 1940	http://gallica.bnf.fr/ark:/12148/cb435153678/date	
		Impressions 1914-1919	http://gallica.bnf.fr/ark:/12148/cb41372946v/date	
	Sénat	J.O. Débats parlementaires 1871-1940	http://gallica.bnf.fr/ark:/12148/cb34363182v/date.	Volumes : 322 Pages : 381 502 Nombre de fichiers : 25 347
		Feuilletons de 1871 à 1940	http://gallica.bnf.fr/ark:/12148/cb436819903/date	
		Impressions 1910-1931	http://gallica.bnf.fr/ark:/12148/cb41473216d/date	
2015-2017	Assemblée nationale	Débats de l'Assemblée consultative provisoire		En cours
		Feuilletons 1945-1958		
		Impressions à partir de 1871		
	Sénat	Impressions 1932-1940 puis à partir de 1871		
		Feuilletons 1946-1958		
		Procès-verbaux des commissions de la IVe République		

Débats parlementaires des IVe et Ve Républiques accessibles sur les sites internet des deux assemblées

Assemblée	Régime	Période	Lien url
Assemblée nationale	Ve République	1958-2002	http://archives.assemblee-nationale.fr/
		Depuis 2002	http://www.assemblee-nationale.fr/14/debats/index.asp
	IVe République		http://4e.republique.jo-an.fr/
Sénat	Ve République	1958-1996	http://www.senat.fr/comptes-rendus-seances/5eme/seances/archiveSeances.html
		Depuis 1996	http://www.senat.fr/seances/seances.html
	IVe République (Conseil de la République)		http://www.senat.fr/comptes-rendus-seances/4eme/seances/archiveSeances.html

Questions de la Ve République

Assemblée	Période	Lien url
Assemblée nationale	Depuis 1981	http://www2.assemblee-nationale.fr/recherche/questions
Sénat	Depuis 1978	http://www.senat.fr/quesdom.html

Impressions parlementaires de la Ve République

Assemblée	Période	Lien url
Assemblée nationale	Depuis 1998	http://www.assemblee-nationale.fr/14/documents/index-dossier.asp
Sénat	Depuis 1996 [173]	http://www.senat.fr/leg/index.html

[173] Sauf pour les textes adoptés de 1958 à 1978 accessibles à l'adresse suivante : http://www.senat.fr/dossiers-legislatifs/adoptes-avant-1978.html.

Archives Auroux : de l'écrit à l'oral

JACQUES LE GOFF
Professeur émérite de droit public (Université de Brest)

Puisque l'ego-histoire a aujourd'hui la faveur, permettez-moi de commencer par une réminiscence.

J'étais jeune inspecteur du travail lorsque parut le Rapport Auroux dans une version multigraphiée que j'ai conservée comme une archive et presque comme une relique. Sa lecture fut un moment de saisissement, d'éblouissement, un vrai choc suscité par la nouveauté et l'ampleur de vues audacieuses qui allaient, nous le pressentions, faire entrer le droit du travail dans une nouvelle époque, celle de la citoyenneté accomplie au sein de l'entreprise comme ailleurs.

Et dans les deux ou trois années qui ont suivi, nous nous sommes faits les *missi dominici* enthousiastes d'une démocratie sociale redynamisée. Je garde un souvenir ému de ces visites où nous portions le message de la parole libérée et de sa fécondité pour l'entreprise par association des salariés, via les groupes d'expression, à son fonctionnement de l'entreprise et optimisation de sa compétitivité. Au point qu'un chef d'entreprise me dira un jour, l'air amusé : « Mais Monsieur l'inspecteur, vous avez un discours de moine prêcheur ! ». Ce n'était pas faux. Mais en Bretagne, terre mystique, lieu d'élection de la deuxième gauche ce style ne sonnait pas faux.

Mon rapport aux lois Auroux allait se déployer en plusieurs séquences bien distinctes. Très vite, après la phase opérationnelle, je n'ai pas tardé à m'interroger sur la place de ce dispositif dans l'évolution générale du droit du travail. Et c'est alors que j'ai découvert avec stupeur l'absence d'histoire générale de ce droit et pris la résolution de combler cette lacune au moins partiellement.

Me voilà, par conséquent, face aux lois Auroux comme objet de recherche. Une recherche qui va se déployer selon deux axes problématiques bien distincts.

Le premier concernait le contenu et la signification de ces textes. À ce stade, la question des archives ne s'est pas posée. Pour entrer dans l'intelligence du dispositif, il m'a suffi d'arpenter la partie émergée de l'iceberg documentaire comprenant outre le dispositif législatif et réglementaire, le Rapport inaugural, les rapports parlementaires et les longs débats qui couvrent plus de 200 pages du *Journal officiel*. Là, je n'ai pas rencontré de difficultés particulières. Les textes disponibles parlaient d'eux-mêmes et s'éclairaient sans peine mutuellement. Néanmoins, j'ai vite pris conscience de l'insuffisance d'une approche strictement positiviste cantonnée à la littéralité et de la nécessité d'un minimum de mise en abyme.

La difficulté va naître d'une curiosité poussée un peu plus loin en direction non plus seulement du *commencement* de ces textes en termes de genèse officielle, aisément identifiable, mais de leur *origine*, de ce qui a précédé et accompagné en sourdine le processus. On pourrait y appliquer les termes : 1) d'*épigenèse* renvoyant à ce qui a précédé, au stade embryonnaire du droit : où puise-t-il son inspiration et par quels canaux chemine-t-elle ? Quelle part les divers acteurs – syndicaux, patronaux, administratifs… – ont-il prise dans sa cristallisation ? ; 2) et de *paragenèse* visant ce qui se situe à côté et influe latéralement, et généralement très discrètement, sur le déroulement même du processus (rôle des services du Premier ministre, de la présidence de la République…). Fort de ce questionnement, je suis entré dans une zone grise où le sol ferme de l'information se dérobant très vite, j'ai dû mobiliser d'autres sources. J'ai commencé par rechercher des traces scripturaires auprès de Jean Auroux, des administrations, de Matignon, de l'Élysée, avec il faut bien le dire un succès très inégal. Car, il m'est vite apparu, d'abord que Jean Auroux et les membres de son cabinet n'avaient versé aucun papier aux Archives nationales après leur départ du ministère. Il n'y a donc pas de fonds Auroux. Ensuite, et à l'inverse, comme l'a bien souligné Matthieu Tracol « du côté des autres pôles de l'exécutif, les archives sont surabondantes mais d'accès malaisé [174] » (plus de 14 000 cartons) pour les archives Mitterrand et, de surcroît une identification incertaine de ce qui concerne la politique sociale. Le fonds Mauroy conservé au Centre des archives contemporaines de Fontainebleau se révèle à la fois plus riche et plus immédiatement opératoire.

---

[174] *Changer le travail pour changer la vie. Genèse des lois Auroux 1981-1982*, L'Harmattan, 2009, p. 24.

À défaut, Jean Auroux a très aimablement pris la peine de photocopier l'essentiel du dossier qu'il avait conservé. L'ensemble représentait une liasse d'environ 5 centimètres d'épaisseur regroupant une quinzaine de chemises rapportant essentiellement le travail de concertation dans diverses commissions parlementaires et autres. Une base certes riche mais qu'il faudra compléter par recours au témoignage des acteurs de l'époque en sorte que l'intelligence des lois Auroux passe nécessairement par le double canal des archives écrites (I) et orales (II).

I. Les archives écrites

Sans comporter de révélations extraordinaires, le dossier à l'instant mentionné s'est révélé d'un précieux secours pour saisir le climat de l'époque et mieux cerner certains aspects particuliers du déroulement de l'opération.

J'en ai retenu trois qui concernent la concertation avec les organisations syndicales, la place de l'acteur individuel dans le nouveau social ainsi promu, la question de l'unité de direction au sein de l'entreprise.

Une vraie volonté de renforcement des liens avec les syndicats

Lorsque J. Auroux arrive rue de Grenelle, il est frappé de la faiblesse de la concertation de son ministère avec les partenaires sociaux. Et ce n'est pas Martine Aubry qui le démentira. Les cinq années qu'elle vient d'y passer l'ont, en effet, convaincue de l'archaïsme d'une gestion politico-administrative hémiplégique fonctionnant sur le modèle de la forteresse. Les précédents ministres du Travail ont certes entretenu des relations courtoises avec les partenaires reçus à périodicité régulière pour évocation des principaux projets de lois. Mais, pour l'essentiel, la concertation ne fut pas la respiration d'un ministère que sa vocation aurait pourtant dû prédisposer au dialogue permanent avec les représentants du monde du travail. L'impression dominante est celle d'un néo-corporatisme à la française d'allure claudicante. « Des projets qui passent du bureau des hauts fonctionnaires au Conseil d'État, puis au Conseil des Ministres sans l'ombre d'une consultation sur le terrain. Martine Aubry est atterrée » notent P. Burel et N. Tatu qui rapportent ses propos : « Comment s'étonner dès lors que les textes rédigés en vase clos dans des bureaux parisiens, entre techniciens, et imprégnés de toute la complexité administrative, soient cables ? [175] ». Son souci de pragmatisme et d'efficacité la conduiront à aller sur le terrain au moins une fois par semaine. « Elle a toujours eu, rappelle un

[175] P. Burel, N. Tatu, *Martine Aubry. Enquête sur une énigme politique*, Calmann-Lévy, 1997, p. 62.

directeur régional du travail, le besoin de frotter ses convictions à la réalité du terrain. Son leitmotiv c'était de toujours voir ce qu'on peut faire pour que les choses marchent mieux, ici et maintenant. C'est une énarque qui a imposé une démarche totalement inhabituelle au ministère ». Tout le contraire d'une doctrinaire et d'une bureaucrate qui va s'attacher, avec son ministre, à faire passer un souffle nouveau dans cette administration en veillant à remettre son action sur ses deux pieds.

La multiplicité des mentions de réunions de concertation dans les archives, des rencontres à la fois formelles et informelles, montre que les actes suivent de près les paroles. L'engagement d'impulser un nouveau style est manifestement tenu.

En réponse à ce souci d'ouverture, la CFDT et la CGT s'empressent de transmettre au cabinet de Jean Auroux des documents de travail dont les linéaments avaient été élaborés au cours des années précédentes.

Propositions syndicales

« Appelée à exprimer son avis dans le cadre de la rédaction du futur Rapport, se souvient J.-P. Jacquier, à l'époque secrétaire national de ce syndicat, la CFDT a remis un document d'une cinquantaine de pages, *Des droits nouveaux pour les travailleurs et leurs organisations syndicales*, dès le début du mois de juillet. Cette promptitude montre à quel point notre organisation était prête sur de nombreuses questions. Cela montre aussi l'importance attachée à cette question des droits qui justifiait alors une mobilisation interne dans l'élaboration et l'écriture des propositions ». Au même moment, la CGT remet au Premier ministre, Pierre Mauroy, une note de 51 pages intitulée *Propositions de la CGT pour la restauration et l'extension des droits des travailleurs.*

Il n'est pas question d'entrer ici dans l'examen détaillé de ces propositions mais plutôt de souligner la différence générale de tonalité des stratégies réformatrices.

Du côté de la CGT, la préoccupation majeure tend à la fois à l'effectivité du dispositif de représentation du personnel mis en place depuis 1936, avec un net privilège reconnu au syndicat, et au renforcement des compétences du comité d'entreprise selon une logique de contrôle ouvrier, les « projets d'investissements, de restructuration de l'entreprise, d'augmentation des prix » étant subordonnés à « l'accord préalable du comité » qui disposerait, par ailleurs, d'un « pouvoir de suspension » des mesures affectant les conditions de travail. Une manière d'introduire, selon des modalités différentes, une compétence apparentée à un droit de veto limité. La faveur reconnue au grand collectif de type classique empruntant les voies de la démocratie représentative, n'exclut cependant pas l'ouverture à « l'expression, l'intervention de chaque salarié, quelle que soit sa place dans la hiérarchie, sur les questions se rapportant au travail » sous réserve, cependant, qu'elles « ne s'opposent ni se confondent avec les pouvoirs et prérogatives des syndicats et des institutions représentatives du personnel ». Entre les lignes, se perçoit la crainte d'une dispersion des centres de pouvoir supposée préjudiciable à l'efficacité de l'action collective. C'est pourquoi la centrale ne préconise pas de dispositif organisé mais suggère de laisser libre cours à l'expérimentation « en liaison avec les organisations syndicales ». On peut aussi noter l'absence de proposition étayée relative à la négociation collective. Si le « droit à la négociation des salariés » est rappelé, il ne se prolonge pas par une proposition de politique conventionnelle. La convention collective demeure un outil d'amélioration du statut du travail plus qu'une matrice de rénovation des relations sociales toujours centrées sur le conflit.

La démarche de la CFDT tranche par le souci affiché de faire droit aux nouvelles « exigences des salariés » dans une approche renouvelée du fonctionnement collectif à l'heure de la « société des individus ». Le grand social durkheimien se fissure pour laisser place à une configuration d'allure transpersonnelle. Car, « pour la CFDT, il est essentiel que les travailleurs puissent être eux-mêmes les acteurs du changement ».

D'où deux conséquences :

— la proposition d'un « droit d'expression des travailleurs » expressément référer à « la démarche autogestionnaire essentielle à la qualité de leurs débats et de leurs propositions ». Un immense défi puisqu'il s'agit de passer de la démocratie représentative à un régime mixte ouvert à la logique de démocratie directe. « Nous étions seuls, dira un peu plus tard Edmond Maire, à porter l'ambition du droit d'expression. Si nous avons réussi, ajoutait-il, c'est en raison de notre persévérance mais aussi parce que notre revendication correspondait bien à une aspiration profonde des salariés, à un besoin économique et à un progrès de la démocratie [176] » ;

— la redynamisation de la négociation collective dans la ligne, rappelle J.P. Jacquier, des idées avancées par J.-P. Murcier, responsable du service juridique de la CFDT, en juillet-août 1979 dans un article de *Droit social*, autour de trois thèmes : le comblement des vides conventionnels, la négociation et l'application des conventions, ainsi que la question de la représentativité des signataires, l'obligation de négocier, y

---

[176] *Désormais les salariés s'expriment*, Colloque CFDT, mai 1986, p. 60.

compris au niveau de l'entreprise, le contenu de la négociation avec interdiction de toute décision unilatérale à défaut d'accord. Cette priorité se lit à chaque page du rapport de la CFDT au point de donner l'impression d'une minoration du rôle des IRP, à l'exception du syndicat en charge exclusive de la mission négociatrice.

Un accueil inégal

En juillet 1981 le cabinet a connaissance de ces documents auxquels il réserve, il faut bien le dire, un accueil inégal, avec une préférence marquée pour celui de la CFDT qui a également les faveurs du ministre. À preuve : l'exemplaire transmis par la CGT ne porte aucune trace de lecture stylo en main au point que l'on peut se demander s'il a été lu, tandis que celui de la CFDT comporte une quinzaine d'annotations, tout un passage étant d'ailleurs signalé en marge.

Cela se sent dès le rapport *Les droits des travailleurs* rendu public en septembre après avoir été rédigé en hâte par Martine Aubry. La proximité est telle qu'elle « surprend la CFDT elle-même ! » (Albert Mercier) : même insistance sur le thème de l'« acteur » dans le cadre de la problématique globale de citoyenneté, priorité à la « politique contractuelle » par-delà l'enrichis-sement des garanties conventionnelles, commun souci de « recomposition de la collectivité de travail » entre permanents et précaires, recherche d'un équilibre en tension entre l'économique et le social... L'écriture incisive, à l'occasion flamboyante, ne doit pas faire perdre de vue la tonalité résolument réformiste du propos.

La place de l'acteur individuel dans le dispositif

Le deuxième éclairage apporté par ces textes concerne le subtil équilibre qui ont voulu instaurer entre *l'individuel* et le *collectif*, « entre l'expression des travailleurs et celle de leurs représentants [177] ».

Il est révélateur que, dans le rapport, « l'expression » soit qualifiée non d'« individuelle » mais de « directe et collective » par une prudence révélatrice du souci de maintenir la surdétermination du « personnel » par le « collectif ». Il s'agit d'éviter l'ouverture d'une boîte de Pandore qui pourrait ébranler l'ensemble du dispositif traditionnel par décomposition de la molécule sociale de base en une poussière d'individus. Mais nul ne s'y trompe à commencer par le ministre lui-même dont on découvre dans les notes d'un échange avec la Commission des affaires sociales du Sénat, l'équation : « di-

[177] Notes préparatoires au comité interministériel du 29 octobre 1981, p. 4.

recte = individuelle [178] ». Dans son esprit, les choses sont donc sans ambiguïté.

La question de l'unité de direction

Naturellement une telle réforme a soulevé la question du pouvoir dans la recherche d'un nouvel équilibre entre les *compétences reconnues des salariés,* individuellement et collectivement, et celles du *chef d'entreprise.*

Si Auroux avait suivi les préconisations de la CGT, on se serait orienté vers l'institution d'une forme atténuée de « contrôle ouvrier », via le veto du comité d'entreprise, en accord d'ailleurs avec les promesses du candidat Mitterrand dont l'une des « 110 propositions » énonçait que « pour l'embauche, le licenciement, l'organisation du travail, le plan de formation, les nouvelles techniques de production, le comité d'entreprise pourra exercer un droit de veto avec recours devant une nouvelle juridiction du travail ». Auroux est très réservé et Aubry franchement hostile [179]. Et elle le dira d'ailleurs sans détours au président de la République en réplique à un reproche plus amusé que convaincu : « Ainsi, vous n'avez pas voulu appliquer mes propositions ? – Et j'ai eu raison. Il y a parfois des inepties dans vos propositions ! [180] ». L'idée est donc abandonnée au grand dam de l'aile gauche du parti socialiste, Pierre Joxe à sa tête, qui exige le maintien de ce symbole de rupture. Auroux met en jeu sa démission. Et Mauroy en prend, sans se faire violence, son parti. Le même scénario se répétera, atténué, à propos du droit non moins symbolique d'arrêt des machines par le CHSCT en cas de « danger imminent ». Le cabinet n'aura pas de peine à convaincre des effets pervers redoutés d'une telle mesure susceptible de se retourner contre les CHSCT pour « défaut de vigilance » dans l'hypothèse d'un accident non précédé de signalement du danger. « Ces ministres reculent au moindre obstacle ! » ironisera Mitterrand au demeurant non mécontent de leur sagesse.

Il est clair, d'emblée, que quels que soient les progrès de la citoyenneté des travailleurs, « il n'est pas question de remettre en cause dans le secteur privé *l'unité de direction et de décision dans l'entreprise* [181] ». Les archives à notre disposition confirment la constance d'Auroux sur ce point. Il ne cesse d'insister auprès de tous ses interlocuteurs sur l'importance de préserver la

[178] Audition du 19 juillet 1982.

[179] « J'étais persuadée qu'il fallait développer un modèle de relations sociales à la française et maintenir le pouvoir unilatéral du chef d'entreprise dans ce qui est de sa responsabilité, c'est-à-dire l'économique, le financier, le technique. Les droits de veto sont toujours contournés par le chef d'entreprise », cité par P. Burel, N. Tatu, *op. cit.*, p. 86.

[180] P. Burel, *op. cit.* p. 89.

[181] Rapport Auroux, p. 3.

cohérence du pouvoir dans l'entreprise tout en en renforçant le contrôle par les salariés.

C'est en cela qu'Auroux parle d'un « texte responsable, de cœur et de raison, qui est une réponse sociale à nos difficultés économiques [182] » en vue de « responsabiliser les acteurs économiques pour dynamiser les entreprises et les rendre moins vulnérables en cas de difficultés [183] ». Et ce n'est certainement pas Martine Aubry qui l'aura contredit sur ce point qu'elle tient pour essentiel [184]. Comme le rappelle P.L. Rémy, « on a essayé de construire ensemble, cette alchimie qui essayait de faire l'équilibre, je n'aime pas le mot équilibre parce que c'est comme si il y avait deux plateaux de la balance quelque part qui s'opposaient, de construire cette sorte d'alchimie entre l'économique et le social, entre la nécessaire organisation d'une activité de production, et l'exercice d'autorité et d'arbitrage que cela suppose et d'autre part la légitimité de droits pour le salarié. Ceci nous a conduit à de longues explications avec les parlementaires de la majorité, parfois moins avertis du fonctionnement concret d'une entreprise et habités par une conception un peu mécaniste du changement [185] ».

Le dossier mis à disposition par l'ancien ministre du Travail était certes utile pour saisir la manière dont les choses se sont passées, mais insuffisant pour comprendre précisément la manière dont la dynamique s'était enclenchée. D'où le recours indispensable au témoignage des acteurs.

J'aurais pu les interroger un à un, ce que j'ai fait partiellement. Mais il m'a vite semblé plus avisé de les réunir, de les inviter à débattre entre eux et à confronter leurs souvenirs. D'où le colloque organisé à Brest en mars 2007.

II. L'apport des archives orales

Mais quelle place fallait-il faire à cette parole, quel crédit lui reconnaître dans ce type de recherche ? C'est toute la question aujourd'hui si débattue du statut et de la valeur du témoignage oral et écrit des acteurs de cette histoire comme de tant d'autres. Je me la suis posée mais sans guère d'états

---

[182] Audition du 19 juillet par la Commission du Sénat.

[183] Notes préparatoires au Comité interministériel du 29 octobre 1981, p. 8.

[184] « Dans cette période pétrie d'idéologie, elle refuse le manichéisme des symboles, préférant les mesures concrètes et réalistes. "Nous étions marqués par une vision trop simple de la société : les riches et les pauvres, les dirigeants et les dominés, le privé et le public, les impérialistes et les pacifistes" (*Le choix d'agir*). Elle croit à une société réconciliée, à une symbiose entre le patronat qu'elle voudrait éclairé et des salariés responsabilisés. Elle n'a jamais adhéré au socialisme de rupture qui prônait le changement radical et irréversible » (P. Burel, *op. cit.*, p. 91).

[185] *Les lois Auroux, 25 ans après*, *op. cit.*, p. 76.

d'âme quant à la réponse qui me paraissait aller de soi pour au moins trois raisons.

1) De *nécessité*, tout d'abord : nous n'avions d'autre choix si nous voulions véritablement comprendre le processus de fabrication de ces textes.

2) De *légitimité*, ensuite, si l'on en juge par l'accueil aujourd'hui favorable réservé à ce type de sources non seulement par les comités d'histoire des administrations et entreprises publiques [186] mais aussi par le monde des historiens dont le regard s'est transformé depuis une trentaine d'années, l'inflexion pouvant être datée de la parution des *Lieux de mémoire* de Nora [187].

3) Enfin, de *synergie puissante et productive* entre histoire et mémoire au point que Nora forgera le concept d'« histoire-mémoire » dans laquelle le témoignage oral prend tout son intérêt. Un tournant parfaitement résumé par V. Duclert : « Pour que l'histoire n'entre plus en conflit avec la mémoire, il est nécessaire que l'historien pense celle-ci comme une *source à part entière*, comme une donnée du mouvement social. Cette distinction suppose de réinventer les formes de présentation des témoignages (dans les ouvrages à caractère historique notamment) et de rencontre avec les témoins (dans les colloques par exemple) [188] ». D'évidence, le risque de subjectivation du récit historique trouve sa correction dans le croisement des regards permettant d'approcher au plus près la vérité de l'histoire dans une confrontation productrice d'objectivité.

La journée d'étude de 2007, publiée sous le titre *Les lois Auroux, 25 ans après* [189] semble avoir amplement administré la preuve que la réflexion sur le « temps présent » se situe « entre l'histoire et la sociologie [190] » (D. Schnapper) puisque, outre les témoins, ont pris part à la réflexion un sociologue, des juristes et un politiste.

---

[186] *Cf.* G. Elgey, *Les archives orales. Rôle et statut,* Rapport au Conseil économique et social, 2001, p. 24.

[187] Sur cette conversion du regard historien, *cf.* P. Joutard, *Histoire et mémoires, conflits et alliance,* La Découverte, 2013.

[188] « Archives orales et recherche contemporaine. Une histoire en cours », *Sociétés et représentations,* n° 134, avril 2012, p. 84.

[189] Jacques Le Goff (dir), Presses universitaires de Rennes, 2004.

[190] *Écrire l'histoire du temps présent. En hommage à F. Bédarida,* CNRS Éditions, 1993, p. 49.

Il en est ressorti de très intéressants éclairages sur trois points : la coproduction des lois Auroux, l'intervention très active de l'administration du travail, un assez large accord sur la philosophie globale des textes.

Coproduction de la loi

Une recherche historique fine permettrait de reconstituer, sur la foi d'archives et de témoignages, la trame de cette phase initiale dont on sait qu'elle fut émaillée de contacts du cabinet avec les centrales syndicales et particulièrement la CFDT et la CGT, Force ouvrière, la CFTC et la CGC se cantonnant d'emblée dans une prudente réserve avant, pour deux d'entre elles (FO et CGC), d'afficher leur hostilité aux projets. En l'état de mon enquête, il m'est impossible de déterminer le degré d'intensité des échanges qui, si l'on en croit A. Mercier, aurait été plus faible qu'on ne l'aurait supposé : « Aubry a, à ce stade, peu impliqué les organisations syndicales. Elle se bornait à tester certaines de ses idées ». La tâche est plus aisée s'agissant du patronat qui, très vite, s'installera dans une posture initialement attentiste avant de basculer dans la franche hostilité doublée d'un travail de lobbying auprès de l'entourage du Premier ministre et du président de la République dans l'espoir de calmer les ardeurs d'un ministère du Travail jugé d'emblée sous influence syndicale.

Il ne s'agit ici que d'identifier les ressorts de la dynamique sociale et intellectuelle qui a porté le travail préalable d'élaboration programmatique. Trois d'entre eux se dégagent avec une particulière netteté : une option dialogique résolue en direction des partenaires ouverts à la perspective du changement ; une forte activité propositionnelle de la CFDT et de la CGT ; au final, l'influence décisive de l'idéologie de la « deuxième gauche [191] ».

Au stade de l'élaboration des textes

Dès le premier instant, il va de soi que tous les partenaires sociaux acquis à la réforme seront étroitement associés à la mise au point des textes. Ce qui veut dire, en pratique, eu égard à la bouderie de *Force ouvrière* et à la dissidence du CNPF avec lesquels les contacts seront néanmoins maintenus [192], un travail en commun principalement avec la CFDT et la CGT, et latéralement avec la Confédération générale des cadres intéressée par le projet bien que réfractaire à l'idée d'expression directe des salariés. Pour Gérard Ale-

[191] Appellation sous laquelle on a réuni divers courants d'inspiration antimarxiste, souvent d'ascendance chrétienne et… proudhonienne, ralliés au projet autogestionnaire : CFDT, PSU, un certain nombre de clubs politiques….

[192] Essentiellement par le canal de la CFDT aux dires de J.P. Jacquier : « Des responsables de la CFDT ont maintenu des discussions avec les dirigeants du CNPF ».

zard, à l'époque secrétaire national de la CGT en charge des questions économiques, « nous avons vécu là un processus parfaitement inédit si on le rapporte aux pratiques des gouvernements antérieurs. C'est-à-dire du temps pour réfléchir, du temps pour discuter, la possibilité de revenir sur un certain nombre de questions où se sont conjugués les travaux d'amendement dans les débats au Parlement avec les rencontres bilatérales avec les ministres concernés, avec leurs représentants, avec le Premier ministre aussi. Si l'on compare à ce qui se passe aujourd'hui, c'est le jour et la nuit ! ».

Mais l'exceptionnelle convergence de vues entre la CFDT et le trio Praderie - Aubry - Rémy va vite placer la centrale de la rue Cadet dans une position-lige l'instituant en interlocuteur privilégié sinon référentiel. Et la proximité est telle que la coproduction d'idées va désormais faire place à une synergie portant à un degré jamais atteint l'association entre l'appareil politico-administratif et l'acteur syndical. Au point que Bernard Krynen, n'hésite pas à parler de « co-écriture » des textes allant bien au-delà de l'habituelle « concertation » et de la complémentarité pratiquée, depuis le début des années 1970, entre loi et négociation collective.

En 1981 s'inaugure ainsi un nouveau style de collaboration par « travail en ligne directe avec les partenaires » (Auroux) sous la forme non de tables rondes dans le grand salon de la rue de Grenelle mais de réunions techniques informelles au cabinet du ministre. « Nous avons eu beaucoup de contacts, se souvient Albert Mercier chargé par Edmond Maire de suivre le dossier, dans une ambiance sympathique et fructueuse. Nous avons pris beaucoup de temps pour expliquer ce que nous voulions, pourquoi, comment en faisant ressortir les obstacles qui ne manqueraient pas de surgir [193] ». Même écho du côté de J.P. Jacquier : « Il n'y a pas eu de concertation multilatérale, soit avec l'ensemble des syndicats, soit avec tous les partenaires sociaux. Les divergences entre organisations syndicales, l'opposition du patronat à la plupart des mesures envisagées ont écarté ce type de réunion. Pour autant, des responsables de la CFDT ont maintenu des discussions avec les dirigeants du CNPF. Il fallait penser à l'avenir, c'est-à-dire après les lois, à leur application. Les réunions bilatérales avec le cabinet ont été très nombreuses. Discussions sur les principes, puis confrontations sur les projets d'articles de lois, c'est-à-dire des textes eux-mêmes. Les délégations CFDT étaient un mélange de responsables « politiques » et de juristes

[193] Entretien du 25 juillet 2007.

du service juridique de la confédération. Pour certains textes, on peut parler d'une sorte de *co-rédaction*. Ce qui n'était jamais arrivé dans ce ministère [194] ».

Et c'est cette symbiose entre cabinet et CFDT qui prendra, presque naturellement, l'allure d'une « écriture à deux mains ». Sur ce point les souvenirs de Jacquier, Krynen, Mercier concordent dans une analyse que nuance pourtant J.P. Murcier, responsable du service juridique de la CFDT, soulignant que « chacun est resté dans son rôle ». Une nuance qui peut s'expliquer par le souci de se garder, encore 25 ans plus tard, du reproche souvent formulé à l'époque, d'avoir trop collaboré et « mouillé le syndicat avec les politiques » (A. Mercier), fussent-ils de gauche. Un souci d'ailleurs partagé par Jean Auroux lui-même et exprimé par anticipation dès le mois d'octobre 1981 en ces termes: « Il ne faut pas voir dans ce texte [Rapport de septembre] le pur et simple résultat de cette concertation : aucune contribution, celle des organisations syndicales comme celle des représentants des chefs d'entreprise, ne s'est substituée à la décision politique, prééminente et comptable de l'intérêt général [195] ». En réplique aux allégations de noyautage par une Centrale, l'insistance du ministre du Travail sur sa mission d'arbitrage doit se comprendre à la lumière d'un contexte difficile lié non seulement à l'hostilité de certains des partenaires mais également à la mauvaise écoute dont se plaint la CGT qui a, au contraire l'oreille non seulement du parti communiste mais aussi de l'aile gauche du parti socialiste. Comme le rappellent Burel et Tatu, « Michel Coffineau, l'élu socialiste du Val-de-Marne, ancien gauchiste en rupture de CFDT, Nicolas Schiffer et Jean Oehler, les élus de l'Est, montent en ligne. Ils crient à la trahison. Jean Auroux n'est qu'un "suppôt du patronat" ! Et d'en appeler à l'arbitrage de Pierre Mauroy. En janvier 1982, le Premier ministre doit trancher, au cours d'un déjeuner houleux à Matignon [...]. Il soutient Auroux. Ce qui n'empêchera pas les socialistes récalcitrants de déposer quelques dizaines d'amendements pour radicaliser le texte [196] ». Bref, les syndicats chez eux, l'État chez lui.

Pour compréhensibles qu'elles soient, les précautions oratoires d'Auroux et Murcier ne rendent pas compte de la réalité des pratiques. Certes, le ministre fera-t-il preuve tout au long du processus, et nous y reviendrons, d'un réel souci de modération et d'équilibre du dispositif. Mais la réalité de l'axe cabinet - CFDT ne semble pas contestable. La proximité des intuitions était trop grande pour qu'il n'en fût pas ainsi. D'autant que le ministre a, dès le

[194] Intervention in *Les lois Auroux, 25 ans...*, *op. cit.*, p. 67.
[195] Note en vue du comité interministériel du 29 octobre 1981.
[196] P. Burel, N. Tatu, *op. cit.*, p. 90.

début, entendu renouveler le style d'intervention du ministère dans une politique « d'aggiornamento » (A. Mercier) tranchant avec les méthodes antérieures. « Pour beaucoup des membres des délégations CFDT qui venaient discuter avec les responsables du ministère, c'était une véritable initiation, se souvient J.P. Jacquier. Découverte de l'appareil d'État, des procédures de gestation d'une loi [...]. Les lois Auroux ont eu leur portée par le contenu mais aussi par leur mode d'élaboration au moins pour la CFDT "dépucelée" quant à ses rapports avec les représentants de l'État ». Et ce nouveau style vient en réponse aux aspirations de la CFDT. « Nous n'étions pas disposés, rappelle Mercier, à ne jouer qu'un rôle de groupe de pression ».

De la pression à l'action quasi législative, la nouvelle configuration poïétique va provoquer une forte perturbation dans la filière habituelle d'élaboration des projets de loi par *latéralisation* des acteurs traditionnels, à l'externe comme à l'interne : les partis majoritaires et l'administration elle-même.

Passons vite sur les premiers qui, outre les critiques de fond résultant de l'abandon de certaines mesures de « rupture » (droit de veto, droit d'arrêt des machines reconnu au CHSCT), « se plaignent vertement » par la voix de Pierre Joxe, président du groupe socialiste à l'Assemblée nationale, « de ce que les élus ne soient pas suffisamment associés à la préparation des projets gouvernementaux [197] ».

Arrêtons-nous plus longuement sur l'impact interne d'un processus inédit qui affecte en profondeur la synergie classique entre le cabinet et l'administration centrale du ministère, spécialement au niveau de la *Direction des relations du travail* (DRT). Habituellement, la répartition des tâches entre le politique et l'administratif s'opère par complémentarité entre l'œuvre d'initiative et de création revenant au cabinet et le travail d'élaboration, de mise au point technique incombant aux bureaux compétents. Mais en 1981-1982, du fait de l'entrée en lice de l'acteur syndical de surcroît assisté de juristes de haut vol (Philippe Langlois, Antoine Lyon-Caen, Jean-Maurice Verdier), les bureaux éprouveront le désagréable sentiment de glisser insensiblement vers un statut ancillaire de « sous-traitant » n'intervenant que pour mettre la dernière main à des projets déjà très élaborés et amplement discutés dans le tête-à-tête cabinet - syndicat(s). « Nous nous sentions écartés du jeu par une espèce de court-circuit qui constituait une première » témoigne un administrateur civil en charge de l'un des bureaux. Et, de surcroît, lorsque le cabinet fonctionnant sous la loi de l'urgence entrait en relation avec

[197] *Ibid.*

l'administration centrale, c'était souvent en ligne directe sans respecter la voie hiérarchique au risque de froisser la susceptibilité du DRT et de ses adjoints confinés dans un rôle de simples exécutants et assez largement de spectateurs d'un jeu passant au-dessus de leurs têtes. « Changement radical en 1981, se souvient un témoin, où Martine Aubry a fait venir des syndicalistes de la CFDT à qui Jean Chazal [DRT] rendait compte de ses rendez-vous et qui créaient une hiérarchie parallèle respectant mal la neutralité de l'État [198] ».

Une situation qui s'explique à la fois par le duo original instauré au plus haut niveau et par le tempérament fougueux de Martine Aubry impatiente des lourdeurs et de la lenteur administratives dans la réalisation d'une tâche il est vrai pharaonique. Mais qui peut aussi trouver son origine dans la manière dont Jean Auroux, novice en la matière, concevait le fonctionnement de son cabinet comme une équipe de voltigeurs incités à se porter à tous les avant-postes d'une œuvre politique dont il mesurait l'enjeu et l'ampleur. D'où cette espèce de frénésie d'omniprésence dans une logique d'administration de mission tendue vers le résultat, fût-ce au mépris des convenances administratives. P.L. Rémy rapporte, à ce propos, une anecdote révélatrice. Dans l'impossibilité de participer à un Comité européen des ministres du Travail à Londres, Jean Auroux lui avait demandé de le représenter. Il s'ensuivit une vive réaction de l'ambassadeur de France à Londres vexé parce que frustré d'une mission qu'il estimait lui revenir de droit.

Au stade de la discussion parlementaire

L'intervention syndicale se confirmera au cours de la discussion parlementaire qui débute le 13 mai 1982 pour s'achever en décembre.

Sans entrer dans les méandres de ces longs et riches débats [199] émaillés de passes d'armes d'anthologie entre le ministre, les rapporteurs et les « mousquetaires » du RPR et de l'UDF (Madelin, Noir, d'Aubert, Millon sans oublier P. Seguin [200]) qui déposeront près de 3 500 amendements), retenons-en deux traits caractéristiques :

— d'abord, l'intensité de la présence syndicale confirmée par les acteurs de l'époque. « Nous avons eu, se souvient Michel Coffineau, rappor-

[198] Témoin tenant à conserver l'anonymat.

[199] Qui mériteraient d'ailleurs d'être à nouveau publiés au titre de temps fort de notre histoire sociale

[200] Qui conviendra plus tard que « la discussion des lois Auroux ser[a] l'occasion de vrais excès en matière d'obstruction », *Itinéraire dans la France d'en bas, d'en haut et d'ailleurs*, Seuil, 2003, p. 219.

teur à l'Assemblée, de nombreux contacts avec l'ensemble des partenaires sociaux. Peu fréquents avec le CNPF et la CGPME, ils l'ont été beaucoup plus avec les organisations syndicales et particulièrement la CFDT et la CGT ». Ils avaient des « porte-paroles parlementaires directs ». Le groupe socialiste a « souvent reçu » les organisations syndicales qui dans le même temps exerçaient leur pression non seulement auprès du cabinet Auroux mais du Premier ministre, voire de l'Élysée. Certains disposaient d'amitiés anciennes qui leur permettaient d'être particulièrement écoutés ». La CFDT et la CGT « se sont impliquées fortement non seulement en donnant leur avis global sur les textes mais en proposant des amendements rédigés pratiquement sous la forme parlementaire avec texte et exposé des motifs ». Et, ajoute-t-il, « les députés socialistes, comme les parlementaires du PCF, ont déposé de nombreux amendements (20 adoptés par la commission des Affaires sociales sur le règlement intérieur ; une centaine du Parti socialiste sur les institutions représentatives du personnel et 50 du Parti communiste » souvent « rédigés par les syndicats avec l'aide des juristes » (Marie Jacek, du service juridique de la CGT). « La plus grande partie a été insérée dans les textes. Certains ont été retirés à la demande expresse du gouvernement. D'autres ont donné lieu à des discussions serrées avec le ministre pour trouver des compromis, jusqu'en séance publique ». On peut parler d'un tissage en commun.

— ensuite, le rôle modérateur de Jean Auroux qui après avoir d'emblée tempéré les audaces de la CGT et du PC, s'est attaché, au prix d'un incessant et patient travail de persuasion, à rechercher les compromis susceptibles de donner satisfaction aux uns et aux autres dans le respect de l'équilibre général de sa réforme. Une analyse détaillée des amendements et de leur sort s'imposerait qui permettrait de mieux saisir la méthode d'Auroux. Quoi qu'il en soit du détail, retenons donc son « rôle modérateur, au prix de débats serrés à partir de nos amendements, avec son cabinet, avec lui-même dans son bureau ou devant le groupe à l'Assemblée. De nombreux compromis ou synthèses ont eu lieu en séance publique lors des suspensions de séance » (Coffineau). Un point de vue confirmé par Daniel Hoeffel, sénateur de l'opposition, rapporteur au Sénat de la Commission spéciale sur le projet de loi.

L'intervention active de l'administration

Le deuxième aspect sur lequel les archives apportent un très utile éclairage, concerne le rôle de l'administration dans l'élaboration des textes. Envisageons-le dans l'histoire et dans le temps des lois Auroux.

Retour sur l'histoire d'une configuration originale

Par suite de l'imbrication organisée dès la fin du XIXe siècle entre État et société, l'administration n'a d'autre choix que d'associer les représentants de cette dernière à son activité régulatrice dans la « République des conseils » [201]. Les canaux en sont des plus divers. Ils forment un réseau serré à la fois *informel* (rencontres épisodiques avec les responsables du monde du travail et du patronat, consultation des experts sur des dossiers techniques, jeux d'influence relevant du travail de lobbying…) et *formel* via les nombreux comités et commissions institutionnels dont la consultation est requise (Conseil supérieur de prévention des risques professionnels, Conseil supérieur de l'emploi, Commission permanente de la formation professionnelle, Conseil pour le reclassement professionnel des travailleurs handicapés…).

Pas de domaine où cette articulation se dévoile avec plus d'évidence que celui de la négociation collective si emblématique du *néo-corporatisme* à la française défini par Schmitter comme un mode de régulation conjointe faisant intervenir, sur une base volontaire, les partenaires sociaux et l'État dans la gestion du social. Elle relève d'une double lecture simultanément technique et politique.

Du point de vue *technique*, rien ne la révèle mieux que l'activité de la *Commission nationale de la négociation collective*, site d'intenses échanges induits par la procédure d'extension des conventions collectives. Année après année, son rapport annuel s'en fait l'écho. Ainsi, en 2002, la sous-commission des conventions et accords s'est-elle réunie sept fois pour examiner les demandes d'extension et d'élargissement. Elle a, par ailleurs, été consultée quinze fois dans le cadre de la procédure accélérée pour ce qui concerne les accords de salaire. Elle a rendu au total 672 avis. Des signes d'une consultation effective et efficace.

Mais le point de vue *politique* est plus significatif. Il manifeste, en effet, avec la plus grande clarté le degré d'intrication entre l'action de l'État en général, de l'administration en particulier, et celle des partenaires sociaux selon un modèle synergétique loi-règlement-négociation collective aujourd'hui fort bien analysé et dont on sous-estime généralement l'ancienneté.

[201] *Cf.* mon article « L'administration du travail, entre non-lieu et haut-lieu », in *Les lieux du droit du travail*, Semaine Lamy, Numéro spécial dirigé par P. Waquet, octobre 2003.

L'histoire du droit du travail en démontre, en effet, la remarquable constance. Deux illustrations. D'où vient, par exemple, l'essor de la négociation sur les qualifications et les salaires avant même la loi de mars 1919, sinon de l'impulsion puissamment donnée par les décrets Millerand du 10 août 1899 imposant aux entreprises travaillant pour l'État des règles relatives aux conditions d'emploi de leurs ouvriers, en particulier le repos dominical, une durée « normale » de travail et des salaires « normaux » ? Et P. Laroque remarque très justement à ce propos que « les circonstances devaient faire des décrets de 1899 le point de départ d'une intervention accrue de l'État dans le domaine des conventions collectives [202] ». C'est dire ! Et si l'on remonte plus haut dans le temps, ce constat se vérifie derechef. Je consultais récemment le bel ouvrage de R. Gossez sur *Les ouvriers de 1848* et il note au passage que le décret de mai 1848 sur les 10 heures, soit l'une des premières mesures du droit du travail moderne, « fut moins à l'origine un décret qu'une sorte de "concordat" amiable entre les patrons et les ouvriers [203] », soit donc déjà un décret négocié. On semble donc avoir affaire à un tropisme d'allure congénitale.

Les lois Auroux : mobilisation administrative à tous les niveaux

S'agissant des lois Auroux, font gravement défaut des études de sociologie politique qui permettraient de démonter finement les mécanismes de mise au point de ces textes à travers un jeu complexe de consultations, échanges souvent tendus non seulement avec les partenaires sociaux, mais comme on a cru le comprendre à propos des projets Aubry, entre le cabinet du ministre et l'administration centrale moins attachée à l'effet d'affichage qu'à la difficulté de mise en place des réformes et à leur impact économico-social. L'un des grands chantiers de recherche encore en attente de ses ouvriers n'est autre que les lois Auroux dont la pelote de débats préalables, de vifs conflits, de jeux d'équilibres subtils, mériterait d'être débrouillée avant que les témoins ne disparaissent.

Par ailleurs, il faudrait un jour s'intéresser à la part, à l'heure actuelle impossible à mesurer, des idées, plans, projets officieux disparus dans les sables de l'oubli. Combien d'idées avortées, d'intuitions inabouties, d'esquisses remisées dans les cartons dont il faudrait aussi faire mémoire comme d'une zone grise de l'action administrative relevant d'un travail de sociologie participative à la Touraine ?

---

[202] Rapport *Les conventions collectives de travail* (*JO* du 3 janvier 1935, p. 14).
[203] *Société d'histoire de la révolution de 1848*, 1967, p. 92.

Si, sous le rapport de la production, le niveau de la « centrale » se donne naturellement pour référentiel, il ne faudrait pas oublier l'échelon déconcentré, celui des services extérieurs qui participent, à leur manière, de ce travail de production normative. À un triple titre. D'abord, en tant que chargés de l'application, et donc de l'effectivité, des textes. À cet égard, de même que l'activité jurisprudentielle est à juste raison tenue pour co-créatrice de la normativité, celle de contrôle relève d'une même dynamique et d'autant plus qu'elle donne fréquemment lieu à adaptations et ajustements sinon des marchandages dans une quasi négociation. Ensuite, par le fait que l'inspection et les directions du travail produisent, tant dans le domaine de l'emploi que de la protection des représentants du personnel, des décisions. Enfin, il faut faire sa part à la marge de manœuvre dont disposent ces services pour se donner des programmes d'action finalisés dans tel secteur, sur tel objet (les cabines de peinture dans les garages, par exemple) en lien ou non avec les instances centrales. À ce dernier propos, on peut formuler un double regret : d'une distance excessive entre le centre et la périphérie, peu propice à la mise en cohérence globale des interventions. Il est exceptionnel pour ne pas dire rarissime de voir « sur le terrain » des représentants de la « centrale ». À leur décharge, le volume de l'activité réglementaire les rend peu disponibles pour ce genre d'excursion. Mais on peut aussi se demander si une plus grande proximité ne serait pas de nature à tempérer leur nomomanie. Le second regret tient à la notoire carence d'une véritable politique des ressources humaines, une carence des plus paradoxales dans un ministère qui a vocation à activer le dialogue social. Or, à de rares exceptions près, liées aux dispositions favorables de directeurs régionaux avisés, le sens du débat, de l'initiative, de l'innovation est tragiquement anémié dans cet espace. Pour nous être risqué à créer des lieux de débats (journée autour de l'accidentalité avec Dejours, Ewald et Juffé en 1982 ; organisation de rencontres des présidents et secrétaires de comité d'entreprise ainsi que des délégués du personnel par bassin d'emploi) nous avons pu mesurer la faible disposition de notre hiérarchie d'alors à ce qui passait pour initiative de franc-tireur là où l'on attendait plutôt de la conformité attestée par visites, procès-verbaux répertoriables, quantifiables… Mettre l'administration en état de production permanente reste un vœu et encore largement un rêve. C'est dommage. L'*éthos* du droit du travail pourrait y contribuer.

Par-delà les désaccords, un relatif consensus sur la philosophie de la réforme

Précisément dans le cas des lois Auroux, c'est un ethos du droit du travail qui porte l'ensemble de la réforme sous l'horizon d'une subtile synthèse entre l'entreprise comme unité et le conflit qui la traverse et, plus généralement, entre l'économique et le social. Et ceci ressort plus nettement des témoignages décantés par trente ans d'histoire que des documents d'époque sauf à les lire au second ou troisième degré.

Au fond, l'objectif poursuivi est le renforcement du potentiel intégrateur du droit du travail selon une démarche remarquablement réaliste et pragmatique :

— En premier lieu, en faisant sa part au « conflit des logiques » dans l'entreprise. Il y a là une opération vérité à la fois par révocation d'un faux-semblant qui ne trompe plus personne et, du même coup et ceci est essentiel, par ouverture à une pensée et une pratique renouvelée du *conflit* sur un mode régulé autant par le renforcement des moyens de contrôle du comité d'entreprise que par l'activation de la négociation collective. On passe autrement dit d'une vision péjorante du conflit comme instant nécessairement entropique à une représentation au contraire positivante adossée à une philosophie de la démocratie comme espace de tension entre la pluralité et l'unité, l'une ne prenant sens que référée à l'autre. Et du même coup se dévoile son potentiel intégrateur si fortement souligné par G. Simmel [204].

— Réaliste, le dispositif l'est aussi par le constant souci qui l'anime de penser au mieux l'*interface entre l'économique et le social.* En vue d'abord d'ajuster le droit à la configuration économique de l'entreprise réseau (groupes, unités économiques et sociales, sites…) par souci de crédibiliser son intervention. En vue surtout d'inaugurer un nouveau type d'alliance entre les deux composantes structurelles de l'entreprise. Le Rapport Auroux se montre disert sur ce point capital : il s'agit d'en finir avec « l'excessive soumission du développement social aux contraintes économiques » et d'admettre que « l'exercice des droits nouveaux est aussi une garantie pour notre avenir économique, dès lors

[204] « Dans les faits, écrit-il, ce sont les *causes* du conflit, la haine, l'envie, la misère et la convoitise, qui sont véritablement éléments de dislocation. Une fois qu'un conflit a éclaté pour l'une des ces raisons, il est en fait un mouvement de protection contre le dualisme qui sépare, et une voie qui mènera à une sorte d'unité, quelle qu'elle soit, même si elle passe par la destruction de l'une des parties, un peu comme les symptômes les plus violents de la maladie, qui bien souvent représentent justement l'effort de l'organisme pour se délivrer de ses troubles et de ses maux », *Le conflit*, 1906, rééd. Circé, 1995.

> que chacun est conscient, dans l'entreprise, de ses droits et de ses devoirs c'est-à-dire de ses responsabilités [205] ». Et un peu plus loin : « il importe désormais que les uns prennent davantage conscience de sa dimension sociale, et les autres davantage conscience de sa dimension économique [206] ». J'ai la conviction que nous sommes là au cœur d'un projet tendu vers la recherche d'une nouvelle synthèse entre capital et travail – J. Auroux réinvestit d'ailleurs dans son langage ce vieux couple [207] – mais dans le cadre d'un réformisme conséquent fondé sur l'imbrication en tension des deux logiques : entre les droits fondamentaux et l'efficacité, entre la participation accrue et le principe d'« unité de direction et de décision » barrant la voie aux aspirations autogestionnaires ou simplement cogestionnaires. Et ce n'est pas faire preuve de mauvais esprit que de se demander si l'essentiel de son message n'est pas, dans le fond, en direction du monde du travail dont le chemin intellectuel à parcourir est sans doute plus long que celui du patronat.

En sorte que lorsqu'on prend une vue d'ensemble de la réforme, on a le sentiment que le profil de l'entreprise qu'elle dessine se situe au point de convergence de la tradition social-démocrate et du « nouvel esprit du capitalisme [208] » dans une forme de capitalisme social ou de social capitalisme, ou de socialisme de marché, ou encore de socialisme libéral dont la visée centrale est de modernisation [209], sans rupture, à un niveau supérieur de coexistence dans la justice et l'efficacité. Toute la philosophie du projet me paraît être de promotion d'une nouvelle culture orientée vers l'idée et la pratique du compromis, du *bargaining*, de la transaction, bref du donnant-donnant dont l'avenir démontrera la fécondité en temps de crise.

***

[205] *Op. cit.*, p. 1 et 2.

[206] *Ibid.*, p. 3.

[207] « Un nouveau droit du travail ? », *Droit social*, janvier 1983, p. 2.

[208] Titre d'un ouvrage de L. Boltanski et E. Chiapello, Gallimard, 1999.

[209] M. Aglietta y appelle en ces termes : « Il revient donc à la gauche de renouveler la social-démocratie ou de fonder un libéralisme social, comme on voudra le désigner. Cela signifie élaborer une conception du progrès social compatible avec le régime de croissance patrimoniale, avant tout avec la globalisation et l'orientation du progrès technique en direction des services », *Le capitalisme de demain*, Notes de la Fondation Saint-Simon, novembre 1998, p. 23.

Où se confirme une nouvelle fois l'irremplaçable richesse de la mémoire vivante transmise par les acteurs et témoins. Sans lesquels nous resterions en mal d'archives.

Jacques Derrida n'avait pas tort : « Absence de témoins, expérience de la mort ».

Les archives numériques de la justice pénale internationale et la fabrique du droit

Pascal Plas
Directeur de la chaire d'excellence Gestion du conflit et de l'après-conflit, OMIJ, Université de Limoges

La justice pénale internationale s'incarne dans une série de juridictions spécifiques dont les premières et fondatrices sont les tribunaux de Nuremberg et de Tokyo (Tribunal militaire international pour l'Extrême-Orient) et dont les plus célèbres sont le Tribunal pénal international pour l'ex-Yougoslavie (résolution 827, Conseil de sécurité, 25 mai 1993), le Tribunal pénal international pour le Rwanda (résolution 955, Conseil de sécurité, 8 novembre 1994) et la Cour pénale internationale (Conférence de Rome, 15 juillet 1998). Mais existent aussi des tribunaux temporaires sous mandat conjoint de l'ONU et des pays concernés : le Tribunal spécial pour le Liban, le Tribunal spécial pour la Sierra Leone (16 janvier 2002), le Tribunal spécial pour le Cambodge, Serious crimes panel au Timor, les Chambres extraordinaires au sein des tribunaux cambodgiens et sénégalais ; aujourd'hui s'y ajoutent des juridictions nationales spécialisées telles que, en France, le pôle judiciaire spécialisé pour les crimes contre l'humanité au Tribunal de grande instance de Paris.

Ces tribunaux produisent des archives ; celles-ci contiennent notamment des documents relatifs aux enquêtes, aux mises en accusation, et aux procédures devant lesdits tribunaux, aux activités relatives à la détention des accusés, à la protection des témoins, et à l'exécution des peines, ainsi que des documents adressés par les États, d'autres autorités judiciaires, des organisations internationales, des ONG. Ces archives sont constituées de documents papier, de cartes, de photographies, d'objets divers, mais surtout d'archives audiovisuelles. Elles sont dématérialisées et présentées sous forme numérisée lors des audiences qui sont elles-mêmes filmées et archivées. Il faudrait aussi parler des archives collatérales – les archives d'ONG ou de cabinets d'avocats – et des archives orales, en particulier les entretiens qu'ont pu donner ici et là les acteurs de la justice.

La justice pénale internationale permet de poser la question du rôle de ses propres archives dans des systèmes non légi-centrés (c'est-à-dire des systèmes où la règle juridique résulte moins de la volonté du législateur que de la consécration jurisprudentielle de certaines pratiques sociales) ; que se passe-t-il lorsque la source essentielle du droit n'est pas la loi, mais un mixte de normes – que l'on peut assimiler à la loi par leur mode de production – et de décisions rendues par des juridictions ?

Traditionnellement le rapport jurisprudence – loi fait de la première l'un des fondements intellectuels de la seconde. On peut dans ce cas parler d'une influence directe des archives juridictionnelles sur la loi ; c'est ainsi que l'on peut analyser la manière dont les Principes de Nuremberg ont été produits ou, pour l'avenir, la façon dont fonctionnent les cours nationales appelées à compléter l'action de la justice pénale internationale et transitionnelle (I). Mais d'une manière sans doute moins évidente les archives de la justice pénale internationale et transitionnelle peuvent exercer un rôle indirect sur la production normative internationale en matière pénale et humanitaire (II).

I. Les archives, sources directes

L'usage des archives comme source directe du droit ne revêt pas la même intensité selon que cet usage est le fait des organes internationaux eux-mêmes ou d'organes externes comme les juridictions nationales.

A. L'usage de l'archive par les organes de la justice pénale internationale et transitionnelle

Il est nécessaire de revenir à Nuremberg, matrice de l'action internationale en cette matière. À l'époque de Nuremberg, il n'y a pas vraiment de justice pénale internationale et transitionnelle, le dossier est traité directement par les Alliés. En dehors de l'arrêt du procès lui-même, le travail essentiel et terminal de production du droit a été réalisé par une commission qui a extrait des arrêts un ensemble comparable à celui qu'exercerait la doctrine, c'est-à-dire qu'à partir de la matière juridique elle a tiré les principes utiles rendant par là sans fondement le recours aux archives.

Les Principes de Nuremberg furent formulés en 1950 par une Commission de droit international (résolution 95 (I)) sur demande de l'Assemblée générale des Nations unies (résolution 177) [210], laquelle avait déjà confirmé les principes de droit international reconnus par le Statut de la Cour de Nuremberg [211] et par l'arrêt de cette cour du 11 décembre 1946.

La Commission du droit international est un organe des Nations unies chargé de la codification et du développement progressif du droit international. Elle a été créée par l'Assemblée générale des Nations unies en 1947. Elle est composée d'experts, possédant une compétence reconnue en matière de droit international et originaires de différents États, de façon à ce

---

[210] « **Confirmation des principes de droit international reconnus par le Statut de la Cour de Nuremberg.** L'Assemblée générale reconnaît l'obligation qui lui incombe aux termes de l'Article 13, paragraphe 1, alinéa a, de la Charte, de provoquer des études et de faire des recommandations en vue d'encourager le développement progressif et la codification du droit international ; prend acte de l'accord relatif à la création d'une Cour militaire internationale chargée de poursuivre et de châtier les grands criminels de guerre de l'Axe européen, accord signé à Londres le 8 août 1945 ainsi que du Statut joint en annexe ; prend acte également du fait que des principes analogues ont été adoptés dans le Statut de la Cour militaire internationale chargée de juger les grands criminels de guerre en Extrême-Orient, Statut promulgué à Tokyo le 19 janvier 1946. En conséquence, confirme les principes de droit international reconnus par le Statut de la cour de Nuremberg et par l'arrêt de cette cour. Invite la commission chargée de la codification du droit international, créée par la résolution de l'Assemblée générale en date du 11 décembre 1946 à considérer comme une question d'importance capitale les projets visant à formuler dans le cadre d'une codification générale des crimes commis contre la paix et la sécurité ou dans le cadre d'un code de droit criminel international les principes reconnus dans le Statut de la Cour de Nuremberg et dans l'arrêt de cette cour. »

[211] Les innovations fondamentales du Statut de Nuremberg étaient : a) la formulation concrète et l'application conséquente de la responsabilité des dirigeants politiques et militaires, ainsi que des dirigeants de l'économie et des conseillers juridiques, b) le fait que la justice pénale est l'affaire du droit international et c) que l'on n'accorde plus d'immunité aux chefs d'État et à leurs complices : « *Le fait que l'auteur d'un acte qui constitue un crime de droit international a agi en qualité de chef d'État ou de gouvernant ne dégage pas sa responsabilité en droit international. Le fait d'avoir agi sur l'ordre de son gouvernement ou celui d'un supérieur hiérarchique ne dégage pas la responsabilité de l'auteur en droit international, s'il a eu moralement la faculté de choisir. Toute personne accusée d'un crime de droit international a droit à un procès équitable, tant en ce qui concerne les faits qu'en ce qui concerne le droit. Les crimes énumérés ci-après sont punis en tant que crimes de droit international. a. Crimes contre la paix : i) Projeter, préparer, déclencher ou poursuivre une guerre d'agression ou une guerre faite en violation de traités, accords et engagements internationaux ; ii) Participer à un plan concerté ou à un complot pour l'accomplissement de l'un quelconque des actes mentionnés à l'alinéa i. b. Crimes de guerre : les violations des lois et coutumes de la guerre qui comprennent, sans y être limitées, les assassinats, les mauvais traitements ou la déportation pour les travaux forcés, ou pour tout autre but, des populations civiles dans les territoires occupés, l'assassinat ou les mauvais traitements des prisonniers de guerre ou des personnes en mer, l'exécution des otages, le pillage des biens publics ou privés, la destruction perverse des villes ou villages ou la dévastation que ne justifient pas les exigences militaires. c. Crimes contre l'humanité : l'assassinat, l'extermination, la réduction en esclavage, la déportation ou tout autre acte inhumain commis contre toutes populations civiles, ou bien les persécutions pour des motifs politiques, raciaux ou religieux, lorsque ces actes ou persécutions sont commis à la suite d'un crime contre la paix ou d'un crime de guerre, ou en liaison avec ces crimes. La complicité d'un crime contre la paix, d'un crime de guerre ou d'un crime contre l'humanité, tels qu'ils sont définis dans le principe 6, est un crime de droit international* ».
Ce texte, qui n'a jamais été signé ni ratifié par les États, n'est pas en vigueur, mais les principes qu'il porte font partie du droit coutumier et peuvent donc être imposés à tous les États.

que sa composition reflète « *les grandes formes de civilisation* » et les « *principaux systèmes juridiques du monde* » [212]. La « codification » du droit international, telle que formulée dans l'article 15 de son Statut, désignait l'hypothèse où il s'agissait de « *formuler avec plus de précision et de systématiser les règles du droit international* [reconnues par le Statut de la Cour de Nuremberg et dans l'arrêt de cette cour [213]] *dans des domaines dans lesquels il existe déjà une pratique étatique considérable, des précédents et des opinions doctrinales.* » L'expression « développement progressif du droit international » couvre les cas où il s'agit de rédiger des conventions sur des sujets qui ne sont pas encore réglés par le droit international.

En pratique, il est souvent difficile de distinguer « codification » et « développement progressif » du droit international. Lorsque l'Assemblée générale effectue une demande auprès de la Commission du droit international, celle-ci est traitée de manière prioritaire, mais c'est toujours la Commission elle-même qui définit son programme de travail. La Commission rédige des projets d'articles sur des questions de droit international qui, ensuite, pourront être incorporés dans une convention internationale ouverte à la signature et à la ratification des États.

Parmi les principales conventions internationales élaborées par la Commission du droit international, on peut citer la Convention de Vienne de 1969 sur le droit des traités. Les projets d'article de la Commission n'ont pas systématiquement vocation à être transformés en conventions internationales. Cela ne signifie pas pour autant qu'ils seront dépourvus d'influence. En effet, les praticiens peuvent se référer aux travaux de la Commission pour déterminer le contenu et la portée des règles non écrites du droit international qu'ils appliquent. De plus, la Cour internationale de justice n'hésite pas à se référer aux projets d'article de la Commission du droit international lorsqu'elle est amenée à trancher les différends interétatiques.

La Commission était donc productrice de droit et elle l'est encore, mais elle puisait dans des textes antérieurs, de nature diverse – tels qu'énoncés ci-

---

[212] Actuellement, l'expert français au sein de la Commission du droit international est le professeur Mathias Forteau. Les membres de la Commission sont élus par l'Assemblée générale des Nations unies pour une durée de 5 ans, à partir d'une liste de candidats présentés par les États membres de l'ONU. Ils siègent à titre individuel, et n'ont donc pas vocation à représenter leurs gouvernements.

[213] Au cours de l'examen préliminaire, la question s'est posée de savoir s'il y avait lieu ou non, pour la Commission, de déterminer dans quelle mesure les principes contenus dans le Statut et le jugement constituent des principes de droit international. La Commission a abouti à la conclusion que les Principes de Nuremberg ayant été reconnus par l'Assemblé générale, la tâche confiée à la Commission aux termes de l'alinéa a) de la résolution 177 (II) ne consistait pas à porter un jugement sur ces principes en tant que principes du droit international, mais purement et simplement à les formuler.

dessus – mais pas dans les archives du procès ou des procès antérieurs, peu nombreux au demeurant, et on ne pouvait pas le faire parce que s'agissant d'une société internationale fonctionnant selon des modalités coutumières, il fallait avant tout établir et consacrer un consensus pour l'avenir sans qu'il soit besoin de les fonder sur des valeurs de référence précédentes.

D'ailleurs, les archives furent dispersées, seules les audiences firent l'objet d'une publication multilingue en 40 volumes.

Les Principes de Nuremberg ont été déclarés règles générales et aujourd'hui, ils sont ancrés dans le droit pénal international. Cette évolution est due en particulier à l'établissement de la Cour pénale internationale sur la base du Statut de Rome du 17 juillet 1998 [214]. Le Statut de Rome tient compte de certaines avancées jurisprudentielles des tribunaux pénaux internationaux, il y a donc à nouveau une forme de codification de la jurisprudence des tribunaux pénaux internationaux mais il n'y a en rien besoin des archives pour cela.

Relève de la production du droit à partir de l'archive la révision des Règlements de procédure et de preuve des tribunaux pénaux internationaux (la Cour pénale internationale est sortie du système, c'est l'Assemblée des États Parties qui modifie le Règlement de procédure et de preuve). Lorsqu'un problème de procédure est constaté, les juges cherchent un moyen pour y remédier en veillant à ce que cela ne soit pas contraire au Statut et au droit onusien. Il y a plusieurs façons de procéder ; *in abstracto*, si la procédure est considérée comme trop longue, on peut régler la question immédiatement en « inventant » une solution, par exemple la création du juge de la mise en état, sur le modèle de la *civil law*. Par ailleurs, si un problème de procédure se pose, on va chercher à intégrer dans le règlement général une procédure qui a été utilisée dans un cas particulier et dans ce cas, on pourra opérer un retour à la décision seule ou à l'affaire afin de bien étayer la comparaison, l'archive est alors utile.

Au fond, on est dans la situation de Justinien ordonnant la destruction des vieux traités de droit pour ne conserver que la version autorisée des compilations.

---

[214] Le Statut de Rome définit les règles de fonctionnement élémentaires de la Cour pénale internationale.

B. L'usage de l'archive à l'échelle nationale

1. Les lois d'adaptation

La production de la procédure pénale et en particulier la question de l'application de la loi dans l'espace [215] contraint les États à prendre des lois d'adaptation – la France, par exemple, a pris par deux fois des lois d'adaptation (en 2008 et en 2012). On peut considérer que ce process particulier conduit à de la production du droit, mais force est de reconnaître à nouveau qu'il n'y a pas besoin pour ce faire d'archives *stricto sensu*. La dimension souveraine de la production du droit rend insoutenable politiquement le recours et la référence aux archives hormis ce qui concerne l'expression même de la règle qu'il convient d'introduire dans l'ordre positif interne.

2. Le transfert d'archives vers les juridictions nationales

Il y a un cas où les juridictions pénales internationales devront transmettre des archives – des archives, et non l'ensemble de leurs archives – à des justices nationales compétentes pour juger des affaires dites secondes. Aujourd'hui, le Tribunal pénal international pour l'ex-Yougoslavie applique déjà l'article 11 *bis* qui permet de passer aux justices nationales des cas spécifiques d'accusés – accusés dit de rang subalterne –, non pour conforter une vérité judiciaire clairement établie à l'issue du jugement des personnalités, mais parce qu'il y a une demande locale de justice.

Le processus se fait soit par voie de transfert, soit à travers un système de collaboration.

Le Mécanisme pour les tribunaux pénaux internationaux (MTPI) qui a été créé par la résolution 1966 du Conseil de sécurité de l'ONU du 22 décembre 2010 pour mener à terme les travaux du Tribunal pénal international pour l'ex-Yougoslavie ainsi que ceux du Tribunal pénal international pour le Rwanda a plus clairement défini que par le passé cette mission de transmission d'archives. Le Mécanisme précise en effet dans ses « Fonctions principales » son rôle essentiel de gestionnaire des archives et de transmetteur de dossiers aux tribunaux qui en feront la demande.

En outre, des États en compétence universelle qui jugent des cas de catégorie 2 – personnes impliquées mais jamais inquiétées par la justice pénale internationale – peuvent faire une demande d'assistance et, dans ce cadre, avoir accès aux archives des juridictions pénales internationales pour ce qui

---

[215] Il s'agit ici de savoir quelle institution va être compétente pour prononcer un jugement. Dans le cas de la Cour pénale internationale, celle-ci ne juge que si un État ne peut pas ou ne veut pas juger.

sera – lorsque ces cours nationales rendront un arrêt – de la production du droit national.

3. Les distorsions et contestations

Il faut aussi évoquer les cas où un condamné (par une juridiction pénale internationale) pourrait invoquer son droit à demander une révision de son procès, soit parce qu'il dispose de faits nouveaux, soit parce que lui-même ou ses conseils ont procédé à une relecture des différentes pièces du procès. Auquel cas, revenir à l'affaire va obliger à se replonger dans les archives à la lumière d'éléments nouveaux. Pour l'instant, il n'existe qu'une seule demande de ce type, elle a été faite devant le Mécanisme par un dénommé Lukić. Le nouveau jugement, s'il y a lieu, constituera une « production de droit » dans laquelle les archives auront joué un rôle essentiel.

En outre on ne peut exclure que dans l'avenir, l'émergence de nouvelles archives fera apparaître de nouvelles affaires au pénal et il faudra dès lors revenir aux anciennes pièces du dossier. C'est ainsi qu'en France, l'affaire Papon redémarra en 1981 à la suite de la découverte de documents à charge dans les archives départementales de la Gironde.

Enfin, il est certain qu'il y aura dans les années qui viennent des contestations civiles ; personne, pour l'instant, quels que soient les lieux post conflictuels, ne vient réclamer sa maison ou la maison de ses ancêtres mais l'histoire montre qu'au-delà d'un certain nombre d'années, des procédures aux fins de reconstitution de patrimoine sont ouvertes. Sont à venir aussi, dans différents États, des lois sur les réparations, peut-être des lois d'amnistie, certainement des lois à caractère mémoriel et il sera utile de disposer de l'ensemble des archives des affaires pour une « production législative éclairée ».

Le dernier point montre que l'usage des archives dans la production du droit de la justice pénale internationale et transitionnelle est plutôt à venir en tant que source directe, mais surtout, comme nous allons le voir maintenant, comme source indirecte.

II. Les archives, sources indirectes

La production du droit pénal international et humanitaire est réalisée dans un contexte spécifique, mêlant des aspects statutaires (Conventions internationales, Statuts des cours, Règlements de procédure et de preuve, *etc.*) et des aspects coutumiers (traitement casuistique – donner des solutions au cas par cas tout en tenant d'un éventuel précédent –, absence de codification systématique, *etc.*). Il en résulte que la question des sources du droit ne peut être envisagée sous le seul angle positiviste d'un droit de législateur. Le champ d'analyse doit donc être élargi, comme on le ferait par exemple pour le *common law*, avec le rôle si particulier qu'y joue la doctrine (trois types d'autorités influent sur la fabrique du droit, le législateur est la source principale de droit en *civil law*, en *common law* le juge peut s'appuyer beaucoup plus sur la doctrine (ensemble des opinions émises par les enseignants du droit en *common law* ou en *civil law*). Sans constituer à proprement parler une *authoritative source*[216] – autorité prescriptive – du moins lui reconnaît-on la dimension de *persuasive sources of law*, c'est-à-dire de source consultée par le juge pour l'aider à prendre une décision, sans qu'il soit tenu de suivre l'opinion exprimée ainsi qu'il devrait le faire avec un précédent judiciaire. On peut à cet égard parler d'inspiration du droit.

A. Inspirer le droit

Cette autorité, la doctrine l'exerce à travers un travail de recherche de cohérence, réalisé sur la masse casuistique des solutions juridictionnelles (arrêts des cours). À partir de ces matériaux, elle dégage et systématise les concepts implicitement contenus dans les décisions des juges ; elle en explicite les limites, ouvrant ainsi la voie à d'autres décisions judiciaires. Ce travail est rendu particulièrement efficace grâce à la présence des opinions dissidentes reprises dans le corps même des décisions. Grâce à cet usage, la doctrine dispose d'informations précises sur les débats internes au cours.

Ces pratiques caractéristiques des procédures de *common law* ont largement inspiré les mécanismes en usage dans les diverses juridictions compétentes en matière de droit pénal international et humanitaire et, par voie de conséquence, la doctrine y trouve naturellement sa place de *persuasive source*. À ce stade, les besoins documentaires sont largement couverts par le texte des arrêts, conçus à l'anglo-saxonne, c'est-à-dire comportant d'importants développements factuels, des motivations juridiques circonstanciées ainsi que les opinions dissidentes. Il n'est donc pas étonnant de constater que ces arrêts comportent en moyenne de 150 à 200 pages. C'est la culture du précédent qui justifie le soin apporté à la construction de l'arrêt ainsi qu'à sa rédaction, car son texte est censé fournir tous les matériaux rendant possibles le raisonnement analogique des cours appelées à se prononcer par la suite, sur des affaires similaires ; de la même manière la doctrine peut y puiser les informations dont elle a besoin.

---

[216] Sur cette notion, voir la définition donnée par Harold G. Maier, "The Authoritative Sources of Customary International Law in the United States", *J. Int'l L.*, 450 (1989), p. 450.

Au fond, on pourrait s'arrêter là, en s'en tenant à une approche classique du travail doctrinal. Toutefois, la numérisation systématique de la plupart des scellés et des pièces de procédure, complétée par l'enregistrement audiovisuel des débats auxquels donnent lieu la *cross examination* des témoins invite à renouveler l'exercice.

En effet, toute procédure judiciaire fonctionne à partir d'une modélisation du réel, exercice réalisé à partir d'une sélection de faits, opérée pour l'essentiel par le Bureau du procureur, les équipes de défense s'efforçant de leur côté de rassembler tous les éléments susceptibles de les aider. L'expérience du Tribunal pénal international pour l'ex-Yougoslavie est à cet égard particulièrement représentative. Dans un premier temps les procureurs ont cherché à incriminer le maximum de faits, avec pour conséquence immédiate un allongement considérable du temps procédural et parfois de grandes difficultés à rapporter les éléments de preuve susceptibles d'emporter la conviction du juge « au-delà du doute raisonnable ». Il en a résulté des acquittements douloureusement vécus par les victimes. Dans un second temps, le Bureau du procureur a opéré une sélection drastique des situations incriminables ne retenant que celles pour lesquelles les éléments de preuve rassemblés étaient susceptibles de conduire à une condamnation. (Il y a donc une perte des données...).

On voit que dans ces conditions, il devient illusoire de penser que la décision puisse aller au-delà de la vérité judiciaire, pour déboucher sur une éventuelle vérité historique. On a répondu à des questions précises, celles que le procureur avait choisi de poser. Or, ce que le juge n'a pas retenu peut constituer une matière particulièrement riche, non seulement pour une doctrine juridique désireuse de sortir des sentiers battus, mais aussi pour l'historien, le sociologue ou l'anthropologue susceptible d'apporter leur pierre à l'élaboration des règles juridiques. Certes, la réintégration dans l'analyse de tout ce que le tribunal n'a pas jugé utile de retenir ne contribue pas directement à la création du droit, mais on sait bien aujourd'hui que la règle juridique ne peut plus être le résultat d'une simple élaboration technique conduite hors-sol, c'est-à-dire affranchie de l'épaisseur sociale, historique ou anthropologique. La richesse et la variété de matériaux permettent sans doute d'aller encore plus loin, d'évaluer le droit.

B. Évaluer le droit

D'une manière générale, la qualité d'une règle de droit ne saurait être appréciée au vu de ses seules performances techniques ; son efficacité dépend aussi largement de son acceptation par le corps social. Sur un autre plan, tant qu'il s'agit d'en rester au stade des principes, de la définition des faits incriminables et de leur traitement procédural, les mécanismes proprement juridiques sont à l'évidence les plus utiles et les mieux adaptés. Mais cela a pour conséquence de limiter l'action du droit pénal international à la mise en jeu de la responsabilité des seuls inspirateurs ou donneurs d'ordres de rang élevé. Si l'on souhaite atteindre les exécutants et surtout si l'on désire apporter des solutions aux victimes, il faut alors mettre en place d'autres outils que ceux mobilisés par la justice pénale internationale : ce peut être les juridictions nationales, déjà évoquées mais aussi des modes de gestion du conflit ne faisant appel que partiellement au droit. L'exemple rwandais est très éclairant, dans la mesure où il cumulait trois types d'interventions productrices chacune d'archives spécifiques : le Tribunal pénal international d'Arusha, les juridictions nationales rwandaises et les « tribunaux » Gacaca. Ces derniers combinent des institutions empruntées à la culture rwandaise traditionnelle et une forme procédurale inspirée des usages judiciaires. Il est maintenant possible de tirer le bilan de cette expérience en mesurant l'impact réel des mécanismes gestionnaires de conflits faisant usage du droit ou d'autres types de normes ; ce bilan ne pourra être dressé qu'en analysant, au-delà même de sources strictement juridictionnelles – les sentences formatées et partielles ainsi qu'il a été dit – l'ensemble des informations produites par les Gacaca. Fonctionnant à la lisière du droit et du hors droit, les récits, les aveux, mais aussi les silences, qu'ils révèlent mettent en lumière toute une série de questions, dont on ne retiendra ici que les deux principales.

En premier lieu ces sources combinées permettent de comprendre ce que doit être la part du droit dans le traitement des conflits en se rappelant ce constat trop souvent oublié par les juristes de *civil law* : dans la plupart des systèmes juridiques n'appartenant pas à la tradition continentale, seuls 30 % des conflits, civils ou criminels, font l'objet d'un traitement par le droit et les institutions judiciaires.

En second lieu, l'analyse de ces sources permet d'éclairer, au-delà des processus strictement juridiques ou procéduraux, les stratégies d'attaque et de défense mise en œuvre par les parties. À cet égard, l'analyse des comptes-rendus des audiences Gacaca montre que, dans certains cas, le silence de la victime ne doit pas être seulement analysé comme la marque d'une désapprobation de la procédure. Il s'agit ici de ce que l'on pourrait appeler « un silence de puissance » : je ne te dénonce pas, mais tu sais que je sais. Stratégie qui permet de créer les conditions d'une dette au profit de la victime qui, dans un contexte de résilience, retrouve ainsi une capacité d'agir que l'agresseur lui avait enlevée.

On voit donc que dans certaines situations, un processus d'instrumentalisation du droit et de la justice peut se mettre en place et, naturellement, il doit interroger le législateur : doit-il l'accepter au risque de modifier l'intangibilité de la règle, par quoi l'on reconnaît généralement son autorité, ou l'accepter en prenant conscience qu'à côté des mécanismes juridiques de résolution de conflits existe toute une série de pratiques sociales visant à sa gestion ?

Conclusion

Tout cela montre l'intérêt qu'il y a à conserver toutes les archives, celles de la justice pénale internationale et celles, post conflictuelles (tout ce qui est produit dans le cadre de la justice transitionnelle), afin de contribuer à l'émergence d'un droit qui ne soit pas simplement techniquement parfait mais efficace parce qu'accepté par le corps social.

Les archives de l'administration

Archives des bureaux et influence administrative.
La fabrique technicienne de la législation patrimoniale culturelle (Premier XXe siècle)

XAVIER PERROT
MCF HDR Droit, Directeur de l'OMIJ, FDSE-OMIJ Limoges

Pour un historien du droit, traiter du rôle des fonctionnaires dans la production des règles de droit durant le premier XXe siècle pose d'emblée deux problèmes : un problème historiographique d'abord, d'histoire constitutionnelle et de science administrative, un problème méthodologiquement ensuite, lié à la singularité des archives administratives.

Le problème historiographique est assez simple à poser : pendant toute la durée de la IIIe République le dogme d'une création législative par les seules Chambres persiste [217], interdisant d'affirmer l'existence d'un pouvoir bureaucratique autonome. Pour autant une certaine doctrine existe qui insiste sur la participation de l'administration au mécanisme de production des règles de droit, durant les XIXe et XXe siècles [218].

Mais en la matière l'intuition ne suffit pas. L'immersion dans les vestiges documentaires de l'administration est nécessaire. Elle seule permet de dévoiler pratiques et habitus administratifs, souvent sciemment tenus se-

---

[217] Croyance collective du reste renforcée grâce à certaines grandes plumes positivistes, comme celle de Raymond Carré de Malberg, *La loi, expression de la volonté générale*, Paris, Sirey, 1931, réimp. Économica, 1987.

[218] Guy Thuillier, *La bureaucratie en France aux XIXe et XXe siècles*, Paris, Économica, 1987, p. 479 et autres ; François Monnier et Guy Thuillier, *Administration. Vérités et fictions*, Paris, Économica, 2007, p. 214 sq ; Guy Thuillier, *La vie quotidienne dans les ministères au XIXe siècle*, Paris, Comité pour l'histoire économique et financière de la France, 2004, p. 99 sq ; Pierre Legendre, *Trésor historique de l'État en France. L'administration classique*, Paris, Fayard, 1992, p. 433, 436, 439 ; François Burdeau, *Histoire de l'administration française. Du 18e au 20e siècle*, Paris, Montchrestien, p. 111 entre autres ; Bruno Oppetit, *Droit et modernité*, Paris, PUF, 1998.

crets [219]. Les sources officielles, donc, ne répondent qu'imparfaitement au problème.

La méthode la plus adaptée pour obtenir des résultats concrets nécessite d'étudier casuistiquement le comportement d'une administration (ici l'administration des Beaux-Arts), à travers les pièces que produisent les bureaux [220] et la législation qui en résulte. Afin de rendre compte du rôle des fonctionnaires dans la production normative, il convient également de déterminer une période suffisamment longue pour que le phénomène en question révèle ou non, une évolution : la durée retenue s'étend ainsi de la IIIe République à la fin du régime de Vichy.

Contrairement à ce qui pourrait être spontanément attendu, le plus souvent nous ne disposons pas de fonds bien identifiés et organisés permettant de reconstituer le processus de préparation des lois produites depuis la fin du XVIIIe siècle. Cela a constitué une première difficulté pour cette recherche : les archives de la loi sont rares, souvent inexistantes même, et lorsqu'elles ont subsisté elles sont au mieux lacunaires et dispersées. À ce titre les archives de la législation relative au patrimoine culturel des XIXe et XXe siècles constituent une exception notable ; les séries conservées par la Médiathèque de l'Architecture et du Patrimoine (MAP) sont une source incomparable par leur exhaustivité, la rigueur du classement et la qualité de la conservation [221].

Une fois les documents à disposition, le travail n'est pas achevé pour autant ; l'invention d'une méthode adaptée est nécessaire pour les interpréter au mieux. C'est la deuxième difficulté tenant à la nature même de la documentation administrative qui pose des problèmes spécifiques, à la fois formels et contextuels : variété des supports, absence de datation souvent, anonymat des pièces, lacunes, problème d'authenticité, abondance également. Pour paraphraser Daniel Arasse, qui s'exprime lui à propos du détail dans l'art, le plus souvent « on n'y voit rien. [222] »

---

[219] F. Burdeau, *Histoire de l'administration…*, *op. cit.*, p. 333 et P. Legendre, *Trésor historique…*, *op. cit.*, p. 448.

[220] Selon Guy Thuillier, « le bureau est l'unité léguée par l'Ancien Régime, avec une structure traditionnelle : chef, sous-chef, commis, élèves ou surnuméraires. » (*La vie quotidienne dans les ministères au XIXe siècle*, Paris, Comité pour l'histoire économique et financière de la France, 2004, p. 163).

[221] http://www.mediatheque-patrimoine.culture.gouv.fr/fr/ bibliotheque/ index. html.

[222] Daniel Arasse, *On n'y voit rien. Description*, Paris, Folio essais, 2000.

Les travaux de l'archiviste Paola Carucci sont ici d'un secours précieux [223]. Elle propose une mise en relation des documents pour les pièces dont « l'existence n'est pas autonome », parce qu'elles participent à des « agrégats invisibles » : une description qui correspond remarquablement à la réalité des archives de bureaux. La distinction présentée par Luciana Duranti, entre documents à l'appui et documents narratifs est également utile et pertinente pour qui travaille sur cette documentation particulière [224] : les premiers documents contribuent à l'action, sans toutefois la créer ou la prouver (action d'une administration par exemple), alors que les seconds ne participent pas à l'action (sources littéraires et doctrinales [225]).

Cette méthode permet de reconstituer les circuits complexes de création de certains textes normatifs – ici ceux produits par l'administration des Beaux-Arts durant le premier XXe siècle, période où le pouvoir bureaucratique s'est accru à mesure que les attributions du Parlement en matière législative, régressent sous la République, puis disparaissent sous le régime de Vichy.

Le gisement archivistique de l'administration des Beaux-Arts, mais également les différents discours des administrateurs (mémoires, rapports), révèlent assez nettement, tout d'abord l'influence montante des fonctionnaires dans le processus de création des règles de droit durant la IIIe République (I), puis son essor pendant le régime de Vichy (II).

I.

On sait que dès le début du XXe siècle l'extension des missions régaliennes nécessite le recrutement d'un personnel qualifié [226]. Les fonctionnaires des Beaux-Arts n'échappent pas à ce mouvement ; ils vont ainsi disposer rapidement de l'oreille des ministres successifs, tant leur maîtrise des dossiers impose leur présence à tous les échelons de la décision. Stabilité des agents et compétence font progressivement triompher une conception technocratique de la fonction administrative qu'incarne, par exemple, la longue carrière d'administrateur de Paul Léon (directeur des Beaux-Arts de

---

[223] Paola Carucci, *Il documento contemporaneo*, Diplomatica e criteri di edizione, La Nuova Italia Scientifica, Rome, 1987.

[224] Luciana Duranti. « Pour une diplomatique des documents électroniques », *Bibliothèque de l'école des chartes*, 2003, t. 161/2, p. 603-623.

[225] Les recherches sur l'histoire de l'administration et la science administrative ne peuvent pas faire l'économie, par exemple, des mémoires de fonctionnaires. *Cf. infra.*

[226] En 1918, le professeur de droit public et pas encore politicien, Joseph Barthélemy, suggère de favoriser le retour des grands fonctionnaires qui, par leur compétence, pourront maîtriser la technicité croissante des problèmes dont l'État a désormais à faire face : Joseph Barthélemy, *Le problème de la Compétence dans la Démocratie*, Paris, Alcan, 1918.

1919 à 1933)[227] ; Paul Léon dit d'ailleurs dans ses mémoires avoir servit 58 ministres en 26 ans de carrière [228].

Durant l'entre-deux-guerres, avec l'effacement du Président de la République, la fréquence des abdications parlementaires, et l'instabilité ministérielle, les pouvoirs de l'administrateur et ceux de ses adjoints (chefs, sous-chefs de bureaux) se renforcent. Les archives montrent que la permanence administrative et la maîtrise du savoir technique leur assurent le contrôle de l'information, donc un moyen d'agir sur les décisions. Rendus indispensables, ces « hommes compétents », comme les nomme Pierre Legendre [229], interviennent désormais fréquemment dans la préparation des actes intéressant leur administration.

À l'occasion de l'hommage rendu à la carrière de l'inspecteur général des monuments historiques Jean Verrier, Paul Léon dévoile ainsi une partie du mystère bureaucratique [230], lorsqu'il décrit les conditions ordinaires dans lesquelles les projets de l'administration prennent vie :

« [...] au cours des années, nous avons passé nos vies, assis l'un en face de l'autre à la même table de travail, autour du même tapis vert, depuis quelque peu rafraîchi, où s'accomplissent tant d'œuvres ignorées du grand public, mais vitales pour le pays. J'ai écouté vos rapports, Mérimée eût dit vos "tartines", d'une oreille toujours attentive. [231] *»*

Dès le début du siècle, et plus encore après la Première Guerre mondiale, le législateur est ainsi peu à peu désarmé par les fonctionnaires-techniciens. Cette pénétration bureaucratique et technocratique dans la sphère législative s'effectue à partir de deux leviers essentiellement, qui seront traités ici successivement : la loi d'abord (1) et ce que l'on pourrait nommer la « législation secondaire » [232] (règlements d'administration publique, décrets-lois), actes hybrides (mi-réglementaires, mi-législatifs) constituant l'arsenal privilégié du prosélytisme administratif (2).

---

[227] Pierre Legendre note ainsi pour la période que, « techniquement, le ministre, qui déjà avant 1914 était "le prisonnier des bureaux" (R. de Jouvenel), voit apparaître des concurrents : les hommes compétents. » (P. Legendre, *Trésor historique...*, *op. cit.*, p. 436.)

[228] P. Léon, *Du Palais-Royal...*, *op. cit.*, p. 219.

[229] P. Legendre, *Trésor historique...*, *op. cit.*, p. 436.

[230] Pierre Legendre signale que « la prédilection pour le secret [est] l'une des habitudes les plus profondément ancrées dans nos traditions administratives. » (*Trésor historique...*, *op. cit.*, p. 448.) Voir également, F. Burdeau, *Histoire de l'administration...*, *op. cit.*, p. 333 sq.

[231] Notice Jean Verrier, remise de la médaille frappée en son honneur, discours de Paul Léon, Paris, Monuments historiques, 1958, p. 15-18, ici 16 (notice conservée à la MAP.)

[232] F. Monnier et G. Thuillier, *Administration. Vérités et Fictions...*, *op. cit.*, p. 215. L'expression semble venir de Raymond Carré de Malberg, à propos des actes réglementaires concurrençant la loi : Raymond Carré de Malberg, *La loi, expression de la volonté générale...*, *op. cit.*, p. 2.

1) La production législative

La production législative des services d'Architecture [233], de 1900 à 1940, est relativement modeste. Toutefois, lorsqu'il est possible de reconstituer le processus de préparation de certaines de ces lois, le rôle clef du directeur d'administration apparaît nettement, situé entre des bureaux qui préparent, un ministre qui le plus souvent signe et le Parlement qui généralement adopte.

C'est ce que révèlent, par exemple, les archives relatives à la préparation de la loi du 24 avril 1923 sur la conservation des vestiges de guerre [234]. Les papiers montrent que le chef de bureau, Paul Verbier, est le rédacteur principal, qu'il est assisté d'un rédacteur et que le directeur, Paul Léon, retouche le texte. La procédure commandait ensuite de renvoyer l'avant-projet du bureau des monuments historiques à une commission *ad hoc* chargée de la rédaction du texte définitif, commission dont Paul Léon avait nommé les membres, ce qui renseigne sur le niveau d'encadrement bureaucratique de la préparation du texte [235].

Il faut ajouter que si Paul Léon contrôle la préparation du projet de loi en interne, il coordonne également, à l'extérieur, les relations entre ministères, administrations, Parlement et organismes intéressés par la loi en préparation.

Ce poste stratégique apparaît donc comme assez équivoque, car le directeur est situé à la frontière de l'administratif, du législatif et du politique ; il fait de lui un demi-ministre et un quasi-législateur. La documentation montre d'ailleurs fréquemment que directeurs d'administration et chefs de bureaux peuvent influencer la décision des ministres et qu'ils ont parfois l'initiative des lois qui leurs sont chères. Une telle « confusion des genres » n'avait pas échappée au journaliste et polémiste Robert de Jouvenel qui, dans son ouvrage *La République des camarades*, décrit déjà en 1924 avec sarcasme et outrance, cette emprise du fonctionnaire sur son ministre :

« Le chef de bureau qui est là, respectueux et impératif, enseigne au ministre tout à la fois l'étendue de ses pouvoirs, et leurs limites. – Voici, lui dit-il par toute son attitude, un ordre que vous n'avez pas donné, il se réfère à des choses que, selon toute vraisemblance, vous ne connaissez pas. Nous l'avons conçu et rédigé avant vous, en dehors de vous ; vous pouvez tomber : nous l'exécuterons même après votre départ. Ce-

---

[233] Service de l'administration centrale des Beaux-Arts.

[234] MAP, 80/3/36. *JO*, 25 avril 1923.

[235] Pour de plus amples détails sur la production de cette loi, v. Xavier Perrot, « L'administration législateur. Le cas des Beaux-arts (1907-1944) », *Revue d'histoire des facultés de droit et de la culture juridique*, n° 31, 2012, p. 269-386, ici p. 290 sq.

pendant nous avons besoin de votre signature et, sans elle, nous ne pouvons rien. Et le ministre signe. [236] »

Outrance certes dans ce passage du journaliste républicain, mais qui cache une certaine réalité dans l'action. Par exemple, lorsque la lenteur de l'adoption d'une loi paraît excessive au directeur, comme ce fut le cas avec la loi sur les vestiges de guerre, celui-ci n'hésite pas à agir par la voie réglementaire ; la circulaire prend dans ces conditions des allures de législation de substitution [237].

D'autres procédés astucieux peuvent également être opportunément employés, pour faire adopter les textes de l'administration : P. Léon évoque par exemple le recours à la loi de finances, pour faire passer des articles qu'il souhaitait voir échapper à la discussion devant les Chambres [238]. Une autre stratégie consiste en une utilisation habile du calendrier parlementaire, au moment où la vigilance démocratique et juridique se relâche. P. Léon rappelle que ce fut le cas avec l'adoption à l'Assemblée nationale de la loi de 1913 sur la protection des monuments historiques :

« S'agit-il d'une loi spéciale qu'il n'est pas possible d'inclure dans le budget, il faut opérer par surprise, pour éviter la discussion qui entraîne l'ajournement. C'est ainsi que la loi de 1913 sur les Monuments Historiques qui eût soulevé d'insolubles controverses à propos de la restriction du droit de propriété fut votée dans la nuit du 31 décembre au 1er janvier, peu d'instants avant la clôture de la session et devant des banquettes vides. [239] »

Par ces artifices, les bureaux des Beaux-Arts contrôlent la préparation des textes, ce qui leur permet de mieux diffuser la doctrine de la direction. Mais cela n'est pas sans conséquences théoriques aux yeux de la doctrine publiciste de l'époque. De l'avis de Georges Burdeau [240] ou encore Georges

---

[236] Robert De Jouvenel, *La République des camarades*, Paris, Grasset, 1924, p. 116.

[237] X. Perrot, « L'administration législateur… », art. cit., p. 269-386, ici p. 293 sq.

[238] « Il existe un moyen d'échapper à la discussion, c'est d'avoir recours à la loi de Finances dont les innombrables articles, mêlant toutes les questions relatives à tous les ministères, forment un vrai labyrinthe où se perdent aisément les cerbères du Palais-Bourbon. Tel texte d'aspect bénin et pourtant de grande importance peut passer inaperçu. » (P. Léon, *Du Palais-Royal...*, *op. cit.*, p. 222).

[239] P. Léon, *Du Palais-Royal...*, *op. cit.*, p. 223. Illustration parfaite de ces « temps de non-droit » décrits par J. Carbonnier, lequel considère que « le cœur de l'hiver » n'est « pas pleinement juridique ». Voir « L'hypothèse du non-droit », *Arch. philo. dr.*, 1963, p. 55-74, ici p. 58.

[240] Georges Burdeau, « Essai sur l'évolution de la notion de loi en droit français », *Archives de philosophie du droit*, 1939, p. 7-55 et du même « Le déclin de la loi », *Archives de philosophie du droit*, 1963, p. 35-41.

Ripert [241], cette pénétration bureaucratique dans le processus de création des lois, durant l'entre-deux-guerres, contribue à modifier le concept traditionnel de loi, voire à provoquer son déclin.

Mesure ordinaire dorénavant, « parure doctrinale », selon l'heureuse formule de Georges Burdeau, la loi est même concurrencée par une véritable législation de substitution, mi-législative mi-réglementaire : règlements d'administration publique et décrets-lois.

2) La législation secondaire

Théoriquement l'œuvre du gouvernement, cette « législation secondaire » est préparée par les fonctionnaires.

Concernant *les règlements d'administration publique*, les archives de la MAP sont riches d'enseignements et révèlent des détails utiles sur les usages de l'administration. Sous la IIIe République le législateur n'hésite pas à accorder assez régulièrement aux ministères concernés de déterminer les modalités d'application des lois, en recourant à des règlements d'administration publique [242]. Parce que les textes sont de plus en plus techniques, le Parlement trouve avantage à déléguer une partie de sa mission à des fonctionnaires spécialistes. La préparation des règlements offre alors l'occasion aux bureaux d'innover sur des questions juridiques sensibles, dont le vote par les Chambres aurait été difficile [243].

De l'étude des archives on peut dégager la procédure type d'élaboration des règlements, au sein de laquelle on observe un directeur des Beaux-Arts qui coordonne le plus souvent entièrement leur préparation et une commission spéciale chargée de la rédaction du texte, commission constituée par le directeur lui-même. Les règlements sont ainsi entièrement l'œuvre de l'administration et de ses agents.

Les bureaux préparent également *les décrets-lois*, qui tendent de plus en plus, durant l'entre-deux-guerres, à se substituer à la loi [244]. En effet, la multiplication des lois de pleins pouvoirs depuis la Première Guerre mondiale

---

[241] Georges Ripert, *Le déclin du droit : étude sur la législation contemporaine*, Paris, LGDJ, 1949, reprint 1998 et du même *Les forces créatrices du droit*, Paris, LGDJ, 1955, rééd. 1994.

[242] Léon Béquet, *Répertoire du droit administratif*, t. 19, Paris, Dupont, 1902, *v°* Loi par René Worms et *v°* Règlements d'administration publique par Hébrad de Villeneuve. Pour la doctrine récente, v. Grégoire Bigot, *Introduction historique au droit administratif depuis 1789*, Paris, PUF, 2002, p. 203-204 et 267-268.

[243] Souvent il s'agit de questions liées au droit de propriété.

[244] Joseph Barthélemy et Paul Duez, *Traité de droit constitutionnel*, Paris, LGDJ, 1933, rééd. 2004, p. 779 ; *Répertoire de droit public et administratif*, Odent et Waline, t. 1, Paris, Dalloz, 1958, t. 2, *v°* Décret.

va en quelque sorte roder cette forme de délégation législative, et l'administration va profiter de la multiplication de ces mandats.

La direction des Beaux-Arts n'a toutefois pas été l'administration qui a produit le plus de décrets-lois. Les exemples manquent donc pour tirer des conclusions définitives quant à la participation et l'influence des bureaux dans la confection de ce type d'acte. Par ailleurs, un certain nombre de filtres ont pu freiner le recours aux décrets-lois, comme : l'encadrement de l'étendue de la délégation (compétence *ratione materiae*) ; le contrôle, par le président du Conseil, de la conformité entre le but poursuivi par le décret-loi et celui de l'habilitation ; l'approbation nécessaire du Conseil des ministres au projet de décret ; et encore la ratification par les Chambres [245]. Pour autant l'administration avait intérêt à proposer d'agir par décret-loi : d'une part à cause de la lenteur du processus parlementaire qui retardait l'application des mesures souhaitées et d'autre part, parce que les bureaux contrôlaient certainement la préparation des projets de décrets-lois et rédigeaient les rapports explicatifs remis au président du Conseil ; c'est ce que tendent à prouver, par exemple, les archives [246] relatives à la préparation du décret-loi du 30 octobre 1935 relatif aux abus liés à l'affichage [247].

Ces actes permettaient à l'administration de contrôler l'ensemble de la chaîne, de la confection à l'application en passant par l'adoption gouvernementale accélérée, sans que ne plane d'ambiguïté sur l'origine réglementaire.

En résumé, depuis le gouvernement de guerre l'équilibre parlementaire est perturbé, habituant peu à peu l'exécutif à agir par la voie réglementaire sur délégation du Parlement. Le législateur est alors rapidement concurrencé par les techniciens-fonctionnaires et, par conséquent, les projets de lois, les décrets-lois et les règlements d'administration publique sont majoritairement préparés par les fonctionnaires. En 1946 le magistrat au ministère de la Justice, André Sauvageot, insiste ainsi sur le haut niveau d'empiètement des bureaux dans le domaine législatif, à la fin de la IIIe République :

« Les lois de 1875 [...] n'avaient pas prévu ce recours à l'exécutif pour l'accomplissement d'une besogne essentiellement législative ; d'abord toléré à contrecœur, il fut finalement accepté, sinon souhaité, comme la seule solution réaliste ; mais n'était-ce pas donner la preuve qu'en face de tâches complexes, délicates, et exigeant des solutions urgentes, l'organisme le plus qualifié était celui qui disposait de la souplesse, de

---

[245] Cela étant, Marcel Morabito remarque qu'à la fin de la IIIe République ces impératifs se dégradent : v. *Histoire constitutionnelle de la France (1789-1958)*, Paris, Montchrestien, 2004, 8e éd., p. 347.

[246] MAP 80/1/29.

[247] *JORF*, 10 novembre 1935, p. 12002. Pour plus de détails v. X. Perrot, « L'administration législateur… », art. cit., p. 269-386, ici p. 335 sq.

*la rapidité, de l'efficacité ; or, le Gouvernement – Alain dirait « les bureaux » – prétend à ces qualités plus que le Parlement. Ainsi, sous l'impérieuse pression des nécessités, s'était opérée une véritable transposition de compétence : à la veille de la guerre, la III*e *République offrait le spectacle paradoxal d'un prétendu régime parlementaire, dans lequel les élus administraient sans responsabilité, cependant que l'exécutif, muni des pleins pouvoirs, faisait les lois.* [248] »

Malgré tout la façade d'un Parlement souverain continue d'être maintenue, comme l'exigeait la tradition républicaine.

II.

La donne change avec la défaite militaire de 1940 qui ouvre désormais la voie au dirigisme. L'abdication du pouvoir législatif par les Chambres le 10 juillet 1940 va faire sortir les bureaux de leur semi-clandestinité constitutionnelle, en matière de confection des lois.

Désormais les fonctionnaires ont le champ libre, délivrés qu'ils sont du contrôle effectif de la représentation nationale [249] ; même le contrôle du Conseil d'État sera très limité jusqu'à la Libération [250]. De « législfacteurs » (« faiseurs de lois » [251]) sous la IIIe République, les bureaux deviennent « législateurs » durant le régime de Vichy ; l'espace laissé vacant par le retrait parlementaire est en effet immédiatement colonisé par l'administration.

L'emprise technocratique n'aurait certainement pas eu la même force si les hommes n'étaient restés les mêmes, notamment au sein des Beaux-Arts ; le nouveau régime, loin de bouleverser l'organisation administrative héritée de la IIIe République, tend en effet à la conserver, ce dont saura tirer parti la direction des Beaux-Arts pour diffuser sa doctrine patrimoniale. C'est pourquoi certaines réformes avortées en régime parlementaire ont pu être reprises durant le régime de Vichy. Les circonstances étaient donc exceptionnellement favorables au nouveau secrétaire général des Beaux-Arts, Louis Hautecoeur [252], qui succède en juillet 1940 à Georges Huisman.

---

[248] André Sauvageot, « Dévaluation de la loi », *Revue politique et parlementaire*, 1946/2, p. 29-38 et 112-123, ici p. 113. Dans le même sens, voir J. Rivéro, « L'évolution du pouvoir. Hypertrophie et décadence », *Revue de l'Institut de sociologie*, 1952/2.

[249] Roger Bonnard, *Précis de droit public*, Paris, Sirey, 1944, 6e éd., p. 127 sq. Pour une vue d'ensemble v. Marcel Morabito, *Histoire constitutionnelle de la France (1789-1958)*, Paris, Montchrestien, 2002, 7e éd., p. 329 sq.

[250] *Le Conseil d'État. Son histoire à travers les documents d'époque, 1799-1974*, Paris, CNRS, 1974, p. 807.

[251] À propos de cette expression v. François Quastana, *La pensée politique de Mirabeau 1771-1789*, Marseille, PUAM, 2007, p. 168 et *Revue d'économie politique*, Sirey, 1979, p. 372.

[252] Sur Louis Hautecoeur v. Caroline Poulain, *L'action de Louis Hautecoeur au secrétariat général des Beaux-Arts (1940-1944). La permanence des Beaux-Arts dans la fracture de Vichy*, Thèse Éc. Chartes, Paris, École des Chartes, 2001 ; de la même, « Louis Hautecœur et Vichy : pensée

Les archives livrent une vision très concrète de l'exclusivisme bureaucratique en matière de confection des lois, durant la Seconde Guerre mondiale. L'action technocratique met ainsi en lumière le rôle tenu par les experts (1), mais également des fonctionnaires qui sont la mémoire vivante des services (2). Elle renseigne aussi sur la continuité normative et doctrinale de l'administration, grâce à la permanence des hommes et des structures (3), ce qui est à rapprocher de la question de l'autonomisme administratif (4).

1) L'intervention des experts

L'intervention des experts est très nette, par exemple, dans la préparation de la loi de septembre 1941 relative aux fouilles archéologiques [253]. On sait, bien sûr, que l'action du secrétaire d'État Jérôme Carcopino, assisté du secrétaire général des Beaux-Arts, Louis Hautecoeur, a été déterminante ici. Mais ce que l'on sait peut-être moins, et que les archives révèlent, c'est que le secrétaire d'État n'a pas tenu un rôle totalement exclusif dans l'initiative de la loi, ni Louis Hautecoeur d'ailleurs qui se donne pourtant le beau rôle dans ses mémoires [254]. La documentation [255] montre que ce sont deux professeurs au Collège de France, Albert Grenier [256] et Henri Breuil [257], qui ont rédigé les avant-projets ; la loi est donc davantage l'œuvre de ces deux experts que des deux hommes d'État [258].

---

et action politiques d'un historien de l'architecture », *Livraisons d'histoire de l'architecture*, n° 3, Histoire du patrimoine, 1er sem. 2002, p. 103-111 ; *Louis Hautecœur et la tradition classique*, Antonio Brucculeri (dir.), Paris, INHA, 2008 ; Antonio Brucculeri, *L'architecture classique en France et l'approche historique de Louis Hautecoeur : sources méthodes et action publique*, Thèse architecture, J.-L. Cohen et D. Calabi (dir.), Paris VIII, 2002 ; du même, *Louis Hautecoeur et l'architecture classique en France : du dessein historique à l'action publique*, Paris, Picard, 2007. Nombreux éléments également dans ses mémoires, Louis Hautecoeur, *Les Beaux-Arts en France. Passé et avenir*, Paris, 1948.

[253] *JO*, 15 octobre 1941. La loi du 27 septembre 1941 sera validée lors du rétablissement de la légalité républicaine par l'ordonnance n° 45-2092 du 13 septembre 1945. Sur ce dernier point v. *infra*.

[254] Louis Hautecoeur, *Les Beaux-Arts en France. Passé et avenir*, Paris, 1948, p. 217.

[255] MAP 80/1/6.

[256] Albert Grenier (22 avril 1878, Paris – 23 juin 1961, Paris), historien et archéologue. En 1940 il est professeur au Collège de France, titulaire de la chaire d'histoire des antiquités nationales. Directeur de l'École pratique des hautes études depuis 1937, il fonde la revue *Gallia* en 1943.

[257] Henri Breuil, dit « l'abbé Breuil » (28 février 1877, Mortain – 14 août 1961, L'Isle-Adam). Préhistorien, professeur au Collège de France de 1928 à 1947, il est nommé membre de l'Institut de France en 1938.

[258] Pour plus de détails v. X. Perrot, « L'administration législateur… », art. cit., p. 269-386, ici p. 352 sq.

2) Les fonctionnaires : mémoire vivante des services

L'abdication parlementaire a pu par ailleurs favoriser la renaissance de projets législatifs abandonnés sous la IIIe République, parce que les fonctionnaires en ont conservé la mémoire ; ce fut le cas de la loi du 23 juin 1941 interdisant les exportations d'œuvres d'art [259]. En 1940 la législation française en matière de contrôle des exportations d'œuvres d'art est indigente. Les autorités s'émeuvent par conséquent du fait qu'un nombre important de pièces quitte la France. Il est nécessaire d'agir rapidement, ce dont témoigne Louis Hautecoeur dans ses mémoires, non sans malmener la vérité :

« J'entretins de mes inquiétudes M. Carcopino, qui en parla au Conseil des ministres. Celui-ci demanda qu'on prit des mesures immédiates : M. Carcopino me téléphona un jour à trois heures de lui apporter un projet à six. Je rédigeai aussitôt les articles qui devinrent la loi du 23 juin 1941. [260] »

Les archives [261] indiquent en réalité que la loi de 1941 reprend l'ensemble des dispositions de la loi du 31 août 1920 relative au contrôle des exportations d'œuvres d'art [262], loi qui fut rapidement abrogée l'année suivant son adoption, sous la pression du syndicat des marchands d'art. Dans une note adressée à la Direction des services de l'Architecture, le directeur général des Douanes rappelle ainsi que,

« […] la loi du 23 juin 1941 reprend, dans son ensemble, les dispositions de la loi du 31 août 1920, laquelle avait également prévu des mesures analogues pour la protection des objets présentant un intérêt national d'histoire et d'art […] » [263].

La rapidité avec laquelle L. Hautecoeur dit avoir rédigé le projet de loi dans ses mémoires [264], ne vaudrait donc que par la reprise, en quasi-intégralité, de la loi du 31 août 1920 qui, bien qu'abrogée, avait été archivée par les fonctionnaires des Beaux-Arts. On voit par là que pour les bureaux, l'abrogation d'un texte ne signifie pas sa disparition : le dossier relatif à la loi avait été scrupuleusement conservé, mais moins comme un objet muséo-

---

[259] Loi n° 2595 du 25 juin 1941, relative à l'exportation des œuvres d'art, *JO* du 19 juillet 1941.

[260] Louis Hautecoeur, *Les Beaux-Arts en France. Passé et avenir…, op. cit.*, p. 216.

[261] Arch. Nat., F^{21} 7117.

[262] *JO*, 7 septembre 1920, p. 13086.

[263] Arch. Nat., F^{21} 7117, v. fol. 7 [Lettre du directeur général des Douanes à la direction des services d'Architecture, bureau des monuments historiques et des sites, le 25 septembre 1941.] L'administration des Douanes était directement concernée par la loi du 23 juin car elle était chargée, en partie, de veiller à son application.

[264] Louis Hautecoeur, *Les Beaux-Arts en France. Passé et avenir…, op. cit.*, p. 216.

graphique témoignant de l'histoire du service, que comme un texte vivant, susceptible de renaître à la faveur des circonstances.

3) La continuité normative et doctrinale de l'administration

Quant à la question de la continuité normative et doctrinale de l'administration, on sait là encore par les archives qu'un nombre significatif de lois patrimoniales prises durant le régime de Vichy (actes dits lois) sont validées par les fonctionnaires eux-mêmes, après la Libération.

On citera, à titre d'exemple, la loi du 13 janvier 1942 relative aux monuments commémoratifs [265]. Dès le 6 juin 1945, environ un an après la promulgation de l'ordonnance du 9 août 1944 relative au rétablissement de la légalité républicaine, le directeur des Arts plastiques avait exprimé son « intention de [...] faire confirmer [l'acte dit loi du 13 janv. 1942] par une ordonnance spéciale. [266] » Il demandait par conséquent à la direction des services de l'Architecture elle-même, si elle estimait « que devaient être apportées des modifications à l'acte [...] » [267]. François Sorlin, à l'époque chef du bureau des Travaux et Classements, revêt alors son habit de « législateur » et donne une réponse sans ambiguïté le 13 septembre 1945 :

« Vous me demandez si j'estime que des modifications devraient être apportées à l'acte dit loi du 13 janv. 1942 relatif à l'érection des monuments décoratifs et commémoratifs. J'ai l'honneur de vous faire savoir qu'en ce qui me concerne je ne vois aucune observation à présenter sur le projet de M. le Directeur des Arts Plastiques en vue de faire confirmer par une ordonnance spéciale l'acte dit loi en question. [268] »

Ce cas, non isolé, constitue une preuve formelle du pouvoir normatif réel des fonctionnaires !

4) Les réflexes autonomistes

Enfin, les sources montrent que la période a vu se renforcer les réflexes autonomistes au sein des services, tant en matière d'initiative des lois, d'indépendance administrative face aux différentes tutelles, que d'innovation juridique [269].

---

[265] *JO*, 15 janvier 1942.

[266] AP, 80/1/27 [note du 17 août 1945.]

[267] AP, 80/1/27 (*id.*)

[268] AP, 80/1/27 [note du 13 sept. 1945.]

[269] Sur l'ensemble de ces points, v. X. Perrot, « L'administration législateur... », art. cit., p. 269-386, ici p. 372 sq.

Le système institutionnel et administratif de Vichy a ainsi contribué à fournir les conditions idéales de développement d'une législation pro-administrative, issue de bureaux législateurs quasi-souverains.

***

On le voit, l'étude d'un fonds documentaire spécifique comme celui des Beaux-Arts (MAP) a permis de confirmer l'expansion du volontarisme bureaucratique durant le premier XXe siècle. Les sources mettent en lumière l'influence déterminante et ininterrompue des directeurs d'administration, et insistent sur le rôle central des cadres de bureaux (inspecteurs, chefs, sous-chefs), favorisant le processus d'administrativisation des règles de droit durant la période. Le voile de la pratique administrative s'est ainsi légèrement levé, ouvrant sur les coulisses somme toute méconnues de la confection des lois.

Mais, pour autant, de nombreuses zones d'ombres persistent qui relativisent le « pouvoir » normatif des bureaux. Les textes de lois, pour ne citer qu'eux, sont rarement en effet le fruit exclusif de l'administration. Le texte issu des services subit toujours, à un stade ou un autre de sa préparation, un lissage, soit par la relecture des Chambres (IIIe République), soit par l'intervention du Conseil d'État, soit par la revendication des corps constitués. Dans ces conditions, tout monolithisme méthodologique nuit aux tentatives de description du phénomène. Bien souvent les archives, et le chercheur qui les exploite, ne restituent qu'une partie d'un circuit complexe.

L'insuffisance donc du matériau archivistique doit être rappelée. On sait très peu de chose, par exemple, des discussions officieuses menées dans les couloirs des Chambres ou dans le bureau d'un ministère, au moment où beaucoup de décisions décisives se prennent. Les circonstances institutionnelles apportent également des éléments de réponse, mais elles ne doivent pas être dissociées de la sociologie administrative, en même temps que des transformations politiques, sans compter sur les hommes et leurs contradictions. Il convient donc d'insister sur certaines des difficultés liées à ce type de recherche, sans remettre toutefois en question les résultats obtenus et la démonstration faite, du rôle prépondérant des fonctionnaires dans le processus d'élaboration des règles de droit. D'autres monographies d'administrations pourraient permettre de confirmer ou d'infirmer, certains traits généraux dans ce domaine et également pour d'autres périodes.

Comment se fait la « loi du travail » aux colonies ? Perspectives archivistiques

JEAN-PIERRE LE CROM
CNRS, Nantes

FLORENCE RENUCCI
CNRS, Lille

L'histoire du droit du travail est un champ de recherche qui s'est beaucoup développé depuis les années 1980 mais qui a presque complètement négligé sa dimension coloniale [270]. Pour pallier cette lacune, un projet de recherche a été élaboré sous le nom « Histoire du droit du travail dans les colonies françaises » (HDTCOL) [271]. Il est actuellement en cours et c'est à partir des travaux déjà réalisés et des dépouillements d'archives déjà effectués que cette réflexion est proposée. Nous en reprendrons le cadre temporel mais nous limiterons notre propos d'un point de vue géographique aux colonies au sens strict, celles qui deviendront

[270] Quelques travaux y font exception comme ceux de Martine Fabre, « Le sort du travailleur expatrié aux colonies. Des juges entre intransigeance et mansuétude, » in *Le juge et l'outre-mer. Les roches bleues de l'Empire colonial*, Lille, Centre d'histoire judiciaire, 2004, (*Histoire de la justice*), p. 345-370 ; Martine Fabre, « La condamnation des indigènes aux travaux forcés ou à la relégation », *in* Bernard Durand et Martine Fabre, *Le juge et l'outre-mer*, t . 4 : *Le royaume d'Aiétès. Produire de l'ordre*, Lille, Centre d'histoire judiciaire, 2008, p. 95-124 ; Martine Fabre, « Le droit du travail à l'épreuve des décolonisations », *in* Martine Fabre et Dominique Mouret (dir.), *Le juge et l'outre-mer*, t. 8 : *La mort d'Eurydice*, Montpellier, UMR 5815 Dynamiques du droit, 2013, p. 243-265 ; Martine Fabre, « La question de la main-d'œuvre coloniale dans les revues "colonialistes". L'exemple de la Tunisie : Conférence donnée (en 2008) au colloque sur *Les discours sur le droit dans les protectorats tunisien et marocain (1881-1956)* (disponible sur le site colonialcorpus) ; Florence Renucci, « L'élaboration du Code du travail outre-mer et la durée du travail en AOF », *in* Alain Chatriot, Odile Join-Lambert, Vincent Viet (dir.), *Les politiques du travail*, Rennes, PUR, 2006, p. 59-68 ; Florence Renucci, « L'inspection du travail et le droit en Afrique noire au XXe siècle », *in* Samya El Mechat (dir.), *Les administrations coloniales*, Rennes, PUR, 2009, p. 253-263.

[271] Ce programme réunit 18 personnes dans les universités de Nantes, Lille II, Montpellier I, Lyon III, Bordeaux, La Réunion et Basel (Suisse).

les territoires d'outre-mer après la Seconde Guerre mondiale, excluant ainsi les « vieilles » colonies (Guadeloupe, Martinique, Île de la Réunion, Guyane), l'Algérie, les protectorats et le mandat français en Syrie et au Liban, mais intégrant le mandat du Cameroun et du Togo, en raison de la proximité de situation de ces territoires avec les autres colonies africaines [272].

Pour traiter un tel sujet, on ne part pas évidemment de rien. Outre les quelques travaux d'histoire du droit colonial déjà réalisés, on dispose naturellement d'ouvrages et d'articles de droit positif [273], de recherches menées sur l'histoire du travail en général dans certains territoires concernés et d'une abondante littérature provenant de l'Organisation internationale du travail.

L'essentiel de la documentation est cependant de nature archivistique. Les principaux lieux de consultation sont :

— les Archives nationales à Pierrefitte-sur-Seine qui possèdent sur le sujet des fonds en provenance du ministère du Travail et du ministère de la Justice ainsi que celui de l'Union française. Cependant, tous ne sont pas accessibles car certains d'entre eux, qui auraient dû être transférés de Fontainebleau, ne l'ont pas été en raison « des désordres structurels (qui) affectent la solidité des bâtiments du site de Fontainebleau [274] » ;

— le Centre des archives diplomatiques de Nantes qui détient les archives des protectorats tunisien et marocain ainsi que celles du mandat français en Syrie et au Liban ;

— le Centre des archives du monde du travail à Roubaix qui possède quelques fonds d'entreprises ou de dirigeants d'entreprise coloniales, notamment d'entreprises minières en Indochine, mais cela reste marginal ;

---

[272] Les colonies *stricto sensu*, les protectorats et les mandats se différencient, théoriquement, par leur degré de souveraineté. Les colonies ont en principe abandonné leur souveraineté à l'État colonisateur, alors que les protectorats voient coexister une double souveraineté sur leur territoire. Enfin, les mandats sont une forme de tutelle politique et administrative exercée par un État sur un autre État, sous contrôle international. Les mandats sont présentés comme un moyen d'accompagnement vers la souveraineté, c'est-à-dire l'indépendance. Il s'agit toutefois là de définitions théoriques car, dans la pratique, il existait parfois une homogénéité dans la gouvernance de territoires soumis à des régimes très différents. De même, il pouvait exister d'importantes différences entre protectorats, comme le prouve la comparaison entre les protectorats indochinois et maghrébins. Enfin, la complexité de cette situation est renforcée par le fait que ces définitions ont pu évoluer dans le temps.

[273] En particulier le traité de Pierre-François Gonidec, *Droit du travail des territoires d'outre-mer*, Paris, LGDJ, 1958, 743 p.

[274] http://www.archives-nationales.culture.gouv.fr/fr/web/guest/site-de-fontainebleau, consulté le 25 mai 2015.

— la direction des archives du ministère des Affaires étrangères à La Courneuve ;

— les Archives nationales d'Outre-Mer (ANOM) à Aix-en-Provence, dont la fréquentation est naturellement indispensable pour un tel sujet. Un séjour prolongé permet de mesurer toute l'importance que revêtait la question du travail et de la main-d'œuvre dans les possessions françaises ultramarines. On reste impressionné par la richesse des fonds consultés, que ce soit dans les fonds ministériels (direction des affaires politiques du ministère des Colonies, direction des affaires économiques, direction du contrôle, Agence économique de la France d'outre-mer, Inspection générale du travail outre-mer), les fonds territoriaux (notamment pour l'Algérie ou l'AEF) ou les fonds privés (notamment ceux de l'Union coloniale française, qui a été longtemps le lobby colonial patronal français). Par exemple, le fonds « Travail main-d'œuvre » du gouvernement général de l'Afrique équatoriale française contient 259 cartons et celui de l'inspection générale du travail outre-mer pas moins de 119.

Pour autant, les fonds territoriaux des ANOM sont loin d'être complets car dans de nombreux cas les archives sont restées sur place après les indépendances. On peut ainsi trouver des sources originales, qu'on ne trouve donc pas à Aix, aussi bien à Lomé (Togo) qu'à Yaoundé (Cameroun), à Dakar (Sénégal), qu'à Ho Chi Minh Ville (Vietnam) ou encore à Madagascar.

Que nous apprennent ces archives sur l'élaboration du droit du travail colonial ? C'est la question à laquelle nous chercherons à répondre dans cet article. Dans un premier temps, nous nous situerons sur un plan théorique. Nous expliquerons – en nous appuyant sur des sources imprimées classiques en histoire du droit – la spécificité du droit colonial, plus réglementaire que législatif, plus local que national, en tout cas pendant longtemps, par rapport au droit métropolitain. Dans un second temps, nous essayerons de montrer, à partir de quelques exemples, ce que la consultation des archives permet d'appréhender de la réalité des pratiques, aussi bien du point de vue de la fabrication des lois que de leur application. En d'autres termes, les archives permettent-elles de confirmer, d'infirmer ou de compléter les sources normatives ?

I. La spécificité du droit du travail colonial

A. Des particularités du droit colonial…

La conception et l'application du droit colonial sont régies par des règles différentes de celles qui s'appliquent en France métropolitaine. Il s'agit de la spécialité législative, du « régime des décrets » et des arrêtés de promulgation du gouverneur. Ces règles, dont les spécificités découlent des impératifs de la politique coloniale, de la géographie et de l'organisation sociale propres aux territoires ultramarins sont principalement organisées par le sénatus-consulte du 3 mai 1854 [275].

1) La spécialité législative

L'une des principales caractéristiques du droit colonial est la spécialité législative. À l'exception de la Constitution de 1795, la plupart des textes constitutionnels ont entériné ce principe : l'outre-mer n'est pas intégré dans la Constitution et l'application des lois métropolitaines aux colonies n'est donc pas automatique [276]. Sauf exceptions, l'Assemblée nationale doit déclarer expressément dans chaque loi adoptée si elle s'applique ou non dans les territoires ultramarins – voire dans un territoire précis. Du point de vue des principes cela signifie que le droit colonial est essentiellement un droit spécial et ne fait donc pas partie du droit commun. Mais cette situation connaît des ajustements ou des modifications tout au long de la période coloniale.

La spécialité législative est étroitement liée à la conception assimilationniste française. En effet, l'assimilation à la française est plus souvent une dynamique qu'une volonté d'uniformisation globale des statuts et des institutions (avec des nuances selon qu'il s'agisse des uns ou des autres). Elle est pensée davantage par étapes, de façon progressive, que comme une application pure et simple du droit commun. La spécialité législative offre, dans cette logique, une marge de manœuvre au législateur qui a le choix d'étendre ou non le droit français outre-mer.

2) Le « régime des décrets »

Le régime des décrets se situe dans le prolongement de la spécialité législative car la non-automaticité de l'application de la loi laisse la place à d'autres outils de « fabrication » du droit. C'est le cas des décrets. Les colo-

[275] « Senatus-consulte qui règle la constitution des colonies de la Martinique, de la Guadeloupe et de La Réunion », dans Jean-Baptiste Duvergier, *Lois, décrets, règlements et avis du conseil d'État*, Paris, année 1854, p. 227-229.

[276] Cf. Anne Girollet, *Victor Schoelcher, abolitionniste et républicain, approche juridique et politique de l'œuvre d'un fondateur de la République*, Paris, Karthala, 2000, p. 319.

nies peuvent en effet être régies par des décrets simples qui émanent directement du président de la République. Ces décrets ont un triple rôle :

1) désigner les lois métropolitaines qui seront intégralement ou partiellement (avec ou sans modifications) applicables dans une colonie ;
2) introduire toute la législation métropolitaine sur un point ;
3) introduire dans une colonie une réglementation complètement originale.

L'intérêt principal du régime des décrets est de répondre au besoin de plasticité du droit colonial qui connaît une évolution constante (plus forte en tout cas qu'en métropole), pour ne pas dire une instabilité, en raison de sa jeunesse et de sa complexité. En outre, le temps du droit n'est pas identique en métropole et aux colonies. Il est parfois nécessaire de s'adapter à un besoin urgent (ce que la procédure devant l'Assemblée nationale ne permet pas en temps normal) ou au contraire il est urgent... d'attendre d'appliquer une règle déjà en vigueur en métropole. Le régime des décrets permet de maîtriser ce « temps » en élaborant et en promulguant rapidement un texte (simplification juridique) ou en bloquant l'application d'une mesure métropolitaine (obstruction juridique).

3) Les arrêtés de promulgation du gouverneur

Les textes élaborés en métropole ne sont toutefois pas exécutoires automatiquement. Ils ne le deviennent qu'après un arrêté de promulgation pris par le gouverneur. Cette règle est propre aux colonies. Plusieurs hypothèses ont été émises pour justifier ce pouvoir du gouverneur :

- une survivance de l'Ancien Régime [277] (qui s'étend d'ailleurs à d'autres aspects du droit colonial) ;
- le moyen pour le chef de tous les services de la colonie, i.e. le gouverneur, de s'assurer de la pertinence de l'application du texte à la colonie du fait qu'il est le mieux placé pour connaître l'état politique, social et juridique d'un territoire qui, certes, dépend de la France, mais qui, du point de vue géographique, culturel, moral, etc., est différent de la métropole ;
- une façon d'asseoir *symboliquement* la puissance du gouverneur dans la colonie car le rôle de ce dernier n'est pas sans rappeler celui du pré-

---

[277] L. Rolland et P. Lampué, *Précis de législation coloniale*, Paris, Dalloz, 1931, p. 165. Il s'agirait d'un glissement du Premier empire vers le Second empire du principe de l'enregistrement local.

sident de la République dans la promulgation ordinaire des lois votées par le Parlement. *Symboliquement*, mais non *juridiquement* puisque le gouverneur reste soumis au pouvoir central.

Cette règle exprime clairement un impératif de proximité. Elle est l'un des outils permettant le contrôle étroit de la colonie par les autorités administratives.

Ce contrôle est lié à la peur : peur des indigènes face aux autorités coloniales, mais peur également du colon ou de l'administrateur face aux indigènes. Il engendre sur le terrain une spécificité du contenu des normes coloniales. La peur motive à tenter de limiter les risques de révolte (ce qui justifie notamment le maintien des règles locales du statut personnel) et à user de mesures juridiques d'exception pour tenter d'assurer le contrôle des populations locales. C'est le cas, par exemple, de ce qui a été nommé le « régime de l'indigénat » qui laisse aux mains de l'administrateur des armes juridiques dérogatoires au droit commun (amende collective, travaux forcés, etc.) applicables aux indigènes sujets non citoyens (avec des exceptions à partir de la Première Guerre mondiale) [278].

Cette organisation du droit colonial et les problématiques d'adaptation, de proximité et de contrôle qu'elle soulève se retrouvent dans le droit du travail outre-mer.

B. … à leur application au droit du travail outre-mer

1) Une application opportuniste de la législation ouvrière

Que ce soit pour les sujets ou les citoyens, le Code du travail ne s'applique pas automatiquement dans les colonies. Selon le principe de spécialité législative, certaines lois sont en tout ou en partie applicables. C'est par exemple le cas de la loi du 9 avril 1898 sur les accidents du travail dont l'article 34 prévoit l'application aux colonies par un règlement d'administration publique. Dans les autres cas, l'initiative appartient au chef de l'exécutif ou à son délégué d'en poursuivre l'application s'il le juge opportun. Par conséquent, d'un territoire à l'autre, les règles varient en matière de durée de la journée de travail, de repos, de logement, de ration. Alors

---

[278] Sur le régime de l'indigénat, on se référera utilement aux thèses de Laurent Manière (*Le code de l'indigénat en Afrique occidentale française et son application : le cas du Dahomey (1887-1946)*, Université Paris Diderot, 2007) et de Bénédicte Brunet-Laruche (*Crimes et châtiments aux colonies : poursuivre, juger, sanctionner au Dahomey de 1894 à 1945*, Université Toulouse Jean-Jaurès, 2013) pour l'Afrique subsaharienne et aux articles d'Isabelle Merle sur la Nouvelle-Calédonie (notamment « De la 'légalisation' de la violence en contexte colonial. Le régime de l'indigénat en question », *Politix*, 2004/2, vol. 17, n° 66, pp. 137-162).

qu'au Cameroun, par exemple, la durée des prestations, une sorte d'impôt en nature par le travail obligatoire, est de 10 jours par an, elle n'est que de 4 jours au Togo, l'autre pays sous mandat français de la Société des Nations en Afrique subsaharienne.

2) Simplification et souplesse des procédures à l'échelle locale

L'utilisation de réglementations particulières a permis de passer de l'esclavage aux contrats « salariés », élaborés par l'administration, en fonction de l'évolution politique, sociale ou économique des territoires coloniaux. Lorsque cela n'est pas prévu, le contrat doit être fait en présence d'un agent administratif ou ce dernier doit l'enregistrer. Les décrets ont également mis en place des mécanismes qui ne servent pas uniquement la plasticité du droit, mais également sa simplification et par là même sa rapidité (du moins en principe). Ainsi, en cas de litiges individuels et de conflits collectifs entre employeurs et employés, des conseils d'arbitrage ont été instaurés (composés d'un indigène, d'un colon et présidés par un administrateur ou un magistrat). En Indochine, les commissions de conciliation doivent être saisies avant tout processus judiciaire.

3) Le contrôle : obligation de travailler et liberté du travail

Enfin, le droit du travail colonial est l'expression même du contrôle et de la domination que l'administration cherche à établir sur le territoire. Même après l'abrogation de l'esclavage, d'autres formes de travail forcé ont persisté, comme le portage, les prestations ou la réquisition, assurés sous le contrôle de l'administration. Ces mesures sont accompagnées d'une véritable lutte contre l'oisiveté car, dans la colonie, la civilisation est synonyme de travail. Dans cette optique, la répression du vagabondage est entendue dans un sens large et réprimée par de l'emprisonnement. En outre, un impôt spécial dit « taxe sur l'oisiveté » a été envisagé dans certains territoires comme Madagascar.

Le contrôle de l'administration passe donc par des tentatives d'imposer le concept de travail à l'occidentale aux populations locales, tout en faisant progresser la liberté du travail. En bref, l'idée est d'être plus libre *dans* les rapports de travail, tout en étant… obligé de travailler.

Le système colonial va être partiellement transformé aux lendemains de la Seconde Guerre mondiale. L'article 73 de la Constitution de 1946 entérine ce changement pour les départements d'outre-mer qui sont soumis au droit commun, mais dans les territoires d'outre-mer le principe de la spécialité législative est maintenu. Dans ce domaine, la loi-cadre du 23 juin 1946 intègre toutefois un nouvel acteur puisqu'elle permet aux assemblées locales d'œuvrer au moyen de leurs propres règlements. Le bilan de cette période d'après-guerre est également complexe en droit du travail car il voit l'application de la plupart des règles du Code du travail, mais dans un code spécifique : le Code du Travail des Territoires d'Outre-Mer (CTTOM). Ce dernier tient en effet encore compte de quelques spécificités du terrain. En raison de son difficile accouchement, il est à la fois plus avancé et moins avancé (selon les points qu'il traite) que le Code du travail. S'il n'est pas prévu de comités d'entreprises et si le nombre de délégués du personnel est fixé par arrêtés dans chaque territoire (contre un nombre égal selon le nombre de salariés à partir de 10 en métropole), les règles relatives au licenciement sont par contre plus favorables aux salariés [279]. Les lois qui l'ont immédiatement précédé et le CTTOM lui-même marquent toutefois un changement profond avec la période antérieure car ils constituent une assimilation accélérée : suppression en théorie définitive du travail forcé et du régime de l'indigénat, égalité des droits des salariés (bien qu'elle soit imparfaite), reconnaissance du droit syndical, développement d'une inspection du travail indépendante, etc.

L'histoire des textes nous indique comment se « fabrique » le droit du travail colonial et qui en est à l'origine. Mais des interrogations demeurent : dans la pratique, d'autres acteurs interviennent-ils ? Qui sont les véritables rédacteurs des textes ? Quels sont les pouvoirs de l'administration sur place ? Ses limites ? Dans quelle mesure les intérêts économiques sous-jacents influent-ils sur la rédaction et la mise en pratique des textes ? Les archives nous le dévoilent.

II. L'importance des archives dans la compréhension du droit du travail colonial

A. Du point de vue de l'élaboration des textes

En métropole, l'élaboration d'une loi est un phénomène complexe qui fait intervenir naturellement le Parlement, mais aussi le gouvernement, l'administration, le Conseil d'État et tous les acteurs périphériques qui ont intérêt à promouvoir ou à défendre leurs conceptions. Cette configuration ne vaut pas pour le droit colonial puisqu'il est essentiellement d'origine réglementaire. Les acteurs, directs ou indirects, ne sont donc pas exactement les mêmes. L'élaboration est donc l'affaire de l'administration coloniale mais

---

[279] Paul Durand, « Note sur la rupture abusive du contrat de travail dans les territoires d'outre-mer », *Droit social*, n° 1, janvier 1957, p. 23-26.

elle doit tenir compte, et c'est particulièrement vrai pour les colonies, du droit international du travail.

1) Le rôle de l'administration des colonies

Comme tout ministère, celui des Colonies, puis de la France d'outre-mer, est organisé sur un mode hiérarchique : au sommet, le ministre, ensuite l'administration elle-même hiérarchisée avec ses directions, ses bureaux, ses organismes consultatifs, etc., et enfin l'administration locale, dans les différents territoires, qui joue un rôle essentiel dans l'élaboration des normes. Que nous apprennent les archives sur le rôle de chacun ?

Il ne faut d'abord pas négliger le rôle propre des ministres, même s'il apparaît relativement faible compte tenu de la longévité ministérielle pendant les IIIe et IVe Républiques. Ainsi, en 1918, le ministre Henry Simon, considéré comme progressiste, refuse-t-il de signer un décret sur la réglementation générale du travail en AEF préparé par le gouverneur général Angoulvant, ce qui lui vaut une rancune tenace du patronat colonial. Un procès-verbal d'une réunion de la section de l'AOF de l'Union coloniale française daté du 30 juin 1920 indique ainsi que ce refus « tire prétexte d'une nouvelle orientation de notre politique indigène et de l'esprit dans lequel étaient conduits les travaux de la conférence de la paix [de Versailles]… [280] ». Une autre note, commentant une lettre adressée par une entreprise agricole du Haut-Sénégal-Niger à la même époque (1920) et qui se plaint du manque de main-d'œuvre et de l'absence de concours de l'administration pour son recrutement, est plus directe : « C'est là évidemment une conséquence de la politique suivie en Afrique sous le ministère de M. Simon et si copieusement exposée aux indigènes au cours des différentes missions qui ont parcouru le pays à cette époque. [281] »

Il est évident aussi que la réglementation du travail possède une dimension proprement politique et que certains ministres incarnent particulièrement certaines phases de son évolution. Ainsi le socialiste Marius Moutet, sous le Front populaire [282] ou en 1946, ou encore le gaulliste René Pleven, commissaire aux Colonies du Commissariat français à la Libération nationale et à l'origine de la conférence de Brazzaville [283].

[280] ANOM, 100 APOM 667. Procès-verbal de la réunion de la section de l'Afrique occidentale française de l'Union coloniale française, 20 juin 1920.
[281] ANOM, 100 APOM 667.
[282] ANOM, 28 PA (fonds Marius Moutet).
[283] ANOM, 61 COL 2295.

Le rôle propre des bureaux, i.e. de l'administration centrale, rue Oudinot à Paris, est assez difficile à cerner, notamment parce que la réglementation du travail est une question partagée entre la direction des affaires politiques et la direction des affaires économiques, avant que ne soit créée en 1946 l'Inspection générale du travail outre-mer au sein même du ministère de la France d'outre-mer.

Selon le directeur des affaires économiques, en 1926, les rôles respectifs de la direction des affaires économiques et de la direction des affaires politiques seraient les suivants : « *La direction économique poursuit l'étude du problème de la main-d'œuvre en vue de la mise en valeur des colonies, s'occupe des opérations de recrutement des travailleurs et de la rédaction des contrats d'engagement, etc. De son côté, à la direction des affaires politiques incombe l'étude de la législation et de la réglementation générale du travail, ces questions, d'ordre social, s'inspirant d'un sentiment de protection à l'égard des indigènes* [284] ». Donc, d'un côté, le développement économique des colonies ; de l'autre, la protection des travailleurs. La réalité n'est pourtant pas si simple. Si la direction des affaires économiques s'oppose par exemple en 1926 à un projet de réglementation du travail en Nouvelle-Calédonie inspiré de la réglementation métropolitaine [285], au même moment, c'est la direction des affaires politiques qui émet de fortes réserves à un projet de Code du travail élaboré pour les Établissements français de l'Inde par la direction des affaires économiques (journée de 8 heures et interdiction du travail de nuit pour les femmes et les enfants) en raison de l'enclavement des Établissements français de l'Inde dans les territoires britanniques et qui fait craindre « *un rush des hindous, sujets britanniques, vers nos possessions où ils seraient assurés de gagner leur vie tout en travaillant moins longtemps ; de là élimination possible des travailleurs français et, en tout cas, par suite du jeu de l'offre et de la demande, une dévalorisation des salaires. De cette situation nouvelle pourrait résulter un malaise général et même une crise plus ou moins grave* [286] ».

Le pouvoir des bureaux décline après la Seconde Guerre mondiale quand la représentation nationale, avec la création de l'Union française, commence véritablement à s'intéresser aux conditions de travail des populations ultramarines. Pour autant, il n'est pas négligeable. On en prendra un exemple avec la proposition de loi Senghor de 1952 relative à la reprise du travail du vendredi après-midi pour les musulmans des territoires d'outre-mer, du

---

[284] ANOM, 4107 COL 5. Rapport du directeur des affaires économiques au ministre, 15 novembre 1926.

[285] ANOM, 4107 COL 33. Note de la direction des affaires économiques du ministère des Colonies, 25 mars 1926.

[286] ANOM, 4107 COL 33. Note de la direction des affaires politiques du ministère des Colonies, 11 avril 1926.

Cameroun et du Togo [287]. Cette proposition vise à retarder d'une heure la reprise du travail le vendredi après-midi pour les musulmans afin qu'ils puissent aller faire leur prière. Très opposé à cette proposition contraire à l'esprit républicain, en tout cas sous une forme générale, le ministère de la France d'outre-mer utilise des moyens dilatoires, selon ses propres termes, pour retarder l'examen de cette proposition par le Sénat puis réussit à la faire remplacer par des arrêtés locaux au Sénégal et en Mauritanie.

En matière d'élaboration des textes, mais cela est vrai aussi pour leur application, il ne faut pas négliger non plus le rôle des organismes consultatifs qui étaient déjà nombreux, quels que soient les ministères, sous la Troisième République. La consultation des archives des ANOM permet ainsi de repérer l'existence de commissions *ad hoc* sur la réglementation du travail auprès du ministère des Colonies en 1873-1974 [288], puis en 1912-1913 [289], auprès du Conseil supérieur des colonies à la fin des années 1920 [290] ou encore auprès du ministère de la France d'outre-mer pour le suivi de l'application du CTTOM en 1953-1954 [291]. Ces archives comportent des rapports, des milliers de pages de procès-verbaux de réunions et souvent des recommandations. Certes, celles-ci ne sont pas toujours suivies d'effet et il est difficile de mesurer plus généralement l'influence directe de ces commissions consultatives dans l'évolution de la réglementation du travail. Néanmoins, ces archives sont fondamentales pour comprendre les enjeux des discussions et identifier les intérêts en présence.

Enfin, l'étude des archives confirme la place essentielle des gouverneurs locaux ou des commissaires de la République dans les territoires sous mandat. Leurs arrêtés ont quelquefois une importance considérable ; ainsi, au Togo, l'arrêté du 27 octobre 1924 crée un contrat type qui définit des fourchettes de salaires selon les qualifications et les métiers. Ce sont donc les pouvoirs publics qui fixent le salaire minimum, ce qui ne sera le cas en métropole qu'avec la loi du 11 février 1950.

---

[287] ANOM, 61 COL 2118. AOF, AEF, lois sur le travail du vendredi, 1952.

[288] ANOM, GEN 125 et 137.

[289] ANOM, CONTR 1404. Comité permanent de la législation coloniale du travail et de la prévoyance sociale, 1912-1913.

[290] ANOM, SUPCOL 16, 18 et 41. Commission de la main-d'œuvre du Conseil supérieur des colonies.

[291] ANOM, IGT 1. Conseil supérieur du travail auprès du ministère de la France d'outre-mer.

2) L'influence du droit international du travail

Dès sa création en 1919, l'OIT a attaché beaucoup d'importance à la suppression définitive de l'esclavage, qui a subsisté en Afrique jusqu'à l'entre-deux-guerres avec ceux que l'on appelait les « captifs de case », à l'abolition du travail forcé et aux contrats de travail des indigènes. Ces deux derniers sujets ont fait l'objet de conventions, le premier en 1930, le second en 1938. Mais la France n'a ratifié la convention sur le travail forcé qu'en 1938, et encore avec des réserves qui en ont en réalité permis le maintien. Pour comprendre les réticences de la France à adopter la convention de 1930, les ANOM sont essentielles. Elles contiennent notamment tous les rapports et les débats de la commission *ad hoc* instituée auprès du Conseil supérieur des Colonies sur le sujet ainsi que les rapports adressés par les gouverneurs et gouverneurs généraux des colonies au ministère.

Leur consultation est toutefois insuffisante à appréhender complètement le rôle de l'OIT dans l'évolution du droit du travail colonial. Il faut aussi avoir recours aux archives de l'OIT à Genève.

B. Du point de vue de leur application

Le recours aux archives est encore plus nécessaire pour traiter de l'application de la réglementation et comprendre le jeu des acteurs. Pour le démontrer, nous nous appuierons sur quelques exemples.

1) Sur l'influence du patronat colonial

Il existe aux ANOM un fonds d'une richesse exceptionnelle qui permet d'éclairer cette question : celui de l'Union coloniale française (100 APOM). Dans ce fonds, on trouve de nombreux échanges de courriers entre certains exploitants coloniaux et l'Union coloniale française (UCF), entre l'UCF et le ou les gouverneurs ou encore avec le ministère des Colonies. Ces échanges de courriers nous apprennent beaucoup sur la réalité de l'application du droit du travail. On y découvre que l'UCF fait appel aux consultations de jurisconsultes coloniaux parmi les plus reconnus (Dareste, Marcille) ; on y voit aussi comment le patronat colonial peut devancer l'administration en lui proposant un texte d'arrêté ou passer par-dessus l'autorité du gouverneur en s'adressant directement au ministre des Colonies, voire en demandant son remplacement.

En 1919, la section de l'Afrique occidentale française de l'UCF, à la suite d'une consultation de l'avocat Marcille, prend ainsi l'initiative de rédiger elle-même, pour « prendre les devants », un projet de règlement d'administration publique relatif à l'application de la loi des 8 heures, votée en métropole le 23 avril 1919 [292].

2) Sur les salariés « indigènes »

À l'inverse, les archives nous renseignent assez peu sur le point de vue et les attitudes des salariés indigènes. Il existe bien, dans les rapports des administrateurs locaux, quelques traces de grèves et de conflits collectifs, dans les chemins de fer ou dans les ports notamment. Ceux-ci permettent également d'appréhender des révoltes comme celle du Kongo-Wara, principalement en AEF, à la fin des années 1920 et au début des années 1930 [293]. On trouve aussi quelques publications indigènes, comme l'éphémère périodique *La race nègre*, qui défend les droits des autochtones et dénonce les abus de la colonisation. Mais cette revue, qui ne comptera que quelques numéros, est créée et animée par des lettrés, dont certains sont par ailleurs exploitants forestiers. Elle ne permet donc pas d'entendre la parole des travailleurs africains.

Pour l'entendre, il faut donc faire ce qu'ont fait les historiens africains du travail, c'est-à-dire avoir recours aux témoignages [294]. Mais on peut aussi, avec naturellement les précautions nécessaires, utiliser la littérature, par exemple le livre de Ousmane Sembene, *Les bouts de bois de Dieu*, qui raconte l'histoire de la grève du chemin de fer Dakar-Bamako juste après la Seconde Guerre mondiale [295].

Ce constat de relative carence documentaire s'explique largement, outre la primauté de la culture orale en Afrique, par la non-reconnaissance du droit syndical dans les colonies. Ce n'est qu'avec le Front populaire que ce droit sera reconnu dans quelques territoires (AOF, Indochine, Madagascar) avant d'être généralisé dans tous les territoires d'outre-mer par un décret du 7 août 1944. À partir de la fin de la Seconde Guerre mondiale, il devient enfin possible d'entendre ce que les travailleurs autochtones ont à dire, même si c'est au prisme des organisations syndicales qu'ils ont créées.

---

[292] ANOM, 100 APOM 665 et 666. P.V. de la réunion de la section de l'AOF de l'UCF, 12 juin 1919.

[293] Raphaël Nzabakoma-Yakoma, *L'Afrique centrale insurgée. La guerre du Kongo-Wara (1928-1931)*, Paris, L'Harmattan, 1986, 190 p.

[294] Léon Kaptue, *Travail et main-d'œuvre au Cameroun sous régime français (1916-1952)*, Paris, L'Harmattan, 1986, 282 p. ; François-Étienne Tsompbeng, *Le travail salarié et les instances de régulation sur les hauts plateaux de l'ouest-Cameroun (1916-1972)*, Paris, L'Harmattan, 2008, 344 p. ; Babacar Fall, *Le travail forcé en Afrique occidentale française (1900-1946)*, Paris, Karthala, 1993, 346 p. et, du même auteur, *Le travail au Sénégal au XXe siècle*, Paris, Karthala, 2011, 320 p.

[295] Paris, Le livre contemporain, 1960, 381 p.

3) Sur le rôle des administrateurs coloniaux

Enfin, l'un des principaux intérêts des archives est de mettre en évidence l'ambivalence de l'attitude de nombreux gouverneurs face à l'application de la réglementation du travail. D'un côté, ils cherchent à favoriser le développement économique de leur territoire ; de l'autre, ils sont soucieux du respect de certains principes fondamentaux comme celui de la liberté du travail qu'on trouve dans tous les textes régissant le travail aux colonies.

Au Cameroun, par exemple, dans les années 1920, le commissaire de la République Marchand rappelle fréquemment aux exploitants européens en manque de main-d'œuvre que l'administration coloniale ne peut intervenir directement dans le recrutement de la main-d'œuvre et que son rôle exclusif est de déterminer le nombre de travailleurs, et encore seulement pour ceux qui sont recrutés pour aller travailler en dehors de leur circonscription d'origine. Il ne saurait être question d'assister ou d'aider les employeurs à recruter.

À une proposition de la Chambre d'agriculture du Cameroun en 1928 qui demande à ce que l'administration coloniale (en l'occurrence le bureau du travail du Commissariat de la République) fournisse elle-même les contingents demandés par chaque entreprise, Marchand répond :

« *Je pense inutile de vous rappeler que les conditions spéciales du Mandat font une obligation absolue au Représentant de la Puissance mandataire de surveiller exactement le libre jeu de la loi de l'offre et de la demande sur le marché du travail. Les décrets de 1922 et 1925 interdisant rigoureusement toute intervention administrative en matière de recrutement. Je ne vois donc pas comment ces textes inspirés par les dispositions de l'acte constitutif du mandat pourraient, en quelque manière que ce soit, se concilier avec (cette) proposition.* [296] »

Le problème est que cette volonté se heurte aux pratiques des subordonnés de Marchand. On trouve ainsi dans le fonds de la direction des affaires politiques du ministère des Colonies, à Aix, une lettre de Nicol, chef de la circonscription de Yaoundé, qui explique qu'il a refusé à M. Hirsch, président de la Compagnie des tabacs du Cameroun, la plus grosse entreprise du pays, le recrutement de 14 enfants de moins de 6 ans. Mais il ajoute aussitôt que, pour le reste, il est intervenu pour favoriser auprès des chefs de village le recrutement des autres :

« *Donc "officiellement" j'ai fait ce que je devais, appliquant les dispositions du régime sur le travail. En "réalité" et quoique M. Hirsch prétende le contraire j'ai aussi conseillé aux chefs d'aider au recrutement des travailleurs pour les particuliers. [...]*

---

[296] ANOM, AGEFOM 940. Lettre de Marchand au président de la Chambre d'agriculture du Cameroun.

Bien plus, allant même à l'encontre de la lettre du décret du 9 juillet 1925, j'ai prévenu mes collègues d'Edea et d'Esaka que je ne voyais aucun inconvénient à laisser recruter chez eux des originaires de la circonscription de Yaoundé [...] J'ai donc conscience d'avoir suivi vos directives et bien loin de contrecarrer vos autorisations j'ai plutôt eu tendance à prêter assistance aux recruteurs [297] ».

Cet exemple pourrait être corroboré par d'autres documents, notamment plusieurs rapports datant de 1945 au Cameroun, et aussi par des témoignages qui montrent que la distinction entre travail libre et travail forcé, inscrite dans les textes, n'allait pas de soi.

Le même commissaire Marchand est aussi celui qui met l'ineffectivité assez générale de la réglementation du travail au Cameroun au compte des « impatiences avides de quelques capitalistes qui entendent tirer un profit rapide et intense, fût-ce au détriment de l'indigène, des fonds qu'ils ont investis ici [298] » mais prône dans le même temps une grande souplesse dans la mise en œuvre du décret du 9 juillet 1925. Face aux récriminations du patronat, qui estime que « le décret de 1925 est de nature à ruiner complètement les entreprises qui se sont créées au Cameroun et à arrêter complètement le développement du Territoire [299] », Marchand revient sur l'interdiction du *chop money* – une indemnité de vivres en argent – alors qu'il se déclarait auparavant « irréductible sur cette matière », et explique que l'inspection médicale qui devait être obligatoirement interne dans les entreprises de plus de 500 salariés, pourra être déléguée à des médecins extérieurs et non obligatoirement français [300].

***

Si nous avons mis en perspective les textes de droit avec les sources archivistiques, c'est notamment pour interroger la méthodologie de l'histoire du droit. En effet, les juristes, contrairement à d'autres disciplines, hiérarchisent les sources selon l'importance que leur confère le droit. Parallèlement, leur culture juridique – du moins en France – les fait privilégier l'analyse des normes écrites et de leurs concepteurs. Ces deux caractéristiques les conduisent parfois à négliger les pratiques au détriment de la théorie et à ne pas s'intéresser à la réappropriation du droit par les différents acteurs – administration comprise. Or il nous semble que cette ouverture est nécessaire à la

[297] ANOM, 61 COL 2889. Lettre de Nicol à Marchand, 3 février 1927.
[298] ANOM, AGEFOM 871. Lettre de Marchand au directeur de l'Agence économique, 8 février 1926.
[299] *Ibid.*
[300] ANOM, 61 COL 2689. Circulaire confidentielle du 10 décembre 1925.

compréhension de la « fabrication » du droit qui, précisément, se présente comme un produit d'artisanat façonné à différents niveaux (commissions, bureaux, lobbies, etc.) que nous « révèlent » les archives. Elle permet de mieux appréhender la complexité de la création et de la réappropriation du droit, objet de négociations idéologiques, économiques, politiques – en particulier en situation coloniale.

Cette posture comporte toutefois deux limites majeures. La première est le foisonnement des archives, résultat du caractère conservateur de l'administration mais également de la multiplication des échelons administratifs. La seconde est leur partialité : elles offrent en effet essentiellement une vision et surtout des préoccupations propres à une institution, l'administration, qui ne sauraient permettre d'appréhender le phénomène colonial dans son ensemble. Comme toujours, en histoire du droit comme dans les autres sciences sociales, il convient donc de diversifier au maximum les sources et de les confronter entre elles.

La genèse de la loi aux Archives nationales

Les archives des assemblées parlementaires et consultatives (Assemblée nationale, Sénat, Conseil économique social et environnemental) aux Archives nationales

MAÏA PIRAT
Secrétaire de documentation, Archives nationales,
Département de l'Exécutif et du Législatif

C'est à la Révolution française que remontent les archives produites par les différentes assemblées parlementaires et consultatives conservées aux Archives nationales et dont les appellations ont évolué dans le temps.

Assemblée nationale

- Assemblées révolutionnaires (juin 1789-an VIII [1799-1800])
- Tribunat (an VIII [1799-1800]-1807) et Corps législatif (1799-1814)
- Chambre des députés et des représentants (1814-1815)
- Assemblée nationale constituante (1848-1849)
- Assemblée nationale législative (1849-1851)
- Corps législatif (1851-1870)
- Assemblée nationale (1871-1876)
- Chambre des députés (1876-1885)
- Assemblée nationale (1885-1940)
- Assemblée consultative provisoire (1943-1945)
- Assemblée nationale constituante (1945-1946)
- Assemblée nationale (depuis 1946)
- Assemblée de l'Union française (1947-1959)

Sénat

- Sénat conservateur (1799-1814)

- Chambre des Pairs royale et impériale (1814-1848) et Cour des Pairs [301] (1815-1847)
- Sénat conservateur (1852-1870)
- Sénat républicain de la IIIe République (1876-1940)
- Conseil de la République (1946-1958)
- Sénat de la Ve République (depuis 1958)

Conseil économique, social et environnemental

- Conseil national économique (1925-1940)
- Conseil économique (1946-1958)
- Conseil économique et social (1958-2008)
- Conseil économique, social et environnemental (depuis 2008)

Aujourd'hui conservés sur le site de Pierrefitte-sur-Seine des Archives nationales, les fonds parlementaires se divisent en deux grands ensembles : d'une part, les séries du cadre de classement des Archives nationales et, d'autre part, les versements continus conservés, avant 2012, au Centre des archives contemporaines de Fontainebleau.

1. Les fonds conservés dans les séries du cadre de classement

Les archives de la loi sont, pour une première partie, réparties en six séries qu'il convient de présenter brièvement.

Série A. Collections originales de lois et de décrets (1789-mai 1940)

La série A se compose de trois grandes parties.

— Les archives produites par les assemblées révolutionnaires pour la période 1789-an IX [A//1-A//336].

Par son règlement intérieur du 29 juillet 1789, l'Assemblée constitue un dépôt pour conserver les actes émanant d'elle ou les actes qu'on lui envoyait. La loi fondatrice du 12 septembre 1790 fait des Archives nationales « le dépôt de tous les actes qui établissent la constitution du royaume, son droit public, ses lois et sa distribution en départements » [302].

[301] Au terme de la Charte de 1814, la Chambre des Pairs (Chambre haute du Parlement) était amenée à exercer une juridiction spéciale en siégant en Haute Cour de justice, dénommée alors Cour des Pairs. Cette juridiction se réservait la connaissance des crimes de haute trahison et des attentats contre la sûreté de l'État et le droit de juger ses propres membres en matière criminelle. En 1848, la révolution et le changement de régime politique mirent fin à son existence.

[302] Cité par Isabelle Rouge-Ducos, *Inventaire de la Série A*, Paris, Archives nationales, 2011.

- Assemblée constituante (juin 1789-30 septembre 1791) [A//1-A//102]
- Assemblée législative (10 octobre 1791-20 septembre 1792) [A//103-A//122]
- Convention nationale (20 septembre 1792-26 octobre 1795) [A//123-A//236/A]
- Consulat [A//236/B-A//336]

— Collection originale des lois provenant du ministère de la Justice (1789-1940) [A//1001-A//1846]

- Lois de la Monarchie constitutionnelle et de la fin de l'Assemblée législative (12 août 1789-20 septembre 1792) [A//1001-A//1021]
- Lois de la Convention (21 septembre 1792-17 ventôse an II) [A//1022/9-A//1022/30]
- Lois du Directoire (15 brumaire an IV-brumaire an VIII) [A//1023-A//1050]
- Lois du Consulat et de l'Empire (8 frimaire an VIII-23 janvier 1814) [A//1051/1-A//1088]
- Lois de la Restauration (2 mai 1814-août 1829) [A//1089-A//1121]
- Lois de la monarchie de Juillet (9 août 1830-30 décembre 1847) [A//1122/A-A//1189/B]
- Lois de la Seconde République et du Second Empire (24 février 1848-3 septembre 1870) [A//1190-A//1357]
- Lois de la Troisième République (4 novembre 1870-23 mai 1940) [A//1358-A//1846]

— Originaux de lois et décrets (juillet 1940-août 1944)

Cet ensemble a été constitué par un versement du ministère de la Justice et par un versement du service législatif de la Présidence du Conseil et recouvre différents producteurs [303].

- État français à Vichy (juillet 1940-août 1944) [A//1847-A//1895]
- France libre et France combattante à Londres (juin 1940-mai 1943) [A//1896-A//1899]

[303] Janine Irigoin, *Collection originale de lois et décrets (juillet 1940-septembre 1944)*, répertoire numérique détaillé, Paris, Archives nationale, 1987.

- Haut Commissariat en Afrique française (13 novembre 1942-5 février 1943), puis Commandement en chef français civil et militaire (5 février-1er juin 1943) [A//1900-A//1901]
- Comité français de libération nationale (3 juin 1943-3 juin 1944), puis Gouvernement provisoire de la République française à Alger (3 juin-9 septembre 1944) [A//1902-A//1912]

Au total, la série A se compose de 1 247 articles, correspondant à 345 mètres linéaires. Les conditions d'accès et de communicabilité peuvent être restreintes en raison de la fragilité de certains documents.

Série C. Archives des Assemblées nationales (1789-2009)

La série C contient les archives des Assemblées nationales successives à partir de la convocation des États généraux [304].

- Assemblées constituant et législative, Convention [C//1-C//386]
- Assemblées du Directoire [C//387-C//598]
- Tribunat et Corps législatif [C//599-C//653]
- Papiers des assemblées de la Révolution et de l'Empire [C//654-C//716]

Pour la période 1870-1914, les dossiers, entrés aux Archives nationales en plusieurs versements au cours des années 1920 et en 1932, 1949, 1950, 1962 et 1979, sont répartis en plusieurs groupes documentaires (Sessions, Élections, Pétitions, Lois et résolutions, Comptabilité). Ces grands ensembles documentaires sont ensuite classés chronologiquement par législature.

— Sessions. Pièces annexes des procès-verbaux, projets et propositions de loi, amendements, rapports et papiers des commissions et des comités spécialisés, papiers des commissions d'enquête parlementaire.

- C//711-C//1163 (1814-1870)
- C//2792-C//3395 (1871-1885)
- C//5368-C//5674 (1885-1902)
- C//7255-C//7775 (1902-1919)

— Élections. Procès-verbaux d'élections, procès-verbaux de synthèses des résultats électoraux.

---

[304] Jean Favier (dir.), *État général des fonds des Archives nationales. Tome II : 1789-1940*, Paris, Archives nationales, 1978.

- C//1164-C//2024 (1814-1870)
- C//3448-C//4100 (1871-1885)
- C//4444-C//5367 (1885-1902)
- C//6011-C//7254 (1902-1919)
- C//10001-C//14628 (1919-1958)

— Pétitions. Pétitions et registres, rôle général.

- C//2025-C//2431 (1814-1870)
- C//4101-C//4398 (1871-1885)
- C//5675/1-C//6010 (1885-1902)
- C//7776-C//8013 (1902-1919)

— Lois et résolutions. Projets de loi adoptés par les assemblées nationales et résolutions signées du président et des secrétaires de l'Assemblée nationale.

- C//2432/1-C//2432/21
- C//3396-C//3447 (1871-1886)
- C//8160-C//8271 (1885-1919)

— Comptabilité. Pièces comptables et correspondances relatives aux dépenses administratives des assemblées.

- C//2433/1-C//2701/1 (1814-1870)
- C//4399-C//4443 (1871-1885)
- C//8014-C//8159 (1886-1920)

— Divers. Groupe documentaire hétérogène versé en 1920.

- C//2702-C//2791/2

— Versement résiduel

- C//8272-C//8303

Pour la Seconde Guerre mondiale et l'immédiat après-guerre, la série s'achève par les deux fonds suivants.

- Assemblée consultative provisoire (ACP) (1943-1945) [C//15247-C//15281]
- Assemblée de l'Union française (AUF) (1947-1959) [C//16110-C//16855, C//17097]

Très volumineuse, la série C représente 15 311 articles, représentant 1,5 kilomètre linéaire de documents. Sur le plan de la communicabilité, ces articles sont librement communicables, à l'exception de certains documents en mauvais état matériel et devant faire l'objet d'un reconditionnement ou d'une restauration.

Sous-série C/I. Procès-verbaux des séances des Assemblées (1789-2009)

La sous-série C/I est constituée des secondes minutes des procès-verbaux des séances des Assemblées nationales, procès-verbaux consignés en registres, formant une collection ininterrompue. La série se compose essentiellement de registres, mais aussi de tables analytiques très utiles pour retrouver des références de textes. L'ensemble représente au total 899 articles, soit 88 mètres linéaires. Les articles sont librement communicables, à l'exception de certains documents en mauvais état ou fragiles, pour lesquels des substituts existent sous forme de microfilms. Cette série est toujours susceptible d'accroissement, grâce aux versements de l'Assemblée nationale.

Sous-série C/II. Enregistrements (1789-1958)

La sous-série C/II est également constituée d'une collection de registres. Ces registres de synthèse, portant sur des sujets variés, forment de grands groupes documentaires.

- Inscription des députés aux législatures
- Sommaire des lettres et pétitions reçues par les Assemblées
- Relevés de décrets
- Enregistrement de dépôts de pièces
- Procès-verbaux des séances des bureaux et commissions
- Enregistrement des pétitions
- Registres de comptabilité
- Résultats des élections
- Procès-verbaux des séances des comités secrets
- Procès-verbaux des séances d'initiative parlementaire
- Procès-verbaux des séances des commissions des pétitions
- Procès-verbaux des séances des commissions d'intérêt local
- Procès-verbaux des séances des commissions des congés
- Procès-verbaux des séances des commissions des XXX
- Composition des bureaux et des commissions
- Répertoire des arrêtés du Président

Outils de travail très précieux, ces registres peuvent servir d'instrument de recherche. La sous-série C/II comprend 1 057 articles, qui représentent

30,85 mètres linéaires. Ces articles sont librement communicables à l'exception de certains documents en mauvais état ou fragiles.

Série CC. Sénat

La série CC regroupe les archives du Sénat et plus largement les archives de la Chambre haute sous les différentes appellations qu'elle a connues à travers les siècles.

- Sénat conservateur et Chambre des Pairs impériale [CC//1-CC//256]
- Chambre et Cour des Pairs royales [CC//257-C//971]
- Procès-verbaux des séances de la Haute Assemblée [CC//972-CC//1366]

Les archives de la Cour des Pairs y forment un important corpus, comprenant ainsi toutes les archives des procès politiques ayant eu lieu sous la Restauration et la monarchie de Juillet [CC//499-CC//852].

La série CC comprend de nombreux procès-verbaux de séances sous forme de registres, des projets de lois avec des pièces annexes, des papiers de la Liste civile, de la correspondance, ainsi qu'un bel ensemble de cartes et plans à l'aquarelle à l'appui des grands travaux publics entrepris sous la monarchie de Juillet. Après 1848, les archives sont toujours conservées au Palais du Luxembourg, à l'exception de deux catégories de documents :

- les secondes minutes des procès-verbaux de séances (série interrompue depuis l'an VIII)
- les pétitions du Second Empire adressées à la Chambre haute de 1852 à 1870.

Les principaux groupes documentaires de la série CC sont les suivants :

- CC//257. Procès-verbaux authentiques. Pièces annexes. Hommages.
- CC//258-C//327. Procès-verbaux authentiques des séances de la Chambre des Pairs (1815-1848).
- CC//328-C//354. Procès-verbaux des séances de la Chambre des Pairs (minutes non authentiques) (1814-1831).
- CC//355-C//356. Procès-verbaux des séances secrètes (1830-1847).
- CC//357-CC//392. Lois votées par les députés, adoptées ou rejetées par les Pairs (originaux) (1814-1847).
- CC//393. Documents communiqués à la Chambre des Pairs à l'appui des projets de lois et des exposés (1841-1848).

- CC//394-CC//421. Pièces et plans à l'appui de divers projets de loi.
- CC//422-C//476. Pétitions adressées à la Chambre des Pairs (1815-1848).
- CC//477/1-C//477/10. Registres d'enregistrement à l'usage du Comité des pétitions.
- CC//478/1-C//486/11. Pétitions adressées au Sénat (1852-1870).
- CC//487-C//498. Composition de la Chambre des Pairs (ordonnances et pièces annexes).
- CC//499-C//852. Procès politiques de la Cour des Pairs (1815-1847).
- CC//853-C//857. Organisation de la Chambre des Pairs.
- CC//858. Administration de la Chambre des Pairs.
- CC//859-C//862. Juridiction particulière.
- CC//863-C//959. Dépôts légaux.
- CC//960-C//963. Registre de transcription des lettres patentes de Pairie (Restauration).
- CC//964. Modèles de lettres patentes.
- CC//965-C//971. Registres divers.
- CC//972-C//986. Procès-verbaux du Sénat conservateur (secondes minutes).
- CC//987-C//1034. Procès-verbaux de la Chambre des Pairs (secondes minutes).
- CC//1035-C//1161. Procès-verbaux du Sénat de la IIIe République (secondes minutes).
- CC//1162-C//1187. Procès-verbaux du Conseil de la République (secondes minutes).
- CC//1188-C//1191/1. Procès-verbaux du Sénat de la Ve République (secondes minutes).
- CC//1191/2. Procès-verbaux du Sénat de la Communauté (secondes minutes).
- CC//1192-C//1366. Procès-verbaux du Sénat de la Ve République (secondes minutes).

La série CC conserve 1 366 articles, représentant 169 mètres linéaires. Ces documents sont librement communicables, à l'exception de certains documents fragiles. La série CC est susceptible d'accroissement, grâce aux versements par le Sénat des secondes minutes des procès-verbaux authentiques des séances.

Série CE. Conseil économique, social et environnemental (CESE)

Les archives du CESE débutent en 1925 avec la création du Conseil national économique, devenu Conseil économique et social, puis Conseil économique, social et environnemental en 2008.

- CE//1-CE//9. Assemblée générale, commission permanente, commissions (1925-1939).
- CE//10-CE//38. Sections professionnelles (1936-1939).
- CE//39-CE//42. Questions agricoles (1931-1938).
- CE//43-CE//70. Organisation du Conseil national économique : création (1925-1936), réorganisation (1936-1939), fonctionnement (1925-1939).
- CE//71-CE//93. Sessions de l'assemblée générale (1925-1939).
- CE//94-CE//99. Séances de la Commission permanente (1925-1939).
- CE//100-CE//147. Travaux du Conseil national économique : enquêtes.
- CE//148-CE//167. Travaux du Conseil national économique : avis.
- CE//168-CE//172. Divers.
- CE//173-CE//197. Organisation du Conseil économique (1947-1959).
- CE//198-CE//200. Présidence (1947-1958).
- CE//201-CE//205. Secrétariat général (1947-1958).
- CE//206-CE//232. Réunions du Bureau (1947-1959).
- CE//233. Réunions des présidents de groupe (1947-1958).
- CE//234-CE//236. Assemblées plénières (1949-1959).
- CE//237-CE//242. Séances du Conseil économique (1954-1956).
- CE//243. Avis du Conseil économique imprimés par l'Assemblée nationale (1947-1954).
- CE//244. Rapports de la Commission des investissements (1948-1956).
- CE//245-CE//302. Correspondance (1947-1959).
- CE//303-CE//648. Travaux des commissions (1947-1959).

La série CE comporte 654 articles, représentant 72 mètres linéaires.

2. Les fonds conservés sous forme de versements continus

Conservés auparavant sur le site de Fontainebleau des Archives nationales, les versements constituant la seconde grande partie des archives parlementaires ont rejoint le site de Pierrefitte-sur-Seine lors des opérations de déménagement des années 2012-2013. Facilement reconnaissables, ces cotes dites continues se composent toutes de quatre premiers chiffres correspondant à l'année de versement et de quatre derniers chiffres représentant le numéro d'ordre du versement dans l'année. Ainsi, « 20060004 » est le 4e versement de l'année 2006.

Assemblée nationale

Les 23 versements provenant de l'Assemblée nationale représentent 1 501 articles, soit 479 mètres linéaires. Versés aux Archives nationales entre 1979 et 2006, ils constituent trois grands ensembles documentaires :

- Procès-verbaux communaux des élections législatives (partielles et générales) (1919-1958) : procès-verbaux d'élections par département.
- Procès-verbaux des commissions pour les différentes législatures de la Ve République, de la Ire à la Xe législature (1959-1997) : composition et fonctionnement des six commissions permanentes ; procès-verbaux de séances des commissions permanentes, des commissions mixtes paritaires et des commissions spéciales.

La loi du 15 juillet 2008 rend ces archives librement communicables après un délai de 25 ans, à l'exception des dossiers des commissions de la Défense nationale et des forces armées et de la Commission des affaires étrangères pour lesquelles le délai est porté à 50 ans.

- Archives du service de la Séance, Ire à Xe législature (1959-1997) : dossiers des scrutins et nominations ; messages, communications et allocutions ; textes adoptés : dossiers de séance et vélins ; textes non adoptés ; motions de censure ; rapports parlementaires ; budgets ; rapports extraparlementaires.

Ces dossiers sont communicables à l'issue d'un délai de 25 ans, à l'exception des dossiers relatifs aux demandes de levée d'immunité parlementaire (50 ans).

Conseil économique, social et environnemental

Depuis sa création par décret du 16 janvier 1925, le CESE a effectué 14 versements aux Archives nationales entre 1952 et 2009, représentant aujourd'hui 711 articles, soit 208 mètres linéaires. Ces versements proviennent des trois entités successives :

- Conseil national économique (1925-1940) : 2 versements.
- Dossiers de l'Assemblée générale, de la Commission permanente, des commissions d'enquête et des sections professionnelles.

Ces archives sont librement communicables.

- Conseil économique (1946-1959) : 2 versements.
- Fonctionnement et organisation du Conseil économique avec ses différentes instances (règlement intérieur, Présidence, Secrétariat général, réunion du Bureau, assemblées plénières) ; travaux des commissions (procès-verbaux, rapports).

Ces archives sont librement communicables.

- Conseil économique et social (1960-2008) : 11 versements.
- Fonds de la Présidence et du Secrétariat général ; séances du Bureau ; archives des conseillers ; dossiers des séances plénières ; archives des sections (fonctionnement et activités, procès-verbaux de réunions) ; relations extérieures.

Ces dossiers sont librement communicables à l'exception des délais de communication des archives publiques prévus par la loi du 15 juillet 2008.

***

Répartis entre séries du cadre de classement et versements dits en cotation continue, les fonds d'archives parlementaires conservés aux Archives nationales constituent donc, en 2015, un ensemble tout à fait considérable de 27 433 articles, qui occupent 3,5 kilomètres linéaires de rayonnages.

Les outils d'orientation proposés dans cette masse documentaire se répartissent entre ressources en ligne (conseils d'aide à la recherche, fiches descriptives du plan d'orientation général des fonds, inventaires dématérialisés, consultables dans la salle des inventaires virtuelle du site Internet de l'institution) et instruments de recherche imprimés (guides, répertoires numériques, bordereaux de versement) en libre accès dans la salle des inventaires du site de Pierrefitte-sur-Seine.

La genèse de la loi : promenade virtuelle dans les sources des lois sur le travail

Roseline Salmon
Conservateur en chef du patrimoine, Archives nationales,
Département de l'Exécutif et du Législatif

Proposer sur la genèse de la loi une promenade virtuelle illustrée par quelques dizaines de documents conservés dans le pôle « Assemblées parlementaires et consultatives » du département de l'Exécutif et du Législatif des Archives nationales peut sembler une gageure. En effet, comment choisir dans la multitude de documents qui participent au processus d'élaboration de la loi ? Quels textes privilégier, de la période révolutionnaire à la Ve République, pour montrer les continuités, les évolutions, les ruptures ? Comment sélectionner des documents dans les dossiers sans dénaturer l'activité de l'Administration et du Parlement ?

La lecture du programme *Les archives et la genèse des lois* a simplifié l'exercice. Plusieurs participants ayant retenu pour leur intervention la notion de « loi et travail », prendre cette thématique a semblé correspondre aux attentes du colloque. Ce sujet est vite devenu un défi à relever face à l'ampleur des découvertes. Le résultat final est forcément subjectif et critiquable.

Les documents présentés appartiennent tous aux séries relevant de la responsabilité du pôle. Il convient de souligner la richesse et de la diversité des archives des autres pôles du département de l'Exécutif et du Législatif, susceptibles d'éclairer le propos.

Ni florilège de documents, ni strict reflet de l'histoire des lois sur le travail, cette promenade virtuelle est l'occasion de mettre l'accent sur la diversité et les multiples provenances des documents produits et détenus par les assemblées parlementaires et consultatives. Permettre une meilleure compréhension du fonctionnement des institutions chargées de la rédaction des lois sur le travail, montrer leurs relations étroites et leur complémentarité, tels sont les principaux objectifs de cette présentation.

1. Loi relative aux assemblées d'ouvriers et artisans de même état et profession, 17 juin 1791

La suppression des corporations, l'un des symboles du régime absolutiste, est votée en mars 1791. Cependant, l'application du décret d'Allarde se heurte à de nombreuses oppositions. Lors de la séance du 14 juin 1791, Isaac Le Chapelier, membre du Comité de Constitution, expose que « des mal intentionnés cherchaient à égarer des artisans de toutes les professions, que pour y parvenir ils les avaient induits à s'assembler en corporations ». Des incidents sont signalés à Orléans et Paris. Il importe de consacrer par un décret « de nouveau le principe de l'Assemblée ». Les huit articles, après la discussion de divers amendements, sont adoptés et leur impression ordonnée.

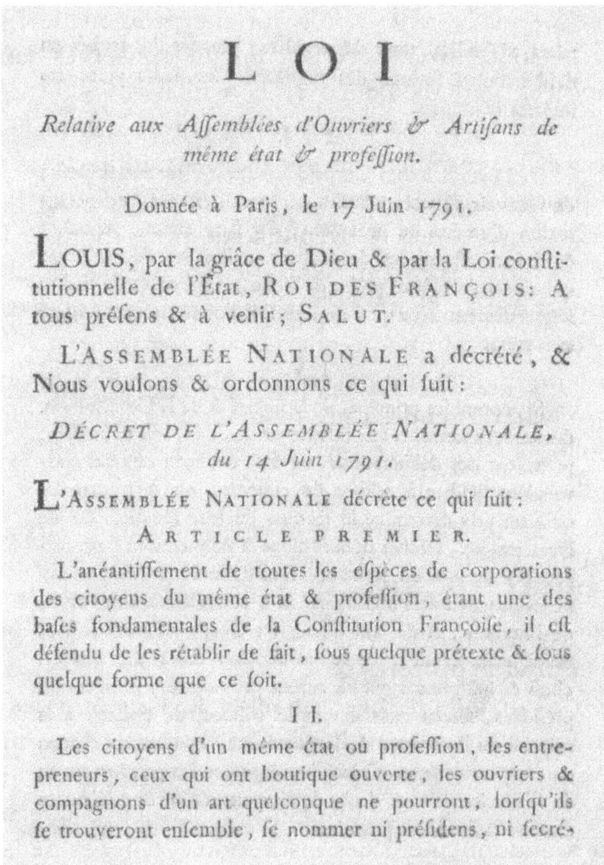

LOI

Relative aux Aſſemblées d'Ouvriers & Artiſans de même état & profeſſion.

Donnée à Paris, le 17 Juin 1791.

LOUIS, par la grâce de Dieu & par la Loi conſtitutionnelle de l'État, ROI DES FRANÇOIS : A tous préſens & à venir ; SALUT.

L'ASSEMBLÉE NATIONALE a décrété, & Nous voulons & ordonnons ce qui ſuit :

DÉCRET DE L'ASSEMBLÉE NATIONALE, du 14 Juin 1791.

L'ASSEMBLÉE NATIONALE décrète ce qui ſuit :

ARTICLE PREMIER.

L'anéantiſſement de toutes les eſpèces de corporations des citoyens du même état & profeſſion, étant une des baſes fondamentales de la Conſtitution Françoiſe, il eſt défendu de les rétablir de fait, ſous quelque prétexte & ſous quelque forme que ce ſoit.

II.

Les citoyens d'un même état ou profeſſion, les entrepreneurs, ceux qui ont boutique ouverte, les ouvriers & compagnons d'un art quelconque ne pourront, lorſqu'ils ſe trouveront enſemble, ſe nommer ni préſidens, ni ſecré-

1a

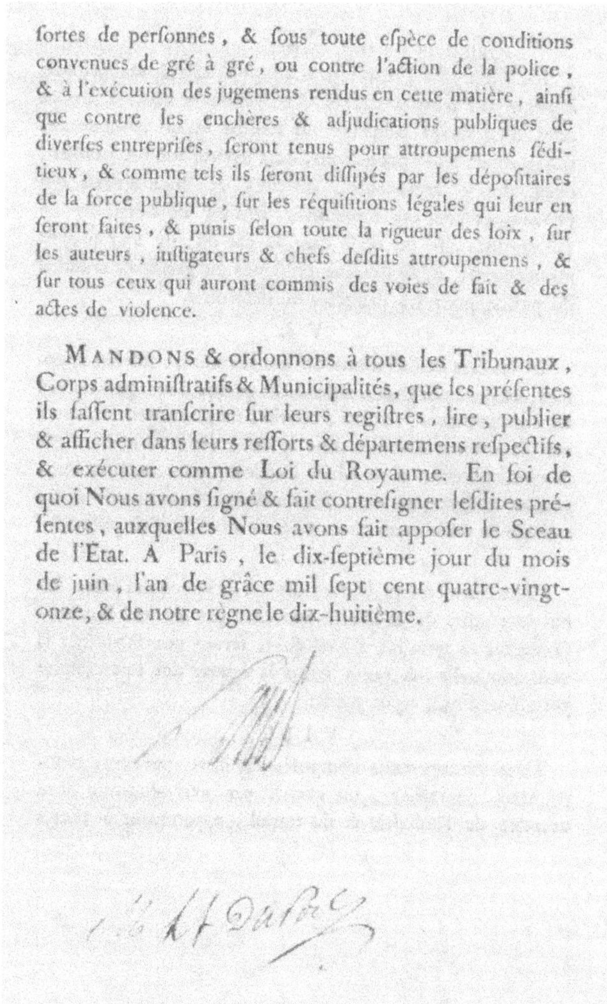

ſortes de perſonnes, & ſous toute eſpèce de conditions convenues de gré à gré, ou contre l'action de la police, & à l'exécution des jugemens rendus en cette matière, ainſi que contre les enchères & adjudications publiques de diverſes entrepriſes, ſeront tenus pour attroupemens ſéditieux, & comme tels ils ſeront diſſipés par les dépoſitaires de la force publique, ſur les réquiſitions légales qui leur en ſeront faites, & punis ſelon toute la rigueur des loix, ſur les auteurs, inſtigateurs & chefs deſdits attroupemens, & ſur tous ceux qui auront commis des voies de fait & des actes de violence.

MANDONS & ordonnons à tous les Tribunaux, Corps adminiſtratifs & Municipalités, que les préſentes ils faſſent tranſcrire ſur leurs regiſtres, lire, publier & afficher dans leurs reſſorts & départemens reſpectifs, & exécuter comme Loi du Royaume. En foi de quoi Nous avons ſigné & fait contreſigner leſdites préſentes, auxquelles Nous avons fait appoſer le Sceau de l'Etat. A Paris, le dix-ſeptième jour du mois de juin, l'an de grâce mil ſept cent quatre-vingt-onze, & de notre règne le dix-huitième.

1b

Illustrations 1a, 1b. Ce texte de loi où figurent les signatures de Louis XVI et de Duport, ministre de la Justice, fait partie de la collection originale des lois conservées par le ministère de la Justice chargé d'en assurer la promulgation et l'envoi. Arch. nat., A//1011.

2. Institution et nomination des prud'hommes à Lyon, 18 mars 1806

Les conseils de prud'hommes, chargés de trancher des litiges liés au travail, sont fort anciens. Mais la loi créant un conseil de prud'hommes date seulement du Premier Empire. Le premier conseil de prud'hommes siège à Lyon, ville choisie en raison de sa grande activité économique. L'article 6 de la loi est ainsi rédigé : « Le Conseil de prud'hommes est institué pour terminer par la voye de conciliation, les petits différens qui s'élèvent journellement, soit entre les fabricans et des ouvriers, soit entre des chefs d'atelier et des compagnons ou apprentis ». Le 18 mars 1806, 229 voix se prononcent pour l'adoption et une voix pour le rejet.

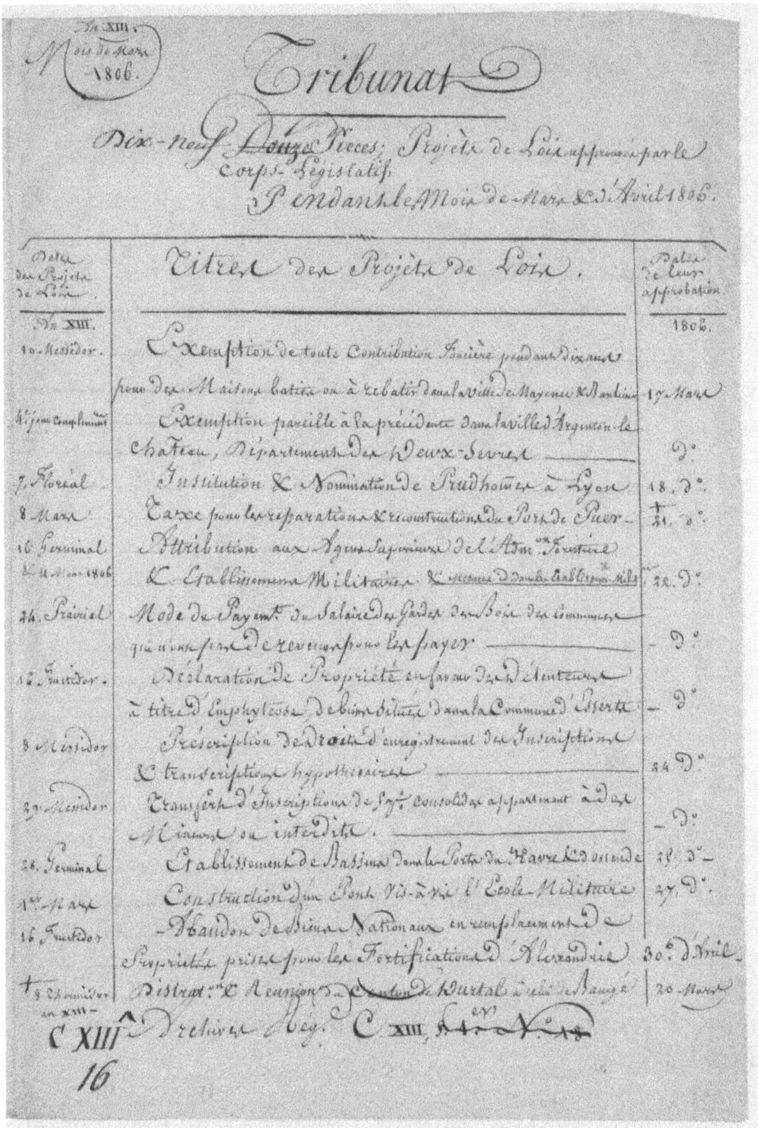

An XIII. Mois de Mars 1806.

Tribunat

Dix-neuf ~~Douze~~ Pièces ; Projets de Loix approuvés par le Corps Législatif Pendant le Mois de Mars & d'Avril 1806.

Dates des Projets de Loix. An XIII.	Titres des Projets de Loix.	Dates de leur approbation. 1806.
10. Messidor.	Exemption de toute Contribution Foncière pendant dix ans pour des Maisons baties ou à rebatir dans la Ville de Mayence & Bonlieu	17 Mars
4e jour complément.	Exemption pareille à la précédente dans la ville d'Argenton-le-Chateau, Département des Deux-Sèvres	D°
7. Floréal	Institution & Nomination de Prudhommes à Lyon	18. D°
8 Mars	Taxe pour les réparations & reconstruction du Port de Pierr-	21. D°
16 Germinal & 11 Mars 1806	Attribution aux Agens Supérieurs de l'Admon Forestière & Etablissements Militaires	22. D°
24. Prairial	Mode de Paymt du Salaire des Gardes des Bois des communes qui n'ont pas de revenus pour les payer	D°
16 Messidor.	Déclaration de Propriété en faveur des Détenteurs à titre d'Emphytéose, de biens situés dans la Commune d'Esserts	D°
8 Messidor	Prescription de droits d'enregistrement des Inscriptions & transcriptions hypothécaires	24 D°
29 Messidor	Transfert d'Inscriptions de 5 p% consolidés appartenant à des Mineurs ou interdits.	D°
28. Germinal	Etablissement de Bassins dans le Port du Havre	25 D°
1er Mars	Construction d'un Pont vis-à-vis l'Ecole Militaire	27. D°
16 Fructidor	Abandon de Biens Nationaux en remplacement de Propriétés prises pour les Fortifications d'Alexandrie	30. d'Avril.
8 Thermidor an XIII	Distract.on & Réunion du Canton de Durtal à celui de Baugé	20 Mars

C XIII 16 — Archives Rég. C XIII

2a

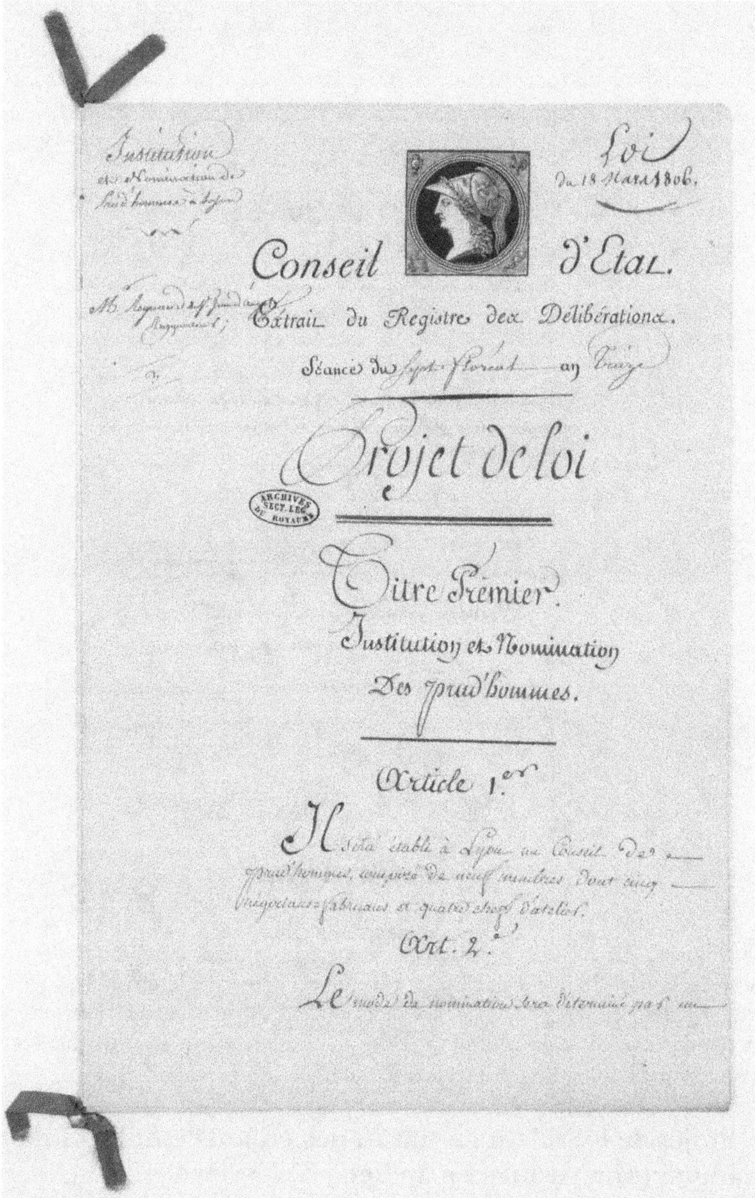
Institution et Nomination de prud'hommes à Lyon

Loi du 18 Mars 1806.

Conseil d'Etat.

Extrait du Registre des Délibérations.

Séance du sept floréal an treize

Projet de loi

Titre Premier.

Institution et Nomination des prud'hommes.

Article 1er

Il sera établi à Lyon un Conseil de prud'hommes, composé de neuf membres dont cinq négociants fabricants et quatre chefs d'atelier.

Art. 2.

Le mode de nomination sera déterminé par ...

2b

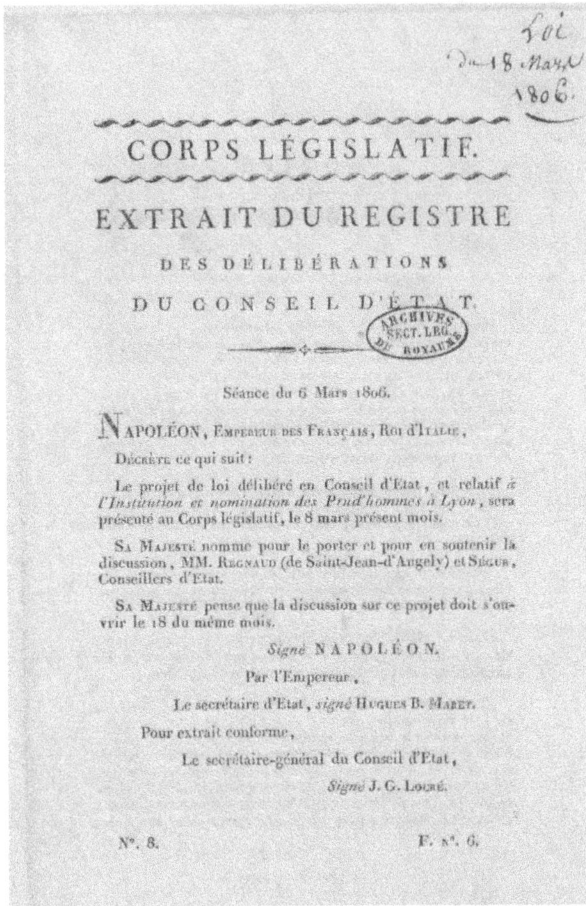

Loi du 18 Mars 1806.

CORPS LÉGISLATIF.

EXTRAIT DU REGISTRE

DES DÉLIBÉRATIONS

DU CONSEIL D'ÉTAT.

ARCHIVES SECT. LEG. DU ROYAUME

Séance du 6 Mars 1806.

NAPOLÉON, EMPEREUR DES FRANÇAIS, ROI d'ITALIE,

DÉCRÈTE ce qui suit :

Le projet de loi délibéré en Conseil d'Etat, et relatif *à l'Institution et nomination des Prud'hommes à Lyon*, sera présenté au Corps législatif, le 8 mars présent mois.

SA MAJESTÉ nomme pour le porter et pour en soutenir la discussion, MM. REGNAUD (de Saint-Jean-d'Angely) et SÉGUR, Conseillers d'Etat.

SA MAJESTÉ pense que la discussion sur ce projet doit s'ouvrir le 18 du même mois.

Signé NAPOLÉON.

Par l'Empereur,

Le secrétaire d'Etat, *signé* HUGUES B. MARET.

Pour extrait conforme,

Le secrétaire-général du Conseil d'Etat,

Signé J. G. LOCRÉ.

N°. 8. F. n°. 6.

2c

Illustrations 2a, 2b, 2c. Appartenant à une typologie de documents très répandue dans les archives, la liste établie au Tribunat résume en une page le travail législatif approuvé par le Corps législatif en mars et avril 1806. Les extraits du registre des délibérations du Conseil d'État témoignent du rôle central de cette institution et de ses membres sous le Premier Empire. Arch. nat., C//630 (les trois documents).

3. Projet de loi relatif au travail des enfants employés dans les manufactures, usines ou ateliers, 23 février 1841

Les travaux de Charles Dupin et du docteur Villermé parus en 1840 confortent la nécessité de légiférer sur le travail des enfants dans les manufactures, réalité que l'industrialisation fait éclater au grand jour. Entraver la liberté du travail et porter atteinte à la puissance paternelle paraissent inconcevables à la société louis-philipparde. Aussi, lors de la séance du 12 janvier 1841, le ministre Cunin-Gridaine explique-t-il que « la puissance paternelle n'est pas le droit brutal d'exploiter les forces de l'enfance, de paralyser le développement de ses facultés, de vendre sa santé et sa vie ». Entre les deux sessions de 1840 et 1841, une enquête est conduite auprès des conseils généraux, des préfets, des chambres du commerce et des manufactures, des conseils des prud'hommes ainsi qu'à l'étranger pour s'assurer de leur position.

Après plus d'une année de difficiles discussions, le projet de loi est adopté le 22 mars 1841. Les différents documents proposés permettent de suivre, grâce aux minutes du projet, aux résolutions, aux adresses du Roi, la genèse du texte à la Chambre des Pairs et à la Chambre des députés.

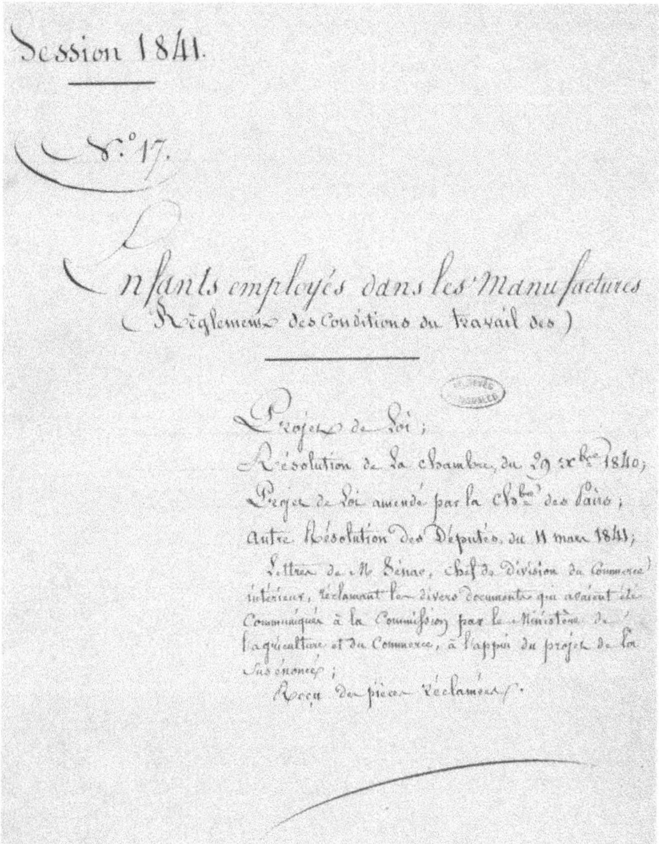
Session 1841.

N.° 17.

Enfants employés dans les Manufactures
(Réglement des Conditions du travail des)

Projet de Loi ;
Résolution de la Chambre, du 29 xbre 1840 ;
Projet de loi amendé par la Chbre des Pairs ;
Autre Résolution des Députés, du 11 mars 1841 ;
Lettre de M. Sénac, Chef de Division du Commerce intérieur, réclamant les divers documents qui avaient été communiqués à la Commission par le Ministère de l'agriculture et du Commerce, à l'appui du projet de loi sus énoncé ;
Reçu des pièces réclamées.

3a

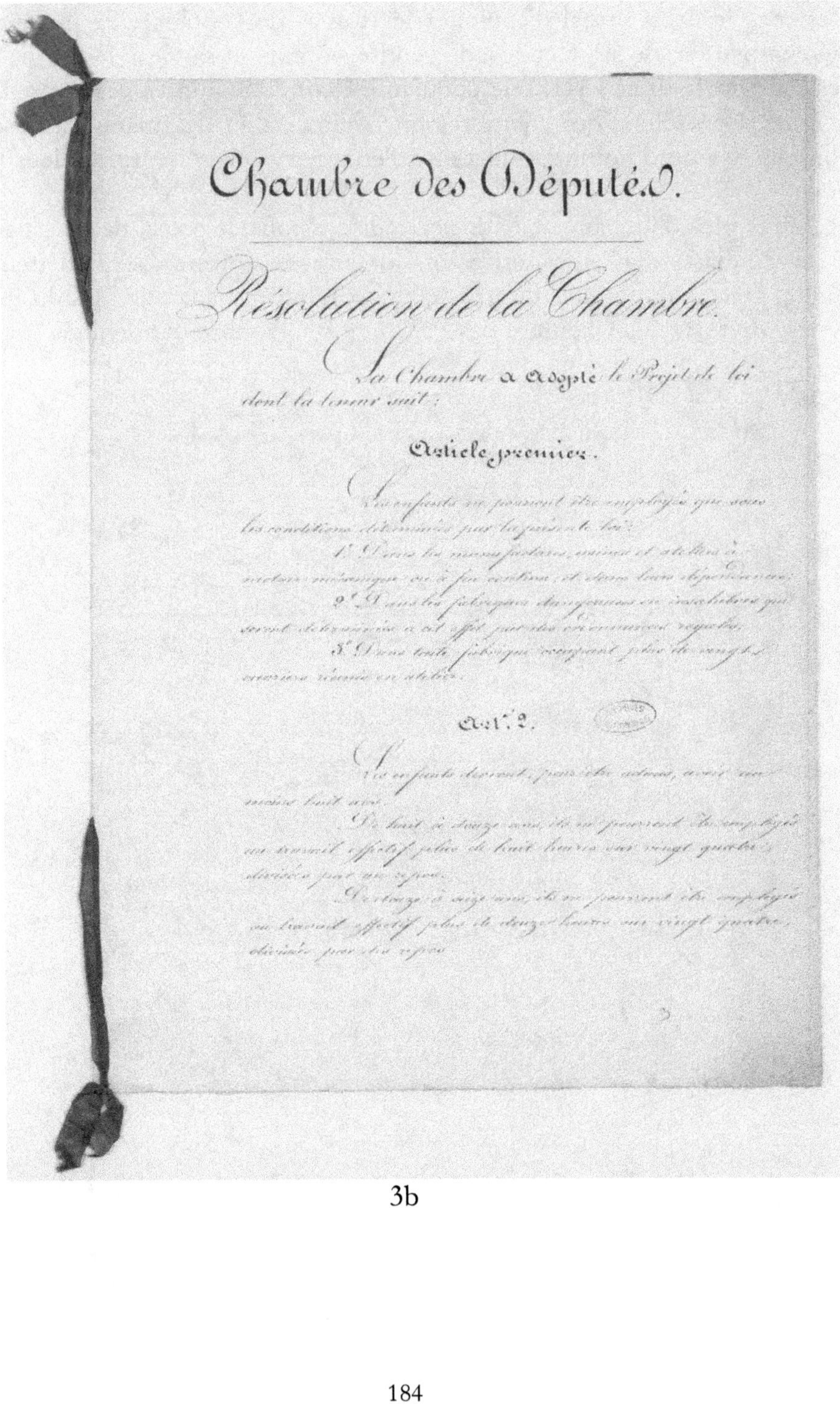
Chambre des Députés.

Résolution de la Chambre.

La Chambre a adopté le Projet de loi dont la teneur suit :

Article premier.

Les enfants ne pourront être employés que sous les conditions déterminées par la présente loi :

1° Dans les manufactures, usines et ateliers à moteur mécanique ou à feu continu, et dans leurs dépendances ;

2° Dans les fabriques dangereuses ou insalubres qui seront déterminées à cet effet par des ordonnances royales.

3° Dans toute fabrique occupant plus de vingt ouvriers réunis en atelier.

Art. 2.

Les enfants devront, pour être admis, avoir au moins huit ans.

De huit à douze ans, ils ne pourront être employés au travail effectif plus de huit heures sur vingt quatre, divisées par un repos.

De douze à seize ans, ils ne pourront être employés au travail effectif plus de douze heures sur vingt quatre, divisées par des repos.

3b

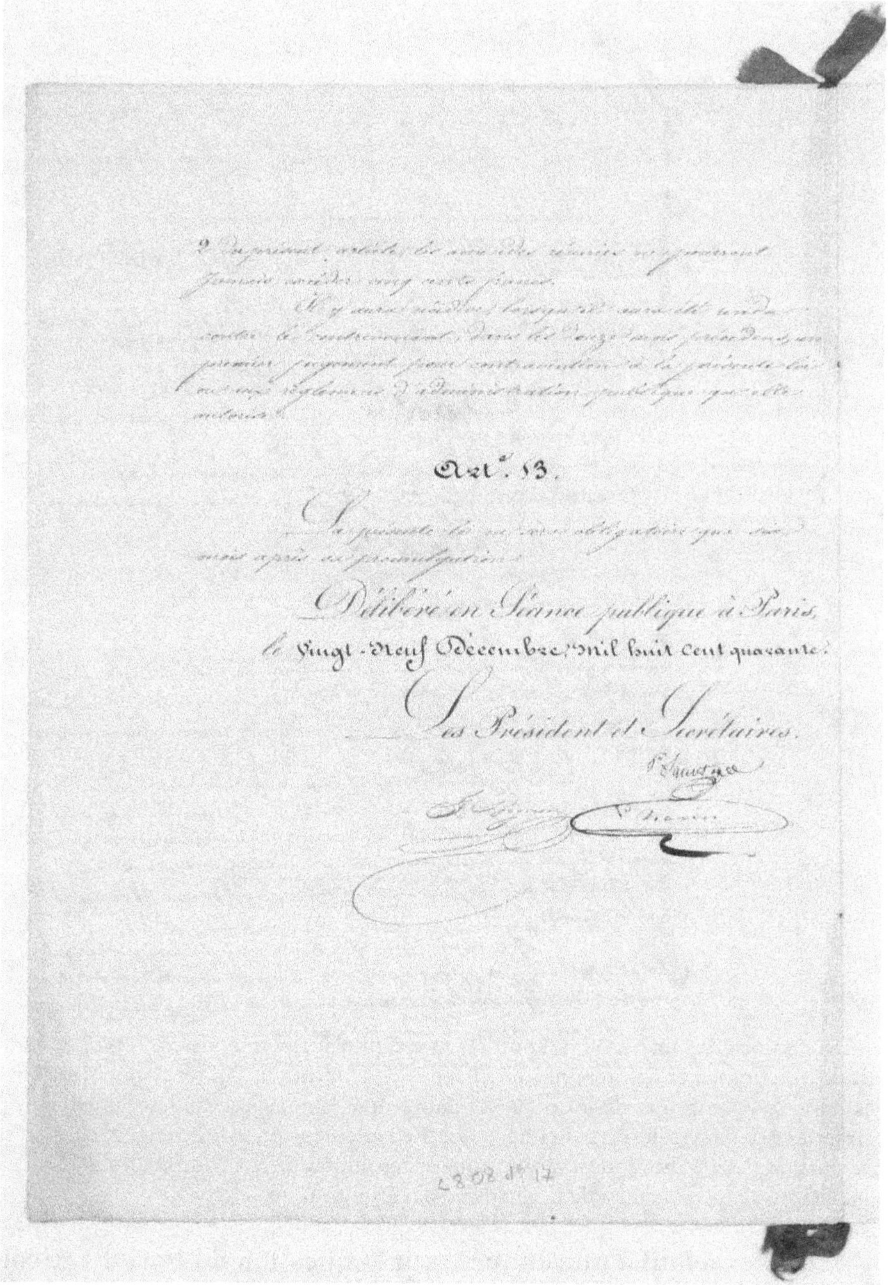

2 du présent article, les amendes réunies ne pourront jamais excéder cinq cents francs.

Il y aura récidive, lorsqu'il aura été rendu contre le contrevenant, dans les douze mois précédents, un premier jugement pour contravention à la présente loi ou aux règlements d'administration publique qu'elle autorise.

Art. 13.

La présente loi ne sera obligatoire que six mois après sa promulgation.

Délibéré en Séance publique à Paris, le Vingt-Neuf Décembre, Mil huit cent quarante.

Les Président et Secrétaires.

3c

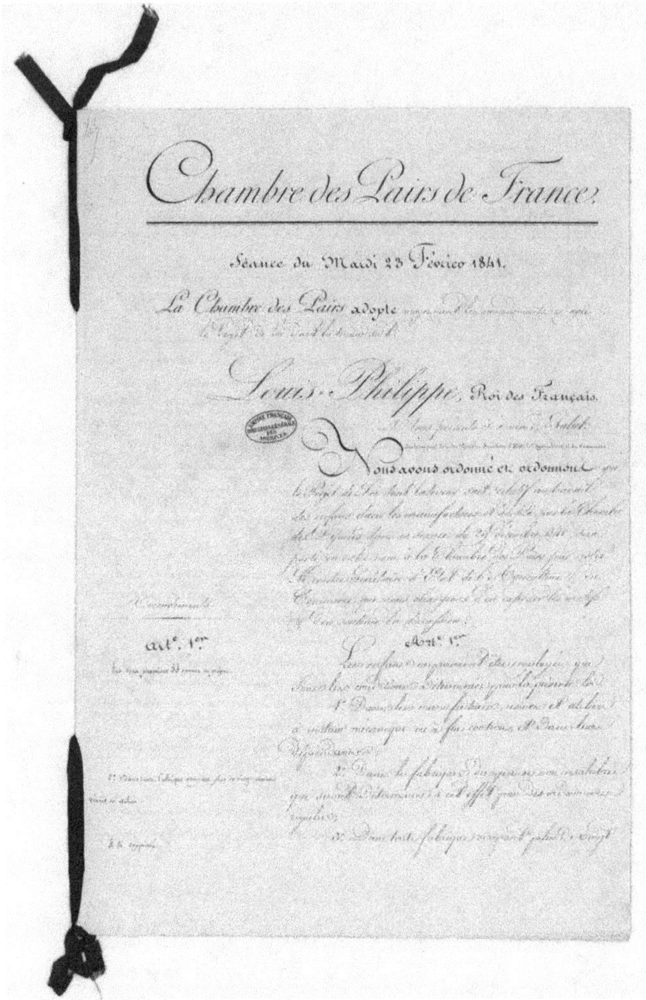
Chambre des Pairs de France.

Séance du Mardi 23 Février 1841.

La Chambre des Pairs adopte

Louis-Philippe, Roi des Français.

Nous avons ordonné et ordonnons

Art. 1er

3d

Illustrations 3a, 3b, 3c, 3d. Le bordereau récapitulatif permet de conserver ensemble les pièces d'un dossier et de prendre connaissance de leur intitulé. La résolution de la Chambre des députés et le projet de loi de la Chambre des Pairs avec les amendements en marge permettent de suivre le parcours de la loi au Parlement et son évolution dans le temps. Arch. nat., C//809 (bordereau récapitulatif et résolution de la Chambre des députés). Arch. nat., CC//381 (projet de loi de la Chambre des Pairs).

4. Décret relatif à une enquête sur la question du travail agricole et industriel, 25 mai 1848

Le début de la Seconde République, avec la naissance des ateliers nationaux ou la création du Comité du travail, est un moment important dans l'histoire du travail. La République suscite plusieurs enquêtes destinées à l'amélioration des conditions de vie des travailleurs. La plus importante reste celle sur le travail agricole et industriel adoptée par décret de l'Assemblée nationale en mai 1848. Elle est organisée par canton. Deux tableaux sur lesquels sont consignés vingt-six questions sont envoyés dans les départements. Elles portent sur la condition de vie des ouvriers, les salaires, le chômage, les associations, le travail nocturne, l'émigration vers les villes, etc. Deux autres enquêtes parlementaires complètent la connaissance du monde ouvrier dans la seconde moitié du XIXe siècle : « La situation des classes ouvrières » et « La situation des ouvriers en France ».

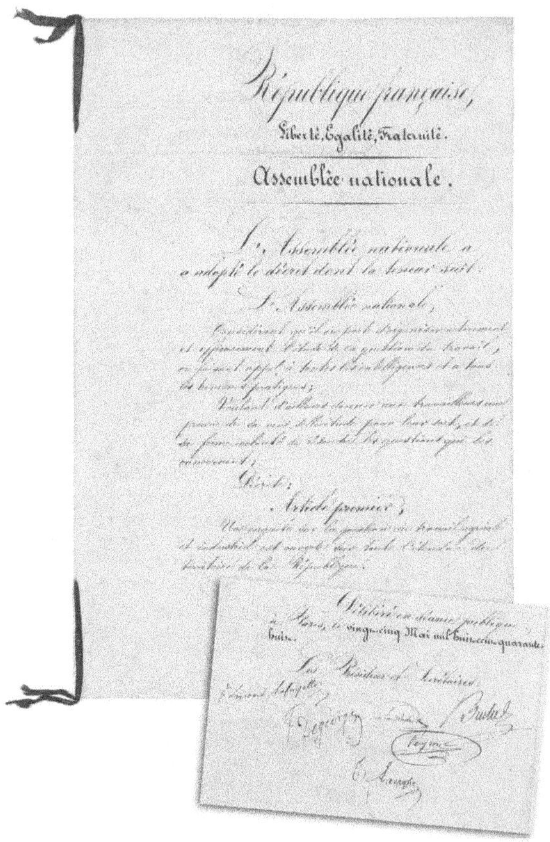
République française,
Liberté, Égalité, Fraternité.
Assemblée nationale.
L'Assemblée nationale a adopté le décret dont la teneur suit :
L'Assemblée nationale,
Décrète :
Article premier ;
Délibéré en séance publique, à Paris, le vingt-cinq Mai mil huit cent quarante-huit.
Les Président et Secrétaires

4

Illustration 4. Ce décret est conservé dans les « Lois et résolutions » rangées par ordre de numéro (C//2432/1 à 21). L'enquête classée par département et par canton comporte de nombreuses correspondances qui éclairent son déroulement et les difficultés rencontrées (C//943 à 969). Arch. nat., C//2432/1.

5. Loi sur les coalitions. Modification des articles 414, 415 et 416 du Code pénal relatifs aux coalitions des patrons et d'ouvriers, 25 mai 1864

La loi Le Chapelier punit toute délibération, toute entente sur les conditions de travail : patrons s'associant pour faire baisser les prix des journées de travail ou ouvriers pour les faire augmenter commettent un délit de coalition. Le Code pénal de 1810 assimile la cessation concertée de travail, même sans violence ou fraude, à un délit. La loi votée le 25 mai 1864 représente donc un tournant majeur de l'histoire du droit du travail. Elle autorise les coalitions en modifiant plusieurs articles du Code pénal. À condition de respecter certaines conditions, la grève devient possible. Émile Ollivier, son auteur, est député au Corps législatif depuis 1857.

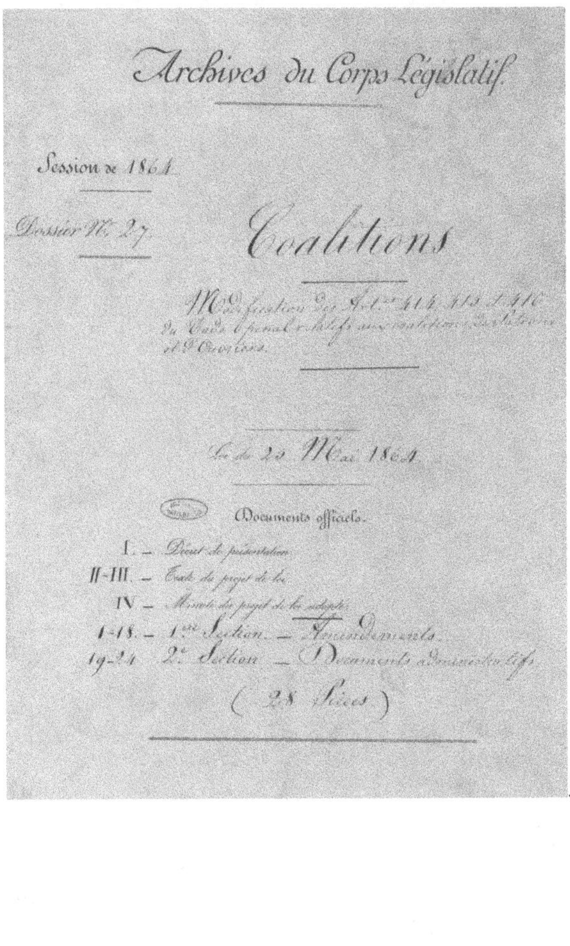

5a

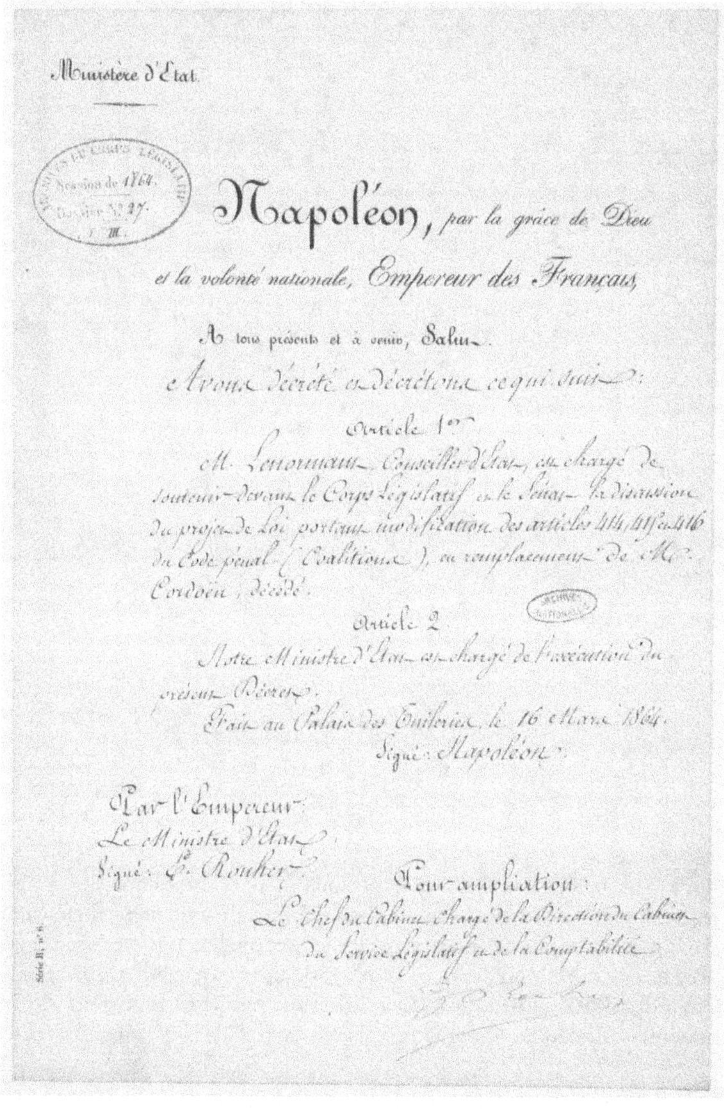
Ministère d'État

Session de 1864
Dossier N° 27

Napoléon, par la grâce de Dieu et la volonté nationale, Empereur des Français,

A tous présents et à venir, Salut.

Avons décrété et décrétons ce qui suit :

Article 1er

M. Lenormant Conseiller d'État, est chargé de soutenir devant le Corps Législatif et le Sénat la discussion du projet de Loi portant modification des articles 414, 415 et 416 du Code pénal (Coalitions), en remplacement de M. Cordoën, décédé.

Article 2

Notre Ministre d'État est chargé de l'exécution du présent Décret.

Fait au Palais des Tuileries, le 16 Mars 1864.

Signé : Napoléon.

Par l'Empereur :
Le Ministre d'État
Signé : E. Rouher.

Pour ampliation :
Le Chef du Cabinet chargé de la Direction du Cabinet du Service Législatif et de la Comptabilité

5b

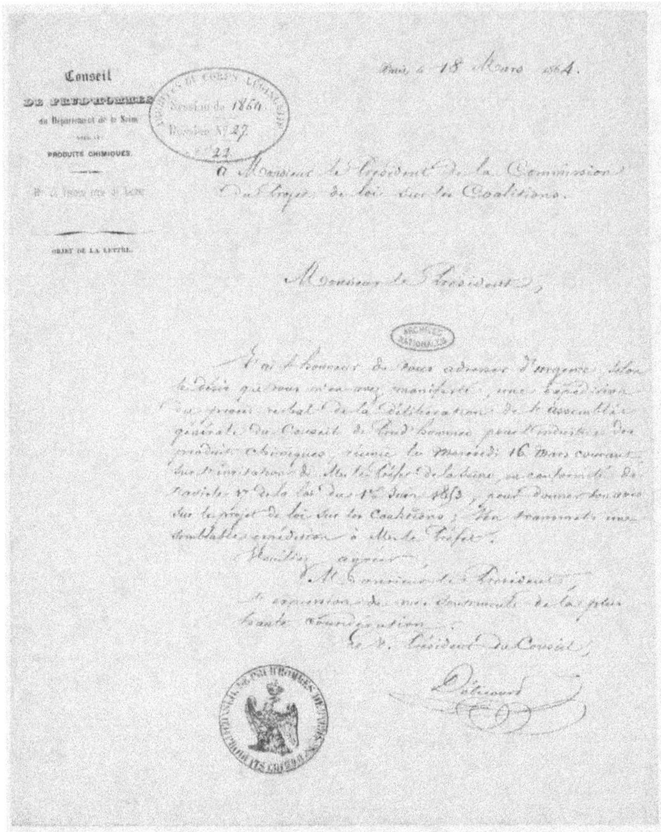

Conseil
de Prud'hommes
du Département de la Seine
Produits chimiques

Paris le 18 Mars 1864.

A Monsieur le Président de la Commission du Projet de loi sur les Coalitions.

Monsieur le Président,

J'ai l'honneur de vous adresser d'urgence, selon le désir que vous m'en avez manifesté, une expédition du procès verbal de la délibération de l'assemblée générale du Conseil de Prud'hommes pour l'industrie des produits chimiques, réunie le mercredi 16 mars courant sur l'invitation de M. le Préfet de la Seine, en conformité de l'article 17 de la loi du 1er juin 1853, pour donner son avis sur le projet de loi sur les Coalitions ; j'en transmets une semblable expédition à M. le Préfet.

Veuillez agréer, M. le Président, l'expression de mes sentiments de la plus haute considération.

Le Président du Conseil,

5c

Illustrations 5a, 5b, 5c. Au XIXe siècle et sous la IIIe République, les archives des Assemblées sont classées par session. Le chef du cabinet du ministère d'État compte parmi ses attributions le Service législatif. Aux Archives nationales, une section législative a également été instaurée comme un service à part entière, preuve de l'importance grandissante du « Législatif » dans l'Administration. Les différents tampons montrent l'intérêt porté au bon fonctionnement du circuit administratif. Arch. nat., C//1096/A.

6. Pétitionnement en faveur de la réduction des heures de travail, 30 janvier 1881

Dès le début de la Révolution, adresses et pétitions sont envoyées à l'Assemblée. Sous la Restauration et la monarchie de Juillet, elles deviennent un rouage essentiel du régime parlementaire censitaire. La Chambre des Pairs et la Chambre des députés en reçoivent des milliers. Une commission est chargée de leur examen. Jusqu'à la Première Guerre mondiale, les pétitions sont le reflet des grands débats politiques, économiques ou sociaux du pays.

Cette pétition est adoptée lors d'une réunion tenue le 30 janvier 1881 à Lyon à l'initiative de la Chambre syndicale des tisseurs lyonnais. Elle est signée par des ouvriers du textile de la région lyonnaise et de Normandie, où cette industrie est prépondérante. Les Archives nationales conservent de nombreuses pétitions sur ce sujet.

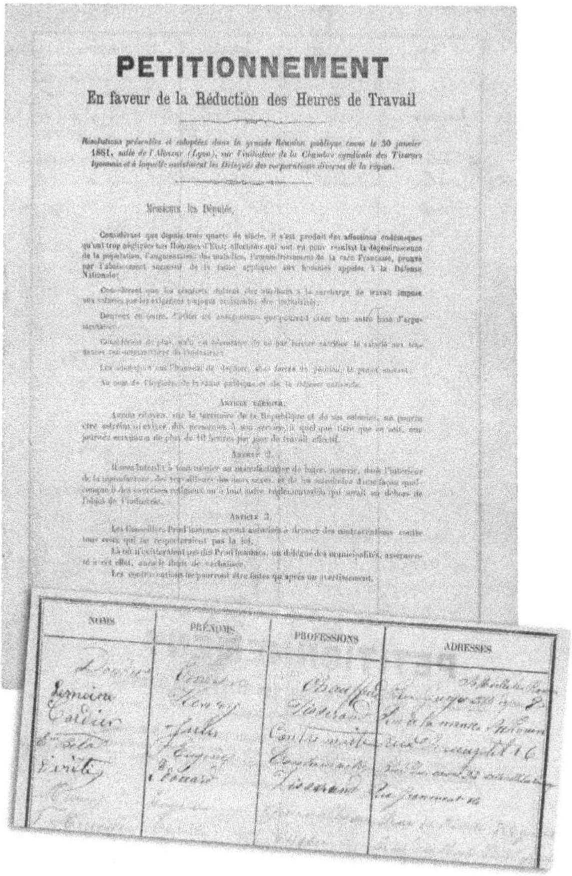

PETITIONNEMENT

En faveur de la Réduction des Heures de Travail

Messieurs les Députés,

NOMS	PRÉNOMS	PROFESSIONS	ADRESSES

6

Illustration 6. Les pétitions gardent la trace de documents d'origine privée. À partir de 1815, elles font l'objet d'un classement particulier. Les nombreux fichiers, tables alphabétiques, rôles et registres (par date, lieu ou nom de personnes physiques ou morales) conçus par les Assemblées sont de précieux instruments d'aide à la recherche. Arch. nat., C//4344.

7. Loi relative à la création des syndicats professionnels, 1884

Moment essentiel pour les droits des travailleurs, la discussion du texte de loi sur la création de syndicats professionnels permet de mieux cerner le fonctionnement interne de la Chambre des députés et l'activité des parlementaires. Ceux-ci se réunissent en commission en fonction du calendrier et des projets et propositions de loi. Avant la Première Guerre mondiale, les commissions ne sont pas fixes, pour la plupart. Les procès-verbaux permettent de suivre au plus près la genèse d'un texte. Les amendements, souvent manuscrits, donnent un éclairage essentiel à la compréhension du texte définitif. Le contre-projet présenté est un bon exemple de la vie parlementaire et de l'intensité des débats.

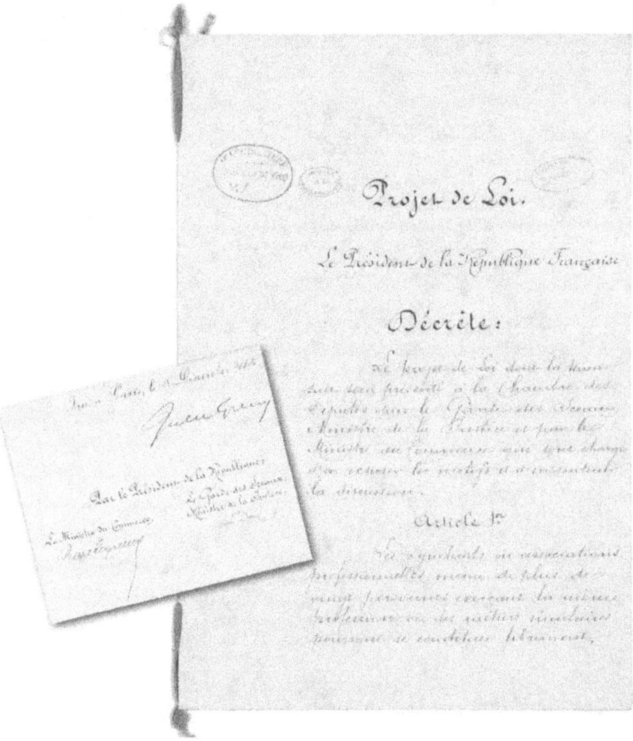

7a

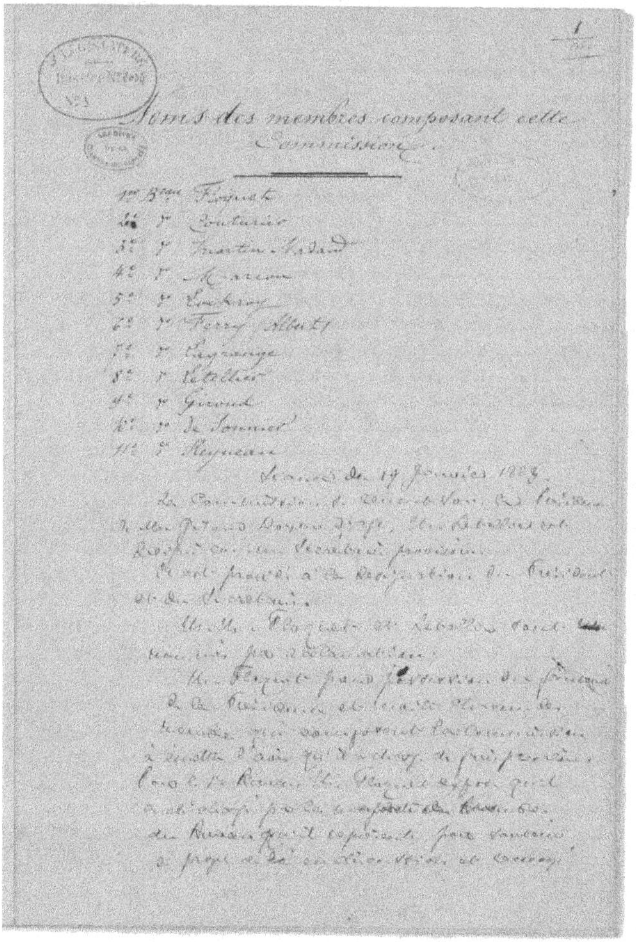
Noms des membres composant cette Commission.

1er Bau Floquet
2e Couturier
3e Martin Nadaud
4e Marcou
5e Lockroy
6e Ferry (Albert)
7e Lagrange
8e Letellier
9e Giroud
10e de Sonnier
11e Reyneau

7b

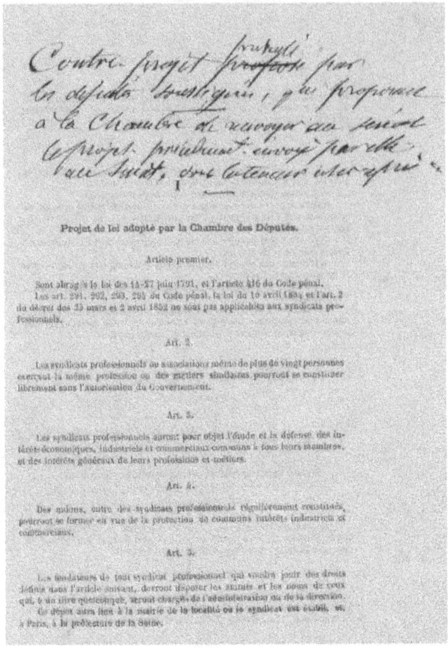

Contre projet présenté par les députés soussignés, qui proposent à la Chambre de renvoyer au Sénat le projet précédemment envoyé par elle au Sénat, dont la teneur est ci-après :

I

Projet de loi adopté par la Chambre des Députés.

Article premier.

Sont abrogés la loi des 14-27 juin 1791, et l'article 416 du Code pénal.

Les art. 291, 292, 293, 294 du Code pénal, la loi du 10 avril 1834 et l'art. 2 du décret des 25 mars et 2 avril 1852 ne sont pas applicables aux syndicats professionnels.

Art. 2.

Les syndicats professionnels ou associations même de plus de vingt personnes exerçant la même profession ou des métiers similaires pourront se constituer librement sans l'autorisation du Gouvernement.

Art. 3.

Les syndicats professionnels auront pour objet l'étude et la défense des intérêts économiques, industriels et commerciaux communs à tous leurs membres, et des intérêts généraux de leurs professions et métiers.

Art. 4.

Des unions, entre des syndicats professionnels régulièrement constitués, pourront se former en vue de la protection de communs intérêts industriels et commerciaux.

Art. 5.

Les fondateurs de tout syndicat professionnel qui voudra jouir des droits définis dans l'article suivant, devront déposer les statuts et les noms de ceux qui, à un titre quelconque, seront chargés de l'administration ou de la direction.

Ce dépôt aura lieu à la mairie de la localité où le syndicat est établi, et, à Paris, à la préfecture de la Seine.

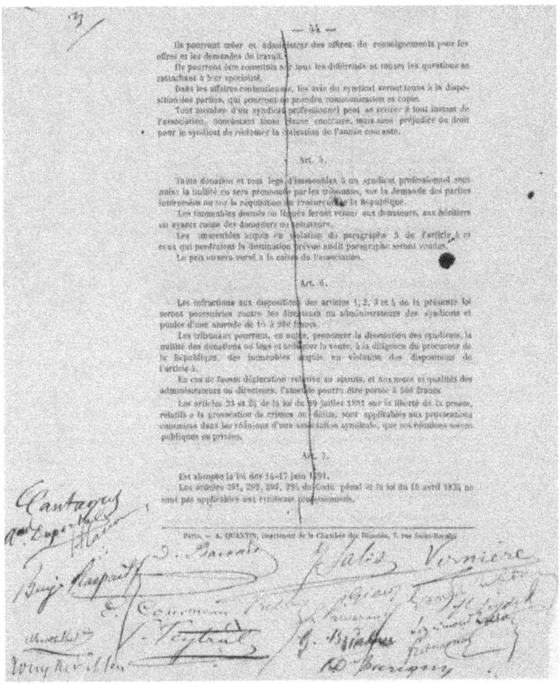

— 34 —

Ils pourront créer et administrer des offices de renseignements pour les offres et les demandes de travail.

Ils pourront être consultés sur tous les différends et toutes les questions se rattachant à leur spécialité.

Dans les affaires contentieuses, les avis du syndicat seront tenus à la disposition des parties, qui pourront en prendre communication et copie.

Tout membre d'un syndicat professionnel peut se retirer à tout instant de l'association, nonobstant toute clause contraire, mais sans préjudice du droit pour le syndicat de réclamer la cotisation de l'année courante.

Art. 5.

Toute donation et tout legs d'immeubles à un syndicat professionnel sont nuls ; la nullité en sera prononcée par les tribunaux, sur la demande des parties intéressées ou sur la réquisition du Procureur de la République.

Les immeubles donnés ou légués feront retour aux donateurs, aux héritiers ou ayants cause des donateurs ou testateurs.

Les immeubles acquis en violation du paragraphe 3 de l'article 4 et ceux qui perdraient la destination prévue audit paragraphe seront vendus.

Le prix en sera versé à la caisse de l'association.

Art. 6.

Les infractions aux dispositions des articles 1, 2, 3 et 4 de la présente loi seront poursuivies contre les directeurs ou administrateurs des syndicats et punies d'une amende de 16 à 200 francs.

Les tribunaux pourront, en outre, prononcer la dissolution des syndicats, la nullité des donations ou legs et ordonner la vente, à la diligence du procureur de la République, des immeubles acquis en violation des dispositions de l'article 4.

En cas de fausse déclaration relative aux statuts, et aux noms et qualités des administrateurs ou directeurs, l'amende pourra être portée à 500 francs.

Les articles 23 et 25 de la loi du 29 juillet 1881 sur la liberté de la presse, relatifs à la provocation de crimes ou délits, sont applicables aux provocations commises dans les réunions d'une association syndicale, que ces réunions soient publiques ou privées.

Art. 7.

Est abrogée la loi des 14-17 juin 1791.

Les articles 291, 292, 293, 294 du Code pénal et la loi du 10 avril 1834 ne sont pas applicables aux syndicats professionnels.

Paris. — A. QUANTIN, imprimeur de la Chambre des Députés, 7, rue Saint-Benoît.

Cantagrel [illegible] D. Barodet Jules Vernière Benj. Raspail [illegible] Peytral [illegible]

7c

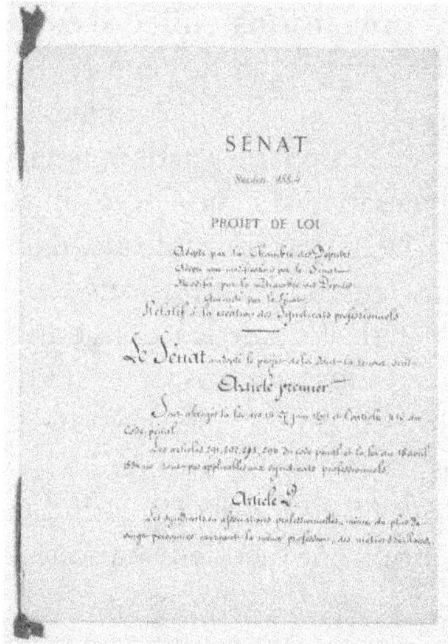
SÉNAT

PROJET DE LOI

Le Sénat

Article premier

Article 2

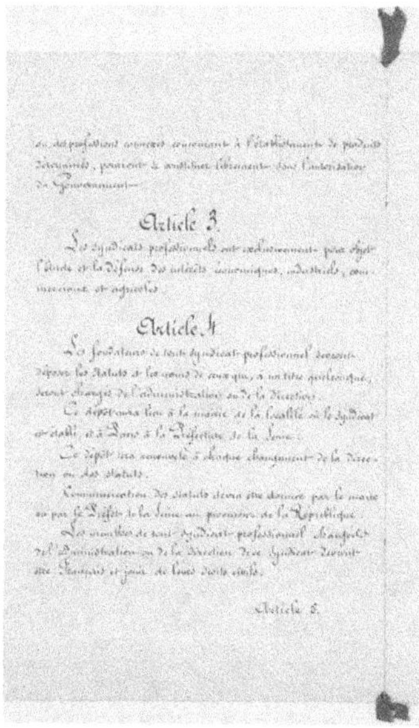
Article 3

Article 4

7d

Illustrations 7a, 7b, 7c, 7d. Les signatures originales des présidents de la République, des présidents des conseils, des Premiers ministres et des ministres figurent en grand nombre dans les archives des Assemblées. Les procès-verbaux de la commission sont conservés dans un cahier à part. Dans les archives des commissions, d'innombrables documents manuscrits émanent de parlementaires. Les amendements et les contre-projets sont une source d'une grande richesse pour l'étude de l'élaboration de la loi. La Chambre reçoit et conserve des documents du Sénat. Arch. nat., C//3392 (trois premiers documents). Arch. nat., A//1428 (projet de loi du Sénat).

8. Loi relative aux conventions collectives de travail, mars 1919

La convention d'Arras signée en novembre 1891 est considérée comme l'ancêtre des conventions collectives. Négociée avec le préfet sous la pression du gouvernement, elle introduit l'arbitrage et la conciliation dans les relations de travail. La naissance du ministère du Travail en 1906 et le vote d'un Code du travail en 1910 démontrent que, dans un contexte de grèves et de tensions sociales très fortes, des décisions majeures sont prises au tournant du siècle. Le projet de loi sur les conventions collectives, discuté au cours de la Xe législature, s'inscrit dans cette continuité. En raison des événements, la Chambre des députés élue en avril-mai 1914 siège encore lors du vote, au printemps 1919, de la loi sur les conventions collectives. La comparaison entre le projet de loi de 1913 du Sénat et celui de 1919 de la Chambre des députés montrent bien leur parfaite similitude.

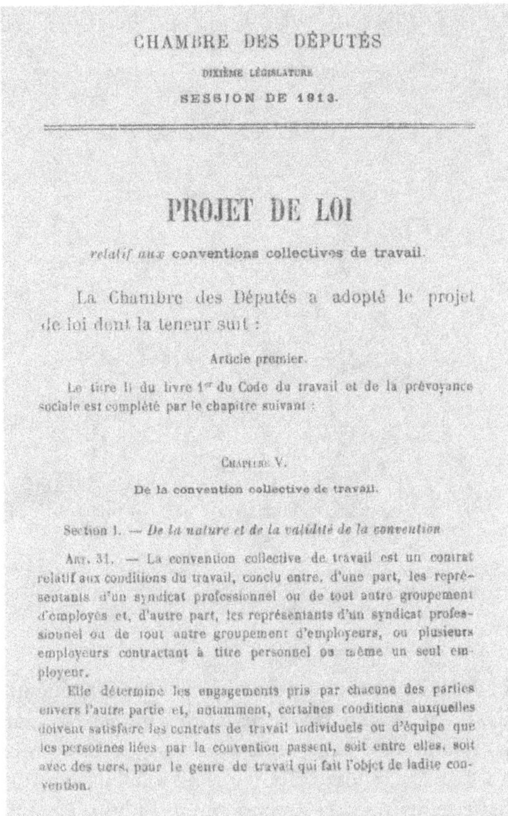

CHAMBRE DES DÉPUTÉS

DIXIÈME LÉGISLATURE

SESSION DE 1913.

PROJET DE LOI

relatif aux conventions collectives de travail.

La Chambre des Députés a adopté le projet de loi dont la teneur suit :

Article premier.

Le titre II du livre 1er du Code du travail et de la prévoyance sociale est complété par le chapitre suivant :

CHAPITRE V.

De la convention collective de travail.

Section I. — *De la nature et de la validité de la convention*

ART. 31. — La convention collective de travail est un contrat relatif aux conditions du travail, conclu entre, d'une part, les représentants d'un syndicat professionnel ou de tout autre groupement d'employés et, d'autre part, les représentants d'un syndicat professionnel ou de tout autre groupement d'employeurs, ou plusieurs employeurs contractant à titre personnel ou même un seul employeur.

Elle détermine les engagements pris par chacune des parties envers l'autre partie et, notamment, certaines conditions auxquelles doivent satisfaire les contrats de travail individuels ou d'équipe que les personnes liées par la convention passent, soit entre elles, soit avec des tiers, pour le genre de travail qui fait l'objet de ladite convention.

8a

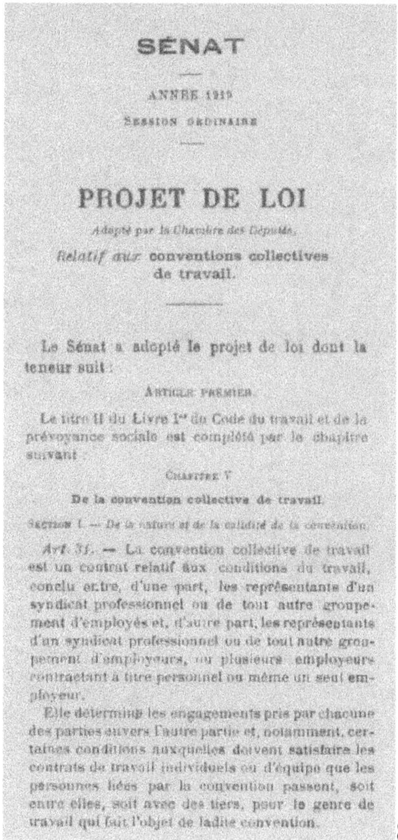

SÉNAT

ANNÉE 1919

SESSION ORDINAIRE

PROJET DE LOI

Adopté par la Chambre des Députés,

Relatif aux **conventions collectives de travail.**

Le Sénat a adopté le projet de loi dont la teneur suit :

ARTICLE PREMIER

Le titre II du Livre Iᵉʳ du Code du travail et de la prévoyance sociale est complété par le chapitre suivant :

CHAPITRE V

De la convention collective de travail.

SECTION I. — *De la nature et de la validité de la convention.*

Art. 31. — La convention collective de travail est un contrat relatif aux conditions du travail, conclu entre, d'une part, les représentants d'un syndicat professionnel ou de tout autre groupement d'employés et, d'autre part, les représentants d'un syndicat professionnel ou de tout autre groupement d'employeurs, ou plusieurs employeurs contractant à titre personnel ou même un seul employeur.

Elle détermine les engagements pris par chacune des parties envers l'autre partie et, notamment, certaines conditions auxquelles doivent satisfaire les contrats de travail individuels ou d'équipe que les personnes liées par la convention passent, soit entre elles, soit avec des tiers, pour le genre de travail qui fait l'objet de ladite convention.

8b

Illustrations 8a, 8b. Les dossiers d'archives contiennent souvent des précédents, utilisés par les parlementaires pour éclairer la discussion du projet de loi [1913-1919]. Arch. nat., A//1706.

9. Loi tendant à instituer un congé annuel payé dans l'industrie, le commerce, les professions libérales, les services domestiques et l'agriculture, 12 juin 1936

En mai 1936, le Front populaire sort victorieux des élections législatives. Grèves et occupations d'usines conduisent à l'ouverture de négociations. Les accords de Matignon sont signés le 7 juin 1936 et sont suivis du vote de deux lois particulièrement emblématiques. La semaine de travail passe de 48 à 40 heures. La loi instituant un congé annuel continu payé dans l'industrie, le commerce, les professions libérales, les services domestiques et l'agriculture est promulguée le 20 juin. Comme l'indique l'article premier, la durée minimum du congé payé est fixé à quinze jours et comporte au moins douze jours ouvrables.

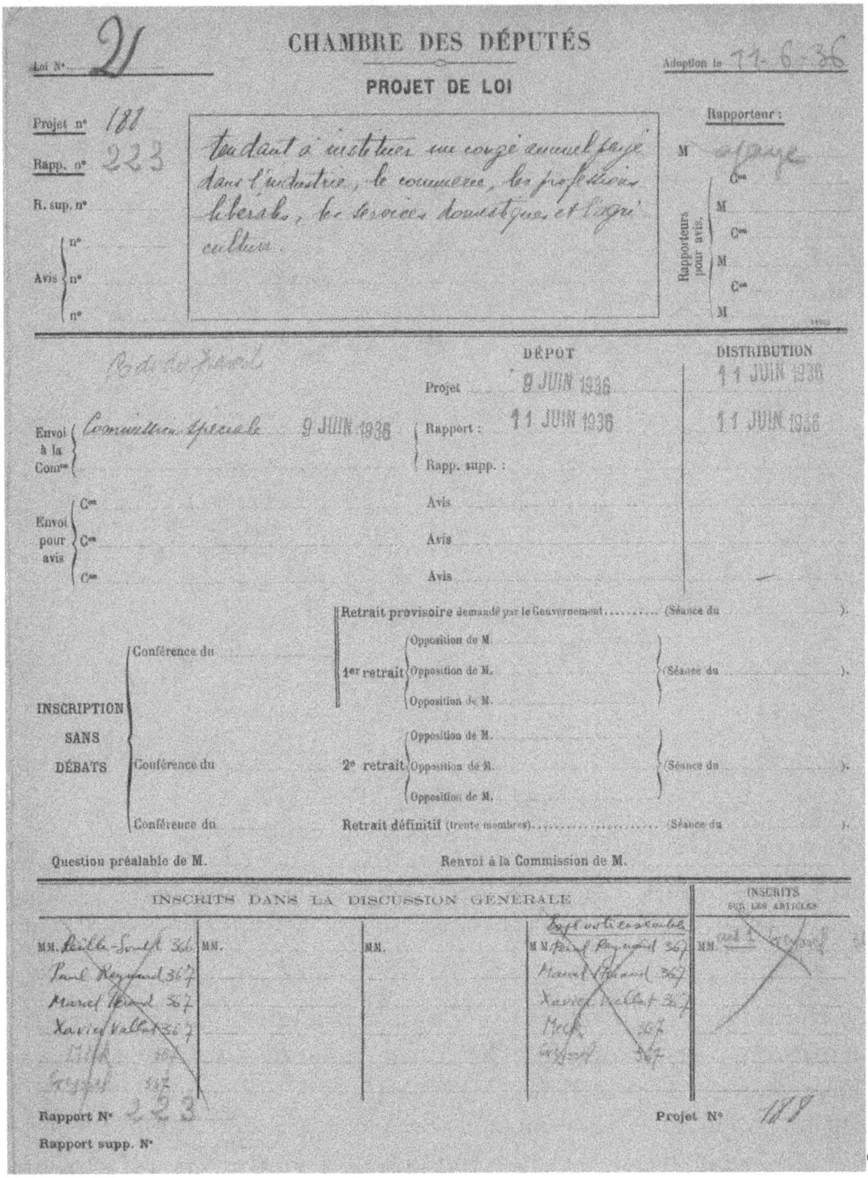

CHAMBRE DES DÉPUTÉS

PROJET DE LOI

Loi N° 21

Adoption le 11-6-36

Projet n° 188

Rapp. n° 223

R. sup. n°

Avis n° / n° / n°

tendant à instituer un congé annuel payé dans l'industrie, le commerce, les professions libérales, les services domestiques et l'agriculture.

Rapporteur : M. Lagrange

Rapporteurs pour avis. C^on M / C^on M / C^on M

DÉPOT — Projet : 9 JUIN 1936 — Rapport : 11 JUIN 1936 — Rapp. supp. :

DISTRIBUTION — 11 JUIN 1936 — 11 JUIN 1936

Envoi à la Com^on : Commission spéciale 9 JUIN 1936

Envoi pour avis : C^on / C^on / C^on — Avis / Avis / Avis

Retrait provisoire demandé par le Gouvernement.......... (Séance du).

INSCRIPTION SANS DÉBATS

Conférence du — 1er retrait : Opposition de M. / Opposition de M. / Opposition de M. — (Séance du).

Conférence du — 2e retrait : Opposition de M. / Opposition de M. / Opposition de M. — (Séance du).

Conférence du — Retrait définitif (trente membres)........ (Séance du).

Question préalable de M. — Renvoi à la Commission de M.

INSCRITS DANS LA DISCUSSION GÉNÉRALE

MM. Reille-Soult 366, Paul Reynaud 367, Marcel Héraud 367, Xavier Vallat 367

MM.

MM.

Sur l'ensemble : MM. Paul Reynaud 367, Marcel Héraud 367, Xavier Vallat 367

INSCRITS SUR LES ARTICLES — MM.

Rapport N° 223

Projet N° 188

Rapport supp. N°

9a

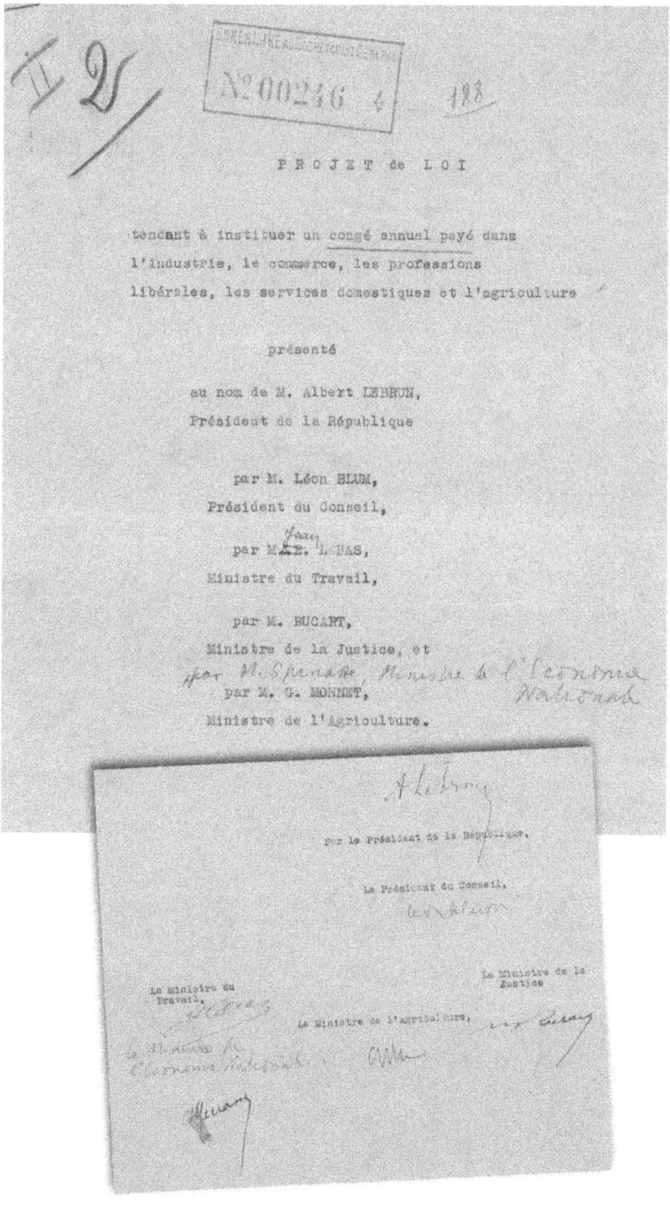

N° 00246 4 188

PROJET de LOI

tendant à instituer un congé annuel payé dans l'industrie, le commerce, les professions libérales, les services domestiques et l'agriculture

présenté

au nom de M. Albert LEBRUN,
Président de la République

par M. Léon BLUM,
Président du Conseil,

par M. Jean LEBAS,
Ministre du Travail,

par M. RUCART,
Ministre de la Justice, et

par M. Spinasse, Ministre de l'Économie Nationale

par M. G. MONNET,
Ministre de l'Agriculture.

Par le Président de la République,

Le Président du Conseil,

Le Ministre du Travail,

Le Ministre de la Justice

Le Ministre de l'Agriculture,

Le Ministre de l'Économie Nationale

9b

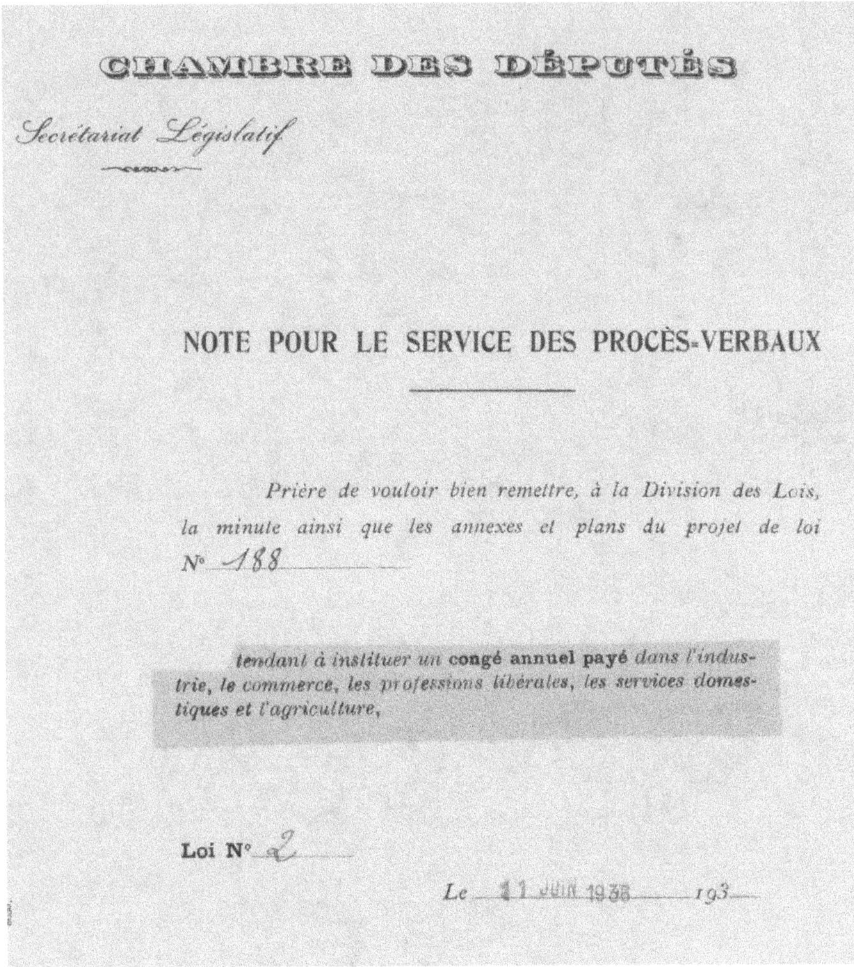

CHAMBRE DES DÉPUTÉS

Secrétariat Législatif

NOTE POUR LE SERVICE DES PROCÈS-VERBAUX

Prière de vouloir bien remettre, à la Division des Lois, la minute ainsi que les annexes et plans du projet de loi N° 188

tendant à instituer un **congé annuel payé** *dans l'industrie, le commerce, les professions libérales, les services domestiques et l'agriculture,*

Loi N° 2

Le 11 JUIN 1936 *193*

9c

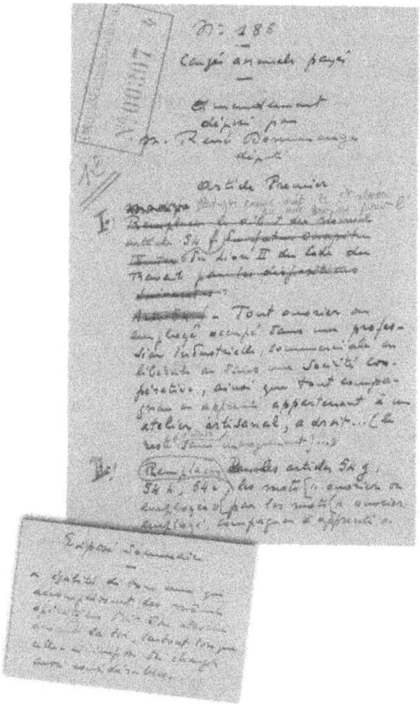
N° 186

Congé annuel payé

Amendement
déposé par
M. René Dommange
député

Article Premier

Tout ouvrier ou
employé occupé dans une profession industrielle, commerciale ou libérale ou dans une société coopérative, ainsi que tout compagnon ou apprenti appartenant à un atelier artisanal, a droit…

9d

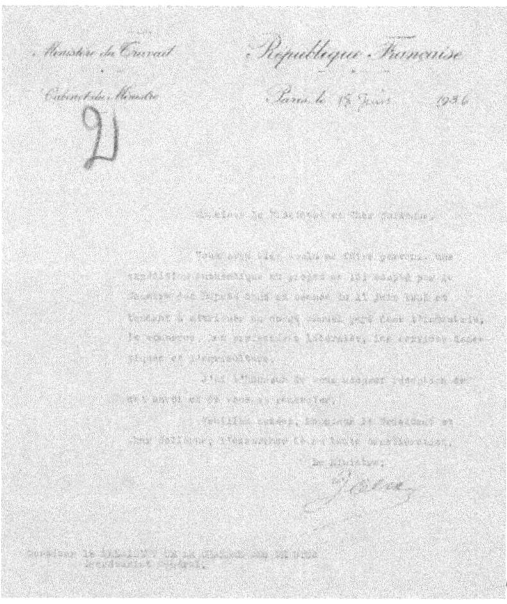
Ministère du Travail

République Française

Cabinet du Ministre

Paris, le 18 Juin 1936

9e

Illustrations 9a, 9b, 9c, 9d, 9e. Le projet de loi est conservé dans une pochette, où sont inscrites les dates de dépôt, de rapport et d'adoption. Le tampon permet de mettre en lumière le rôle central du Secrétariat général dans le suivi d'un projet de loi. La note adressée au service des procès-verbaux par le Secrétariat législatif donne une idée du circuit interne d'un projet de loi au sein de l'Assemblée. Les ratures, corrections et modifications qui émaillent les travaux parlementaires sont très précieuses pour comprendre la genèse d'une loi. Les correspondances avec l'Exécutif sont très courantes dans les archives législatives. Arch. nat., C//15 217.

10. Loi relative à l'organisation sociale des professions, 4 octobre 1941

Le gouvernement de Vichy prend très rapidement une série de mesures dans le domaine du travail. La loi du 4 octobre 1941 relative à l'organisation sociale des professions, dite Charte du travail, est rédigée par René Belin, ministre de l'Économie nationale. Dans le rapport qu'il adresse au maréchal Pétain, il souligne la « volonté de rompre définitivement avec le vieux système de la lutte des classes ». Il affirme que « les syndicats ne seront plus les syndicats de tendance du passé » et que la Charte « servira de base à la création des futures corporations ». La loi qui comporte 80 articles est publiée au *Journal officiel* le 26 octobre 1941.

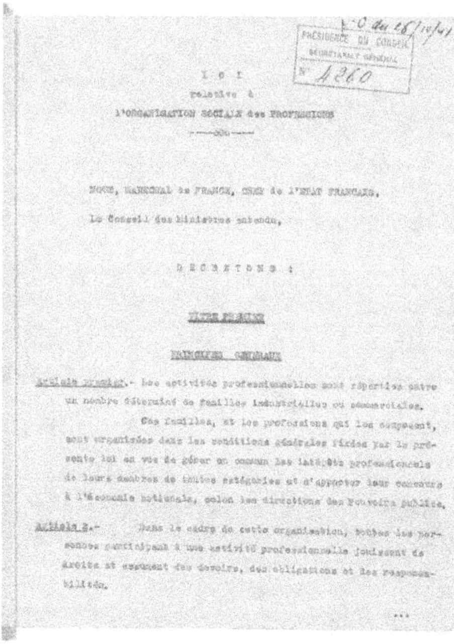

PRÉSIDENCE DU CONSEIL
SECRÉTARIAT GÉNÉRAL
N° 4260

L O I
relative à
l'ORGANISATION SOCIALE des PROFESSIONS

NOUS, MARÉCHAL de FRANCE, CHEF de l'ÉTAT FRANÇAIS,

Le Conseil des Ministres entendu,

D É C R É T O N S :

TITRE PREMIER

PRINCIPES GÉNÉRAUX

Article premier.- Les activités professionnelles sont réparties entre un nombre déterminé de familles industrielles ou commerciales.

Ces familles, et les professions qui les composent, sont organisées dans les conditions générales fixées par la présente loi en vue de gérer en commun les intérêts professionnels de leurs membres de toutes catégories et d'apporter leur concours à l'économie nationale, selon les directions des Pouvoirs publics.

Article 2.- Dans le cadre de cette organisation, toutes les personnes participant à une activité professionnelle jouissent de droits et assument des devoirs, des obligations et des responsabilités.

...

10a

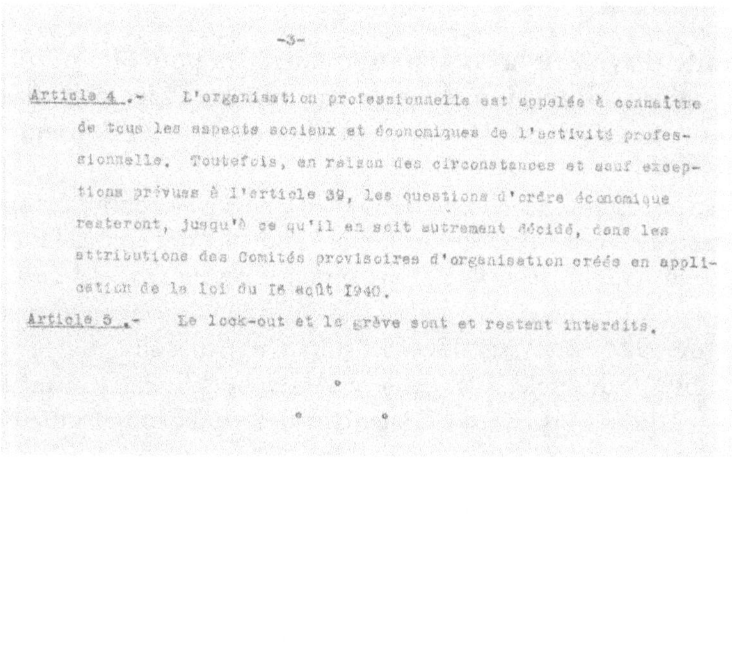

-3-

Article 4 .- L'organisation professionnelle est appelée à connaître de tous les aspects sociaux et économiques de l'activité professionnelle. Toutefois, en raison des circonstances et sauf exceptions prévues à l'article 39, les questions d'ordre économique resteront, jusqu'à ce qu'il en soit autrement décidé, dans les attributions des Comités provisoires d'organisation créés en application de la loi du 16 août 1940.

Article 5 .- Le lock-out et la grève sont et restent interdits.

10b

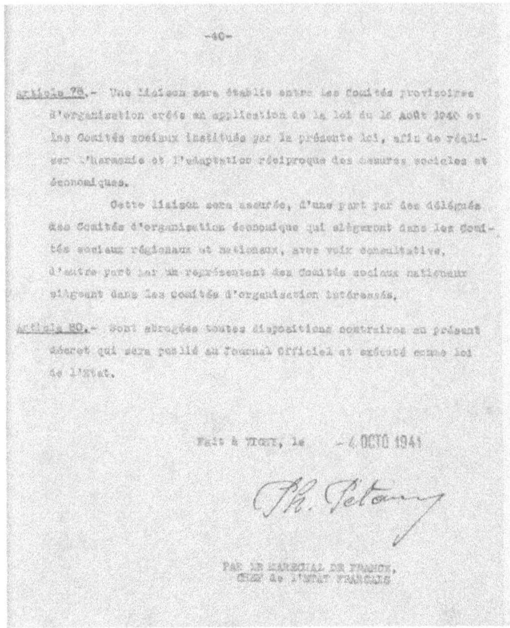

-40-

Article 79.- Une liaison sera établie entre les Comités provisoires d'organisation créés en application de la loi du 16 Août 1940 et les Comités sociaux institués par la présente loi, afin de réaliser l'harmonie et l'adaptation réciproque des mesures sociales et économiques.

Cette liaison sera assurée, d'une part par des délégués des Comités d'organisation économique qui siègeront dans les Comités sociaux régionaux et nationaux, avec voix consultative, d'autre part par un représentant des Comités sociaux nationaux siégeant dans les comités d'organisation intéressés.

Article 80.- Sont abrogées toutes dispositions contraires au présent décret qui sera publié au Journal Officiel et exécuté comme loi de l'Etat.

Fait à VICHY, le - 4 OCTO 1941

Ph. Pétain

PAR LE MARECHAL DE FRANCE,
CHEF de l'ETAT FRANCAIS

10b

Illustrations 10a, 10b. C'est le texte enregistré par le Secrétariat général de la Présidence du Conseil qui est conservé dans la série A. La mauvaise qualité de l'encre et du papier de la guerre posent de graves problèmes de conservation. Outre la signature du maréchal Pétain, ce texte est signé par dix-sept ministres et secrétaires d'État. Arch. nat., A//1850.

Demande d'avis sur la coopération entre les pouvoirs publics, les organisations professionnelles de travailleurs et les organisations professionnelles d'employeurs à la libération de la France, 27 mars 1944

Le 27 octobre 1940, le général de Gaulle s'engage à rendre compte de ses actes auprès des représentants du peuple français dès que celui-ci aura pu les désigner librement. En 1943, alors que le Comité français de Libération nationale a été institué le 3 juin 1943, une ordonnance instaure le 17 septembre 1943 une Assemblée consultative provisoire chargée de représenter l'opinion nationale. Elle siège à Alger puis à Paris jusqu'au 3 août 1945. Elle rend des avis et émet également des vœux sous forme de résolutions.

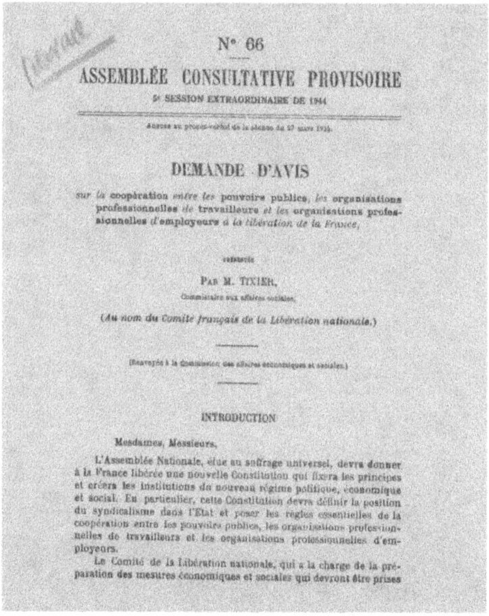

N° 66

ASSEMBLÉE CONSULTATIVE PROVISOIRE

5e SESSION EXTRAORDINAIRE DE 1944

Annexe au procès-verbal de la séance du 27 mars 1944.

DEMANDE D'AVIS

sur la coopération entre les pouvoirs publics, les organisations professionnelles de travailleurs et les organisations professionnelles d'employeurs à la libération de la France,

présentée

PAR M. TIXIER,

Commissaire aux affaires sociales,

(Au nom du Comité français de la Libération nationale.)

(Renvoyée à la Commission des affaires économiques et sociales.)

INTRODUCTION

Mesdames, Messieurs,

L'Assemblée Nationale, élue au suffrage universel, devra donner à la France libérée une nouvelle Constitution qui fixera les principes et créera les institutions du nouveau régime politique, économique et social. En particulier, cette Constitution devra définir la position du syndicalisme dans l'État et poser les règles essentielles de la coopération entre les pouvoirs publics, les organisations professionnelles de travailleurs et les organisations professionnelles d'employeurs.

Le Comité de la Libération nationale, qui a la charge de la préparation des mesures économiques et sociales qui devront être prises

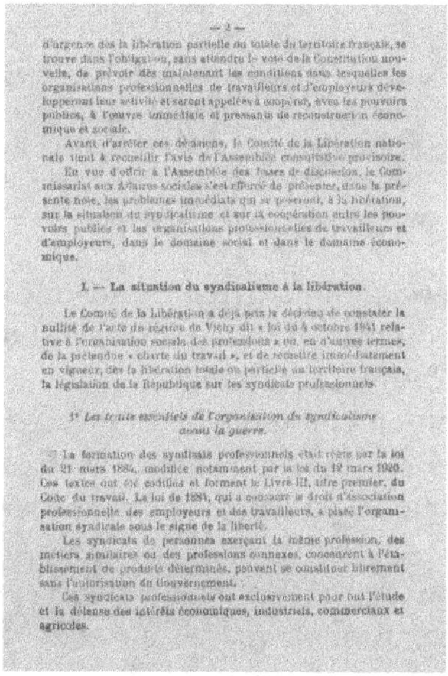

— 2 —

d'urgence dès la libération partielle ou totale du territoire français, se trouve dans l'obligation, sans attendre le vote de la Constitution nouvelle, de prévoir dès maintenant les conditions dans lesquelles les organisations professionnelles de travailleurs et d'employeurs développeront leur activité et seront appelées à coopérer, avec les pouvoirs publics, à l'œuvre immédiate et pressante de reconstruction économique et sociale.

Avant d'arrêter ces décisions, le Comité de la Libération nationale tient à recueillir l'avis de l'Assemblée consultative provisoire.

En vue d'offrir à l'Assemblée des bases de discussion, le Commissariat aux Affaires sociales s'est efforcé de présenter, dans la présente note, les problèmes immédiats qui se poseront, à la libération, sur la situation du syndicalisme et sur la coopération entre les pouvoirs publics et les organisations professionnelles de travailleurs et d'employeurs, dans le domaine social et dans le domaine économique.

I. — La situation du syndicalisme à la libération.

Le Comité de la Libération a déjà pris la décision de constater la nullité de l'acte du régime de Vichy dit « loi du 4 octobre 1941 relative à l'organisation sociale des professions » ou, en d'autres termes, de la prétendue « charte du travail », et de remettre immédiatement en vigueur, dès la libération totale ou partielle du territoire français, la législation de la République sur les syndicats professionnels.

1° *Les traits essentiels de l'organisation du syndicalisme avant la guerre.*

La formation des syndicats professionnels était régie par la loi du 21 mars 1884, modifiée notamment par la loi du 12 mars 1920. Ces textes ont été codifiés et forment le Livre III, titre premier, du Code du travail. La loi de 1884, qui a consacré le droit d'association professionnelle des employeurs et des travailleurs, a placé l'organisation syndicale sous le signe de la liberté.

Les syndicats de personnes exerçant la même profession, des métiers similaires ou des professions connexes, concourant à l'établissement de produits déterminés, peuvent se constituer librement sans l'autorisation du Gouvernement.

Ces syndicats professionnels ont exclusivement pour but l'étude et la défense des intérêts économiques, industriels, commerciaux et agricoles.

10c

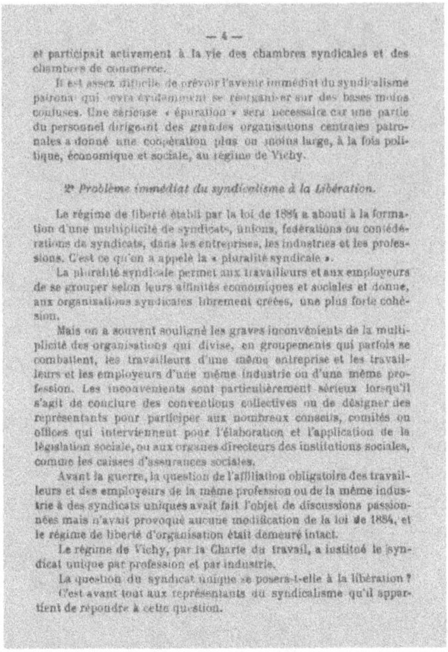

— 4 —

et participait activement à la vie des chambres syndicales et des chambres de commerce.

Il est assez difficile de prévoir l'avenir immédiat du syndicalisme patronal qui devra évidemment se réorganiser sur des bases moins confuses. Une sérieuse « épuration » sera nécessaire car une partie du personnel dirigeant des grandes organisations centrales patronales a donné une coopération plus ou moins large, à la fois politique, économique et sociale, au régime de Vichy.

2° Problème immédiat du syndicalisme à la Libération.

Le régime de liberté établi par la loi de 1884 a abouti à la formation d'une multiplicité de syndicats, unions, fédérations ou confédérations de syndicats, dans les entreprises, les industries et les professions. C'est ce qu'on a appelé la « pluralité syndicale ».

La pluralité syndicale permet aux travailleurs et aux employeurs de se grouper selon leurs affinités économiques et sociales et donne, aux organisations syndicales librement créées, une plus forte cohésion.

Mais on a souvent souligné les graves inconvénients de la multiplicité des organisations qui divise, en groupements qui parfois se combattent, les travailleurs d'une même entreprise et les travailleurs et les employeurs d'une même industrie ou d'une même profession. Les inconvénients sont particulièrement sérieux lorsqu'il s'agit de conclure des conventions collectives ou de désigner des représentants pour participer aux nombreux conseils, comités ou offices qui interviennent pour l'élaboration et l'application de la législation sociale, ou aux organes directeurs des institutions sociales, comme les caisses d'assurances sociales.

Avant la guerre, la question de l'affiliation obligatoire des travailleurs et des employeurs de la même profession ou de la même industrie à des syndicats uniques avait fait l'objet de discussions passionnées mais n'avait provoqué aucune modification de la loi de 1884, et le régime de liberté d'organisation était demeuré intact.

Le régime de Vichy, par la Charte du travail, a institué le syndicat unique par profession et par industrie.

La question du syndicat unique se posera-t-elle à la libération ?

C'est avant tout aux représentants du syndicalisme qu'il appartient de répondre à cette question.

10d

Illustrations 10c, 10d. Outre les dossiers d'Alger et de Paris, ce versement comprend des dossiers généraux (Présidence, Secrétariat général, débats et documents annexes aux procès-verbaux) et des annexes (composition de l'Assemblée, du Bureau, des Commissions, résolutions adoptées et avis émis). L'introduction, qui n'est pas sans rappeler l'exposé des motifs d'un projet de loi, fait un historique de la question. Arch. nat., C//15 257.

11. Avis sur le projet de loi instituant un Code du travail dans les territoires relevant du ministère de la France d'outre-mer, autres que l'Indochine, 22 novembre 1952

Les séries A et C conservent les archives de régimes républicains, impériaux et royalistes. Sous des dénominations diverses, les assemblées qui se succèdent ont des attributions et des pouvoirs fort variables en fonction des textes qui les fondent.

Ainsi la Constitution de la IVe République, proclame à la fin de son préambule : « La France forme avec les peuples d'outre-mer une Union fondée sur l'égalité des droits et des devoirs, sans distinction de race ni de religion ». Son titre VIII donne organisation de l'Union française et de son assemblée.

Droit au travail, droit syndical, droit de grève figurent à une place essentielle dans le préambule de la Constitution d'octobre 1946. Il est donc logique que la commission des Affaires sociales puis la commission des Territoires d'outre-mer de l'Assemblée de l'Union française soient saisies d'un projet de loi instituant un Code du travail dans les territoires d'outre-mer.

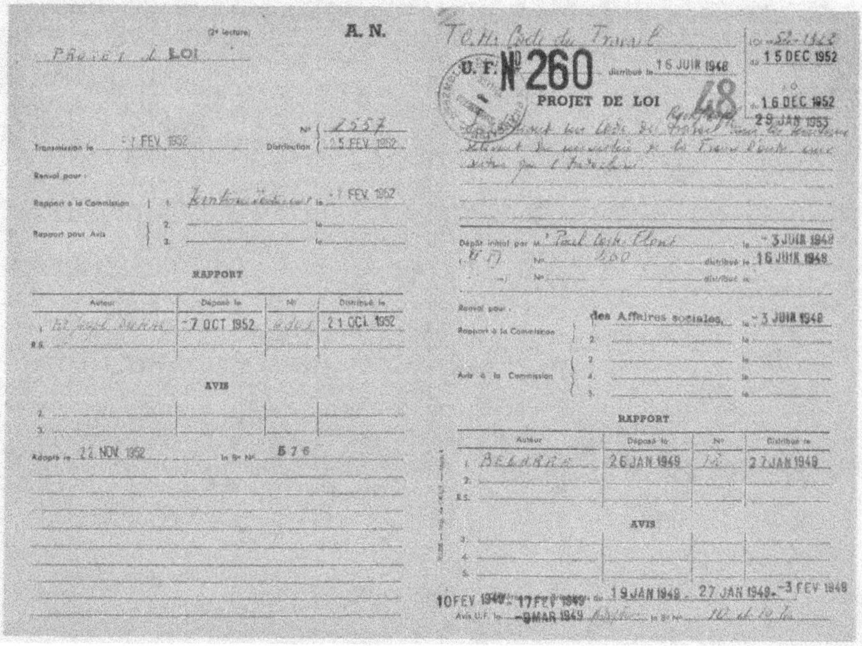

(2e lecture) A. N.

Transmission le 1 FEV 1952 — N° 2557 — Distribution 25 FEV 1952

Renvoi pour :

Rapport à la Commission 1. le 1 FEV 1952

Rapport pour Avis 2. le 3. le

RAPPORT

Auteur	Déposé le	N°	Distribué le
1.	7 OCT 1952		21 OCT 1952
R.S.			

AVIS

2.			
3.			

Adopté le 22 NOV 1952 — le N° 576

U. F. N° 260 — distribué le 16 JUIN 1948

PROJET DE LOI 48

15 DEC 1952

16 DEC 1952

29 JAN 1953

Dépôt initial par M. le 3 JUIN 1948

N° 260 distribué le 16 JUIN 1948

N° distribué le

Renvoi pour :

Rapport à la Commission 1. des Affaires sociales le 3 JUIN 1948

2. le

Avis à la Commission 3. le 4. le 5. le

RAPPORT

Auteur	Déposé le	N°	Distribué le
1.	26 JAN 1949		27 JAN 1949
2.			
R.S.			

AVIS

3.			
4.			
5.			

10 FEV 1949 — 17 FEV 1949 — 19 JAN 1949 — 27 JAN 1949 — 3 FEV 1949

Avis U.F. le 9 MAR 1949

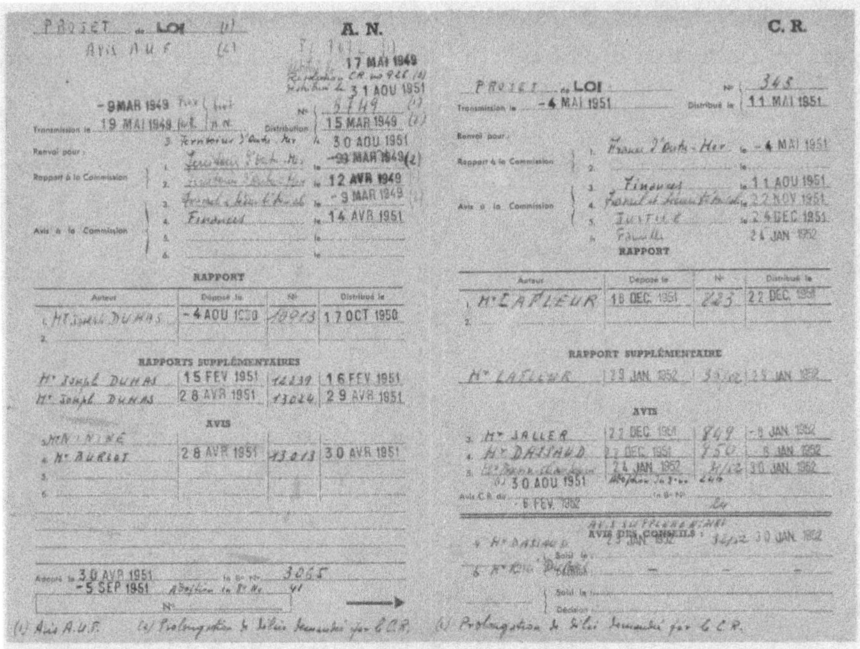

11a

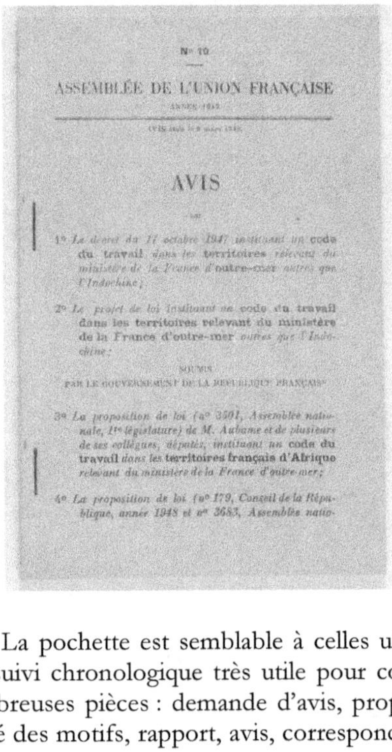

N° 10

ASSEMBLÉE DE L'UNION FRANÇAISE

AVIS

sur

1° Le décret du 17 octobre 1947 instituant un code du travail dans les territoires relevant du ministère de la France d'outre-mer autres que l'Indochine;

2° Le projet de loi instituant un code du travail dans les territoires relevant du ministère de la France d'outre-mer autres que l'Indochine;

SOUMIS PAR LE GOUVERNEMENT DE LA RÉPUBLIQUE FRANÇAISE

3° La proposition de loi (n° 3501, Assemblée nationale, 1re législature) de M. Aubame et de plusieurs de ses collègues, députés, instituant un code du travail dans les territoires français d'Afrique relevant du ministère de la France d'outre-mer;

4° La proposition de loi (n° 179, Conseil de la République, année 1948 et n° 3683, Assemblée natio-

11b

Illustrations 11a, 11b. La pochette est semblable à celles utilisées par la Chambre des députés. Elle fournit un suivi chronologique très utile pour connaître l'élaboration d'une loi. Elle contient de nombreuses pièces : demande d'avis, proposition de résolution (huit pour l'année 1948), exposé des motifs, rapport, avis, correspondances avec les Assemblées, le Secrétariat général du Gouvernement, liste des rapporteurs des trois assemblées avec le numéro du rapport, la date du dépôt, de distribution, et d'adoption. Arch. nat., C//16 204.

12. Lois relatives aux libertés des travailleurs dans l'entreprise, 27 juillet 1982

Parmi les 110 propositions du programme de la Gauche en 1981, plusieurs concernent le droit du travail. Une fois élu, François Mitterrand charge son ministre du Travail, Jean Auroux, de rédiger un rapport « sur les droits des travailleurs ». Au début de l'année 1982, le gouvernement légifère par ordonnance : semaine de 39 heures, cinquième semaine de congés payés et retraite à 60 ans. Quatre lois – les « lois Auroux » – sont ensuite votées par le Parlement. La loi relative aux libertés des travailleurs est promulguée le 4 août ; la loi relative au développement des institutions représentatives du personnel, le 28 octobre ; celle relative à la négociation collective et au règlement des conflits collectifs du travail, le 13 novembre ; enfin, la loi relative au comité d'hygiène, de sécurité et des conditions de travail, le 23 décembre. Elles modifient un tiers du Code du travail.

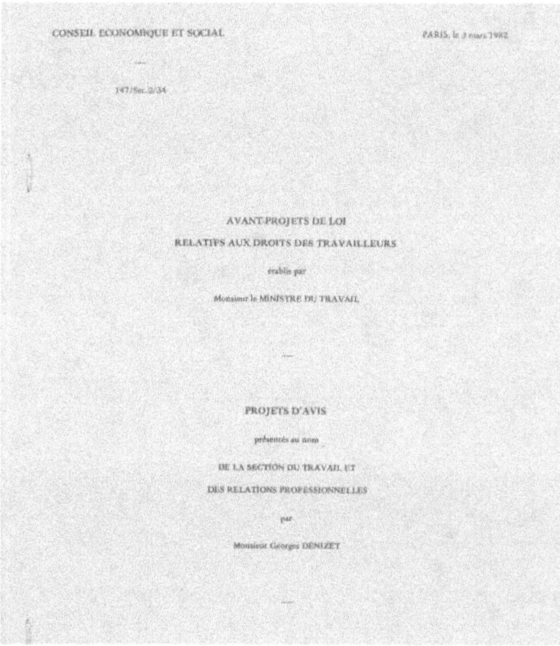
CONSEIL ECONOMIQUE ET SOCIAL — PARIS, le 3 mars 1982

147/Sec.2/34

AVANT-PROJETS DE LOI
RELATIFS AUX DROITS DES TRAVAILLEURS
établis par
Monsieur le MINISTRE DU TRAVAIL

PROJETS D'AVIS
présentés au nom
DE LA SECTION DU TRAVAIL ET
DES RELATIONS PROFESSIONNELLES
par
Monsieur Georges DENIZET

12a

PREMIER MINISTRE

PARIS, le 29 AVR 1982

SG 010851

Monsieur le Président,

J'ai l'honneur de vous faire connaître qu'en application de l'article 45 de la Constitution, le Gouvernement déclare l'urgence du projet de loi relatif aux libertés des travailleurs dans l'entreprise, déposé le 31 mars 1982 sur le bureau de l'Assemblée Nationale (n° 745).

Veuillez agréer, Monsieur le Président, l'assurance de ma haute considération.

Pierre Mauroy

Pierre MAUROY

Monsieur le Président
de l'Assemblée Nationale
Palais Bourbon
PARIS

12b

ASSEMBLEE NATIONALE

PARIS le 19/05/82

Jean Auroux

M le Président

J'ai l'honneur de vous faire connaître que le gvt demande un scrutin public sur l'ensemble du texte

12c

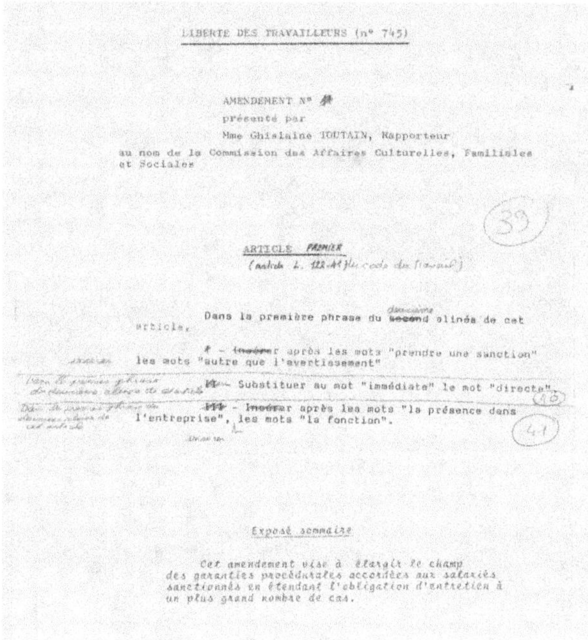

LIBERTE DES TRAVAILLEURS (n° 745)

AMENDEMENT N°
présenté par
Mme Ghislaine TOUTAIN, Rapporteur
au nom de la Commission des Affaires Culturelles, Familiales et Sociales

(39)

ARTICLE PREMIER
(article L. 122-41 du code du travail)

Dans la première phrase du ~~second~~ deuxième alinéa de cet article,

~~I~~ - ~~Insérer~~ après les mots "prendre une sanction" les mots "autre que l'avertissement"

~~II~~ - Substituer au mot "immédiate" le mot "directe". (40)

~~III~~ - ~~Insérer~~ après les mots "la présence dans l'entreprise", les mots "la fonction". (41)

Exposé sommaire

Cet amendement vise à élargir le champ des garanties procédurales accordées aux salariés sanctionnés en étendant l'obligation d'entretien à un plus grand nombre de cas.

12d

FEUILLE DE CLASSEMENT DES AMENDEMENTS

ASSEMBLÉE NATIONALE
Service de la Séance
Division des Lois

Projet/~~Proposition~~/ Libertés des travailleurs dans l'entreprise. (2)

N° : 745

Lecture : 1ère

L.I.R.A.N. N° 104. — 1-4-78

NUMÉROS	ARTICLES	SORT	GROUPES	AUTEURS
51	1er (122.45)	aδ	S	Cion Af. cult.
52	1er (122.46)	Tombe		+
53	4	Adopté	S	+
54	6	aδ		+
55	~~6~~	~~I~~		~~Commission~~
56	6	aδ		Cion Af. cult.
57	+	Tombe		+
58	+	Retiré		+
59	+	Adopté		+
60	+	Adopté		+
61	7	Tombe	C	+
62	8	Tombe	S	+
63	+	+	+	+
64	+	+	+	+
65	+	+	+	+
66	+	+		+
67	+	+	S	+
68	9	aδ		+
69	1er (122.37)	rejet	UDF	Clément
70	6	rejet	+	Madelin
71	6 (461.1)	rejet	+	+
72	+	rejet	+	+
73	+	rejet	+	+
74	+	rejet	+	+
75	+	rejet	+	+

NUMÉROS	ARTICLES	SORT	GROUPES	AUTEURS
76	6 (461.1)	rejet	UDF	Madelin
77	+	rejet	+	+
78	6 (461.2)	rejet	+	+
79	+	rejet	+	+
80	+	rejet	+	+
81	+	Rejeté	+	+
82	6 (461.3)	Rejeté	+	+
83	~~+~~	~~Retiré~~	~~+~~	~~+~~
84	+	Rejeté	+	+
85	+	Rejeté	+	+
86	+	Rejeté	+	+
87	1er (122.34)	Tombe	RPR	Missoffe
88	1er (122.35)	Rejeté	+	Galley
89	+	Retiré	+	Missoffe
90	1er (122.36)	Rejeté	+	Seguin
91	+	Rejeté	+	+
92	+	Rejeté	+	Galley
93	1er (122.37)	Rejeté	+	Gissinger
94	+	Rejeté	+	Seguin
95	+	rejet	+	Godfrain
96	1er (122.38)	Adopté	+	Seguin
97	+	Rejeté	+	Lauriol
98	1er (122.39)	Rejeté	+	Seguin
99	1er (122.40)	Tombé	+	Pinte
100	Rect. 1er (122.41)	rejet	+	Seguin

12e

Art. 8.

Les négociations en vue de la conclusion de l'accord prévu à l'article L. 461-3 du code du travail doivent être engagées dans un délai de six mois à compter de la promulgation de la présente loi. Dans les entreprises visées au premier alinéa du même article, l'employeur qui refuse d'engager des négociations est passible des peines prévues à l'article L. 471-2 du même code.

Art. 9.

Dans les entreprises et établissements visés à l'article L. 461-1 du code du travail et comptant au moins cinquante salariés, le chef d'entreprise ou d'établissement procède à l'analyse des résultats obtenus, en application du titre VI du livre IV du même code, à l'expiration d'un délai de deux ans à compter de la date de promulgation de la présente loi. Il recueille l'avis des délégués syndicaux et du comité d'entreprise ou, à défaut, des délégués du personnel.

Cette analyse est transmise, accompagnée, le cas échéant, de ces avis aux inspecteurs du travail compétents par l'employeur.

Art. 10.

Le Gouvernement adressera au Parlement, avant le 30 juin 1985, un rapport relatif à l'application des articles L. 461-1 à L. 461-3 du code du travail.

Compte tenu des conclusions de ce rapport, une loi déterminera, avant le 31 décembre 1985, les modalités d'exercice du droit d'expression des salariés dans les entreprises mentionnées à l'article L. 461-1.

Délibéré en séance publique, à Paris, le 27 juillet 1982.

Le Président,

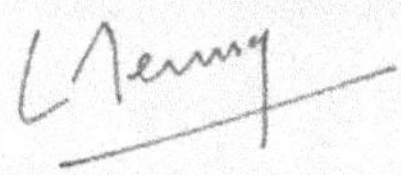

12f

Illustrations 12a, 12b, 12c, 12d, 12e, 12f. Le Conseil économique et social produit une importante documentation avant de rendre un avis. La déclaration d'urgence est une procédure très régulièrement utilisée par le gouvernement. Ce document témoigne des échanges entre le président de l'Assemblée et les ministres lors du vote d'une loi. Ces deux documents sont révélateurs de l'importance des amendements dans le travail parlementaire et des procédures administratives mises en place par les services de l'Assemblée. La signature du président de l'Assemblée nationale authentifie la loi. Arch. nat., 20090344/43 (projets d'avis du C.E.S.). Arch. nat., 20060604/21 (déclaration d'urgence, demande de J. Auroux, amendement de G. Toutain et feuille de classement des amendements). Arch. nat., 20060604/125 (loi du 27 juillet 1982 signée par L. Mermaz).

***

Les séries A, C, CC et CE des Archives nationales offrent un regard croisé sur les assemblées parlementaires et consultatives. Chaque série peut détenir des documents en provenance des autres assemblées. Pour connaître réellement la genèse d'une loi, il importe donc de chercher dans chacune de ces séries. Elles proposent également un panorama incomparable de la participation des institutions les plus éminentes au travail de conception et de rédaction de la loi depuis la Révolution. Dans le domaine de la loi, la richesse des Archives nationales est encore plus grande si l'on songe aux archives détenues par les autres départements de la direction des Fonds : archives de parlementaires au département des Archives personnelles, familiales et associatives, ou archives ministérielles dans les autres départements. Les dossiers à l'origine d'un projet de loi sont d'un intérêt exceptionnel pour comprendre la genèse des lois.

Promenade virtuelle dans les archives de la loi aux Archives nationales : le Conseil d'État

ARNAUD ROMONT
Chargé d'études documentaires, Archives nationales,
Département de l'Exécutif et du Législatif, pôle Grands organes de contôle
(législatif, constitutionnel, administratif et financier)

Le Conseil d'État, à travers sa fonction consultative, a un rôle primordial dans l'élaboration de la loi : depuis sa création en 1799, il joue le rôle de conseiller du Gouvernement en examinant notamment les projets de loi.

Le fonds du Conseil d'État aux Archives nationales

Les Archives nationales conservent 4,330 kml d'archives du Conseil d'État (fonctions consultatives et contentieuses incluses). Dans cet ensemble, 1,520 kml d'archives est issu des sections administratives. Ce dernier ensemble est entièrement conservé à Pierrefitte-sur-Seine. Et c'est ce qui nous intéresse dans ce propos.

Le fonds du Conseil d'État est fortement lacunaire pour la période antérieure à 1871. La nuit du 23 au 24 mai 1871, plus de 70 ans d'archives ont été détruites dans l'incendie du palais d'Orsay (où résidait le Conseil d'État depuis 1840) par les communards. Il ne subsiste que quelques épaves.

Outre ces dernières, qui remontent jusqu'à 1830, le fonds des sections administratives est compris entre 1871 et 1998, date des derniers documents versés par le Conseil d'État. Il est important de noter que l'ensemble des projets de loi sont obligatoirement soumis au Conseil d'État depuis 1945. Auparavant, aucune obligation ne prévalait et le Conseil d'État était trop rarement sollicité pour les textes importants. Sur cette période antérieure à 1945, nous retrouvons donc dans le fonds principalement des projets et propositions de loi d'intérêt local (par exemple, entre 1872 et 1877 : 68 lois d'intérêt général et 364 d'intérêt local sont passées devant le Conseil d'État).

Deux systèmes de cotation coexistent : la série AL (anciennement conservée sur le site de Paris) et des numéros de versement en continu (anciennement conservés sur le site de Fontainebleau).

Ces archives étant publiques, la loi du 15 juillet 2008 relative aux archives s'applique et soumet ces documents à un délai de communicabilité de 25 ans [305]. Un délai de 50 ans [306] peut éventuellement s'y substituer quand des informations personnelles sont présentes dans le dossier.

Outre les archives liées aux fonctions consultatives, le fonds du Conseil d'État comprend également les archives des sections du contentieux [307]. Elles comprennent principalement quatre types de documents : les registres de suivi des affaires, les procès-verbaux, les minutes de décisions et les dossiers de procédure. Ces archives sont majoritairement conservées sur le site de Fontainebleau et le délai de communicabilité est de 75 ans [308].

Enfin, pour terminer ce tour d'horizon, le fonds du Conseil d'État comprend également des archives liées à ses vice-présidents [309], au fonctionnement général de l'institution [310], à ses divers services [311], à des commissions spécialisées [312] ou bien au contrôle de la vie politique [313].

---

[305] Article L213-2 du Code du patrimoine : « I. – Les archives publiques sont communicables de plein droit à l'expiration d'un délai de : 1° Vingt-cinq ans à compter de la date du document ou du document le plus récent inclus dans le dossier : [...] b) Pour les documents mentionnés au 1° du I de l'article 6 de la loi n° 78-753 du 17 juillet 1978. »

[306] Article L213-2 du Code du patrimoine : « I. – Les archives publiques sont communicables de plein droit à l'expiration d'un délai de : [...] 3° Cinquante ans à compter de la date du document ou du document le plus récent inclus dans le dossier, pour les documents dont la communication porte atteinte [...] à la protection de la vie privée. »

[307] Section du contentieux (1870-2008) et section spéciale du contentieux (1920-1934).

[308] Article L213-2 du Code du patrimoine : « I. – Les archives publiques sont communicables de plein droit à l'expiration d'un délai de : [...] 4° Soixante-quinze ans à compter de la date du document ou du document le plus récent inclus dans le dossier, ou un délai de vingt-cinq ans à compter de la date du décès de l'intéressé si ce dernier délai est plus bref : [...] c) Pour les documents relatifs aux affaires portées devant les juridictions, sous réserve des dispositions particulières relatives aux jugements, et à l'exécution des décisions de justice. »

[309] Le versement 20080196 contient les archives de Bernard Chenot (1971-1979), Christian Chavanon (1979-1981), Marc Barbet (1981-1982), Pierre Nicolaÿ (1982-1987) et Marceau Long (1987-1995). Celles de René Cassin se trouvent dans son fonds privé (382AP).

[310] Archives du secrétariat général du Conseil d'État (1870-1995).

[311] Bureau d'aide juridictionnelle (1895-2000), section du rapport et des études (1963-1995), centre de coordination et de documentation (1957-1967).

[312] Commission spéciale de cassation des pensions (1935-2002), Commission supérieure de cassation des dommages de guerre (1921-1962), Conseil des prises (an VIII-1965), Cour supérieure d'arbitrage (1938-1940).

La recherche dans le fonds du Conseil d'État s'effectue grâce à des instruments de recherche dématérialisés et disponibles dans la salle des inventaires virtuelle du site Web des Archives nationales [314].

Les documents et leur intérêt pour l'histoire des lois

Les documents provenant des sections administratives du Conseil d'État permettent de mieux comprendre l'influence qu'a pu avoir l'institution sur la rédaction d'un texte. Que trouve-t-on donc dans les archives des sections administratives du Conseil d'État ? Nous allons illustrer ce propos à travers trois exemples de projets de loi :

— le « projet de loi tendant à l'institution d'un système de prix unique du livre » (séance du 21 juillet 1981) [315] ;

— le « projet de loi portant abolition de la peine de mort » (séance du 24 août 1981) [316] ;

— le « projet de loi tendant au développement de l'expression des salariés sur les conditions de travail dans l'entreprise », loi Auroux, (séance du 10 décembre 1981) [317].

Le fonds d'archives des sections administratives est essentiellement composé de dossiers d'affaires administratives. Il s'agit de dossiers qui réunissent l'ensemble des documents reçus et produits au cours de l'examen des projets de textes (ou des demandes d'avis du Gouvernement), soit par l'une des sections administratives, soit par deux sections réunies, soit par une commission spéciale, par l'Assemblée générale (pour les projets les plus importants) ou par la Commission permanente (pour les projets les plus urgents).

Un projet de texte arrive au Conseil d'État sous forme d'une lettre de saisine émanant du Secrétariat général du Gouvernement.

---

[313] Commission nationale de contrôle de la campagne en vue de l'élection présidentielle (1965-1981), Commission nationale de recensement général des votes pour l'élection des représentants au Parlement européen (1979-2004).

[314] http://www.archives-nationales.culture.gouv.fr.

[315] Arch. nat. 20090181/409, dossier n° 329 455.

[316] Arch. nat. 20090181/416, dossier n° 329 574.

[317] Arch. nat. 20090181/458, dossier n° 330 214.

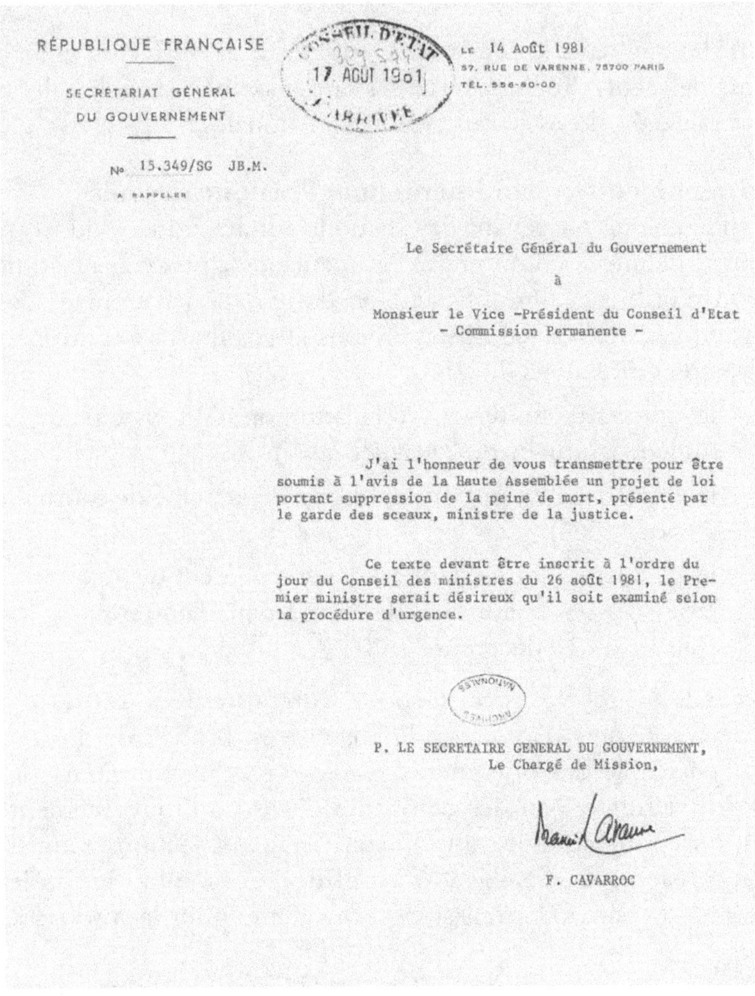

RÉPUBLIQUE FRANÇAISE

SECRÉTARIAT GÉNÉRAL
DU GOUVERNEMENT

N° 15.349/SG JB.M.

A RAPPELER

CONSEIL D'ÉTAT
329 574
17 AOUT 1981
ARCHIVES

LE 14 Août 1981
57, RUE DE VARENNE, 75700 PARIS
TÉL. 556-80-00

Le Secrétaire Général du Gouvernement

à

Monsieur le Vice -Président du Conseil d'Etat
- Commission Permanente -

J'ai l'honneur de vous transmettre pour être soumis à l'avis de la Haute Assemblée un projet de loi portant suppression de la peine de mort, présenté par le garde des sceaux, ministre de la justice.

Ce texte devant être inscrit à l'ordre du jour du Conseil des ministres du 26 août 1981, le Premier ministre serait désireux qu'il soit examiné selon la procédure d'urgence.

ARCHIVES NATIONALES

P. LE SECRETAIRE GENERAL DU GOUVERNEMENT,
Le Chargé de Mission,

F. CAVARROC

1. Lettre de saisine du Conseil d'État par le Secrétariat général du Gouvernement à propos du projet de loi portant suppression de la peine de mort, 14 août 1981. Arch. nat., 20090181/416, dossier n° 329 574.

Cette lettre de saisine est accompagnée du projet de loi et de l'exposé des motifs, de la copie des lettres d'accord des autres ministres intéressés ou le relevé de décisions établi à la suite d'une réunion interministérielle tenue à Matignon, les avis du ou des organismes qui doivent être consultés et les noms, qualités et coordonnées des fonctionnaires qui défendront le texte devant le Conseil d'État.

Le dossier ainsi parvenu est attribué à la section administrative compétente, à la commission permanente (en cas de procédure d'urgence) ou à une commission *ad hoc*. La section l'enregistre en lui attribuant un numéro et le président désigne alors un rapporteur parmi les membres de la section.

Commence alors le travail du rapporteur qui se déroule en quatre temps. Tout d'abord, il se livre à un premier examen du texte, puis tient une ou plusieurs réunions avec les fonctionnaires qui représentent les différents départements ministériels intéressés (appelés commissaires du Gouvernement). Ensuite, le rapporteur entame la rédaction du texte amendé, voire complètement remanié, qui sera soumis à l'examen de la formation collégiale.

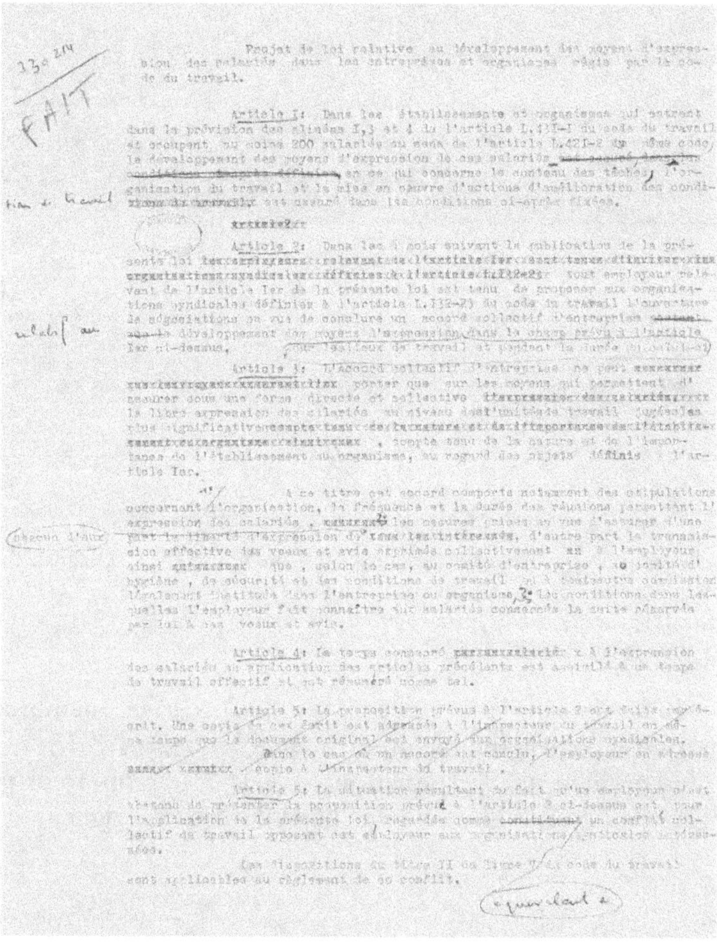

Projet de loi relative au développement des moyens d'expression des salariés dans les entreprises et organismes régis par le code du travail.

Article 1: Dans les établissements et organismes qui entrent dans la prévision des alinéas 1,3 et 4 de l'article L.431-1 du code du travail et occupant au moins 200 salariés au sens de l'article L.421-2 du même code, le développement des moyens d'expression de ces salariés, en ce qui concerne le contenu des tâches, l'organisation du travail et la mise en oeuvre d'actions d'amélioration des conditions de travail est assuré dans les conditions ci-après fixées.

[illegible]

2. Projet de loi relative au développement des moyens d'expression des salariés dans les entreprises et organismes régis par le Code du travail, annoté par Bernard Jouvin, conseiller

d'État et rapporteur du projet de loi auprès du Conseil d'État, 1981, p. 1. Arch. nat., 20090181/458, dossier n° 330 214.

Le rapporteur prépare également le rapport général qui introduira le débat et les remarques qui accompagneront la discussion de chacun des articles (pas forcément entièrement rédigé). Enfin, il prépare la séance en communiquant au secrétariat de sa section la liste de commissaires du Gouvernement à convoquer.

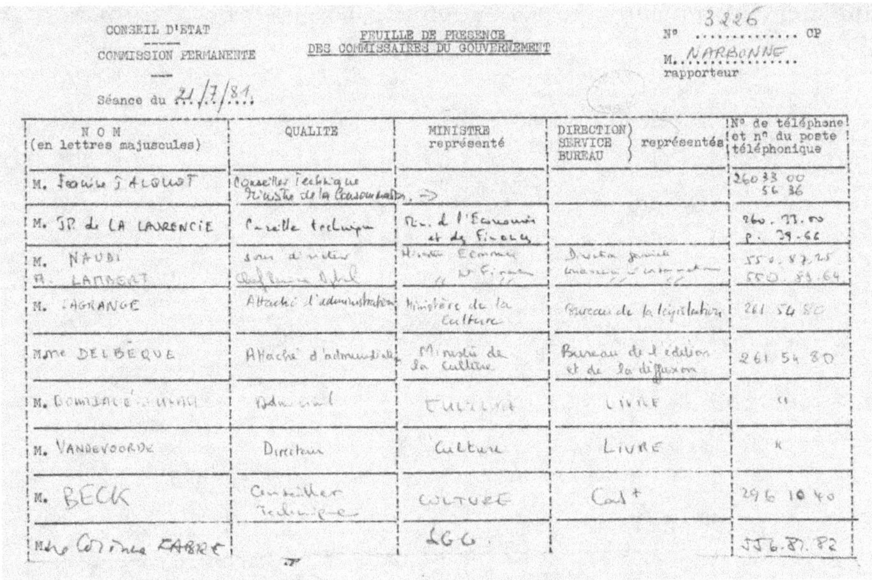

CONSEIL D'ETAT

COMMISSION PERMANENTE

Séance du 21/7/81

FEUILLE DE PRESENCE DES COMMISSAIRES DU GOUVERNEMENT

N° 3226 CP

M. NARBONNE rapporteur

N O M (en lettres majuscules)	QUALITE	MINISTRE représenté	DIRECTION SERVICE BUREAU représentés	N° de téléphone et n° du poste téléphonique
M. [illegible] JALOUST	Conseiller technique Ministre de la Consommation →			260 33 00 56 36
M. JP. de LA LAURENCIE	Conseiller technique	M. de l'Économie et des Finances		260.33.00 p. 39-66
M. NAUDI / M. LAMBERT	[illegible] / [illegible]	Ministère Économie et Finances	[illegible]	550.87.25 / 550.83.64
M. LAGRANGE	Attaché d'administration	Ministère de la Culture	Bureau de la législation	261 54 80
Mme DELBÈQUE	Attaché d'administration	Ministère de la Culture	Bureau de l'édition et de la diffusion	261 54 80
M. [illegible]	[illegible]	CULTURE	LIVRE	"
M. VANDEVOORDE	Directeur	Culture	LIVRE	"
M. BECK	Conseiller Technique	CULTURE	Cab[t]	296 10 40
Mlle [illegible] FABRE		[illegible]		556.87.82

3. Feuille de présence des commissaires du Gouvernement à la séance de la Commission permanente du Conseil d'État du 21 juillet 1981 relative au projet de loi tendant à l'institution d'un système de prix unique du livre, 21 juillet 1981, p. 1. Arch. nat., 20090181/409, dossier n° 329 455.

Il prépare également la liste des textes à diffuser aux membres de la section, ainsi que la dactylographie du texte qu'il propose.

Lors de l'examen par la formation collégiale, le rapporteur présente un rapport général qui situe le texte dans l'état du droit en vigueur.

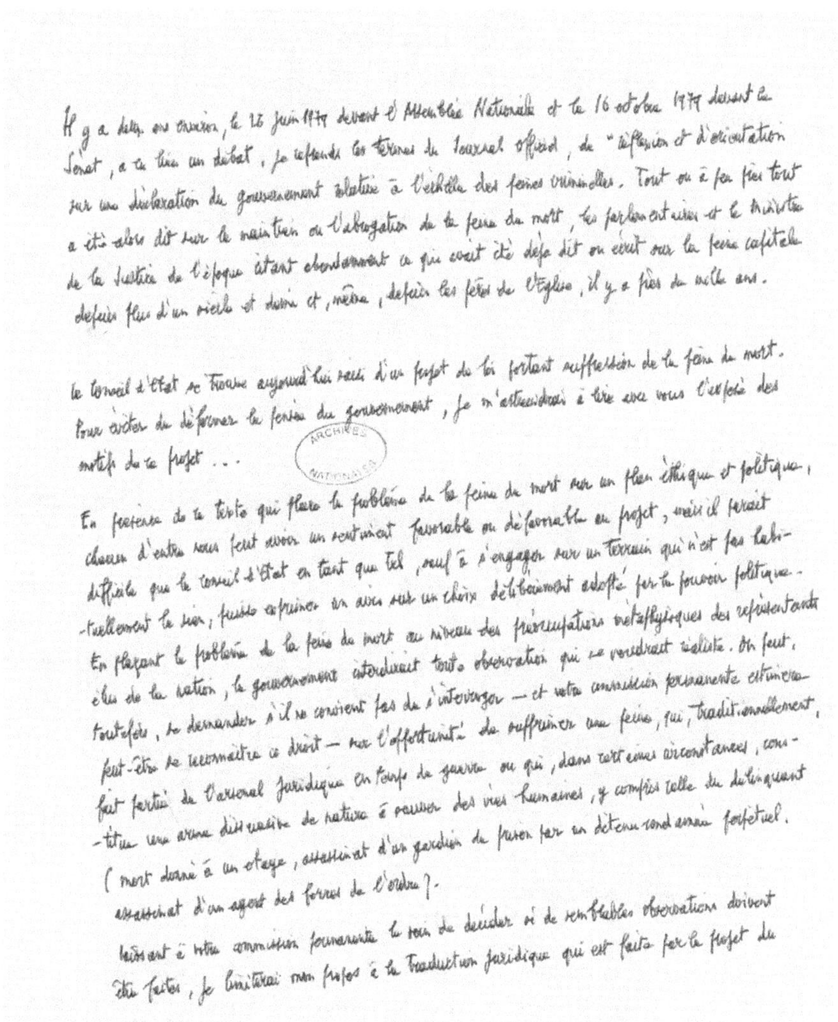

Il y a deux ans environ, le 26 juin 1979 devant l'Assemblée Nationale et le 16 octobre 1979 devant le
Sénat, a eu lieu un débat, je reprends les termes du Journal officiel, de "réflexion et d'orientation
sur une déclaration du gouvernement relative à l'échelle des peines criminelles. Tout ou à peu près tout
a été alors dit sur le maintien ou l'abrogation de la peine de mort, les parlementaires et le ministre
de la Justice de l'époque étant abondamment ce qui avait été déjà dit ou écrit sur la peine capitale
depuis plus d'un siècle et demi et, même, depuis les pères de l'Eglise, il y a près de mille ans.

Le Conseil d'Etat se trouve aujourd'hui saisi d'un projet de loi portant suppression de la peine de mort.
Pour éviter de déformer la pensée du gouvernement, je m'attacherai à lire avec vous l'exposé des
motifs de ce projet ...

En présence de ce texte qui place le problème de la peine de mort sur un plan éthique et politique,
chacun d'entre vous peut avoir un sentiment favorable ou défavorable au projet, mais il paraît
difficile que le Conseil d'Etat en tant que tel, sauf à s'engager sur un terrain qui n'est pas habi-
-tuellement le sien, puisse exprimer un avis sur un choix délibérément adopté par le pouvoir politique.
En plaçant le problème de la peine de mort au niveau des préoccupations métaphysiques des représentants
élus de la nation, le gouvernement interdirait toute observation qui se voudrait réaliste. On peut,
toutefois, se demander s'il ne convient pas de s'interroger — et votre commission permanente estimera
peut-être se reconnaître ce droit — sur l'opportunité de supprimer une peine, qui, traditionnellement,
fait partie de l'arsenal juridique en temps de guerre ou qui, dans certaines circonstances, cons-
-titue une arme dissuasive de nature à sauver des vies humaines, y compris celle du délinquant
(mort donné à un otage, assassinat d'un gardien de prison par un détenu condamné perpétuel.
assassinat d'un agent des forces de l'ordre)-
laissant à votre commission permanente le soin de décider si de semblables observations doivent
être faites, je limiterai mon propos à la traduction juridique qui est faite par le projet du

4. Rapport général relatif au projet de loi portant suppression de la peine de mort, rédigé par François Essig, maître des requêtes au Conseil d'État et rapporteur du projet de loi auprès du Conseil d'État, août 1981, p. 1. Arch. nat., 20090181/416, dossier n° 329 574.

Au terme de son exposé d'ensemble, le rapporteur indique le sens général de sa proposition. Le président ouvre alors une discussion générale à laquelle peuvent prendre part tous les membres de la section et les commissaires du Gouvernement.

COMMISSION PERMANENTE

21 Juillet 1981

Président : M. CHARDEAU
Secrétaire : M. JANICOT

n° 3.226 CP

Rapporteur : M. NARBONNE

D I S C U S S I O N

M. Fougère

Il est fâcheux que nous soyons si peu éclairés sur les conséquences qu'a pour le petit commerce et la librairie le système de liberté des prix qui a été mis en vigueur depuis quelques années. Est-ce que ceci s'est traduit pour les petits libraires par un manque à gagner ou est-ce que ceci a entraîné pour le petit commerce de détail du livre des dépôts de bilan, des fermetures ? C'est tout de même important. Et si j'insiste sur ce point c'est pour la raison suivante. Il y a un argument que le Gouvernement ne semble pas avoir invoqué dans cette affaire.

L'achat de livres a toujours un caractère occasionnel et c'est là que le maintien en existence de petites librairies peut avoir un intérêt très grand. Et s'il y a un rôle important joué par de nombreux points de vente modestes dans la diffusion et dans la vente du livre, il est interessant de voir prendre des mesures qui peuvent avoir pour effet de maintenir en vie des librairies de type artisanal.

Je regrette que nous soyons si mal renseignés sur ces points.

5. Procès-verbal de la discussion générale de la séance de la Commission permanente du Conseil d'État du 21 juillet 1981 relative au projet de loi tendant à l'institution d'un système de prix unique du livre, 21 juillet 1981, p. 1. Arch. nat., 20090181/409, dossier n° 329 455.

Si la solution générale proposée par le rapporteur est contestée, la discussion se clôt par un vote auquel ne participent que le président, le rapporteur et les conseillers d'État en séance.

S'engage ensuite l'examen du texte, à partir de la lecture du rapporteur.

\- 20 -

Monsieur Maleville :

J'ai une autre remarque. L'art. 1er dit "la peine de mort est abolie" et le titre dit "projet de loi portant suppression de la peine de mort"; quelle distinction fait-on entre "suppression" et "abolition" ?

Monsieur le Président :

Il faut mettre "abolition" dans le titre.

Monsieur le Commissaire du Gouvernement :

Pour éviter les répétitions, nous avons eu recours au dictionnaire des synonymes.

Monsieur le Président :

"Abolir" est plus noble. Si on devait faire une différence, ce serait plutôt le contraire.

Monsieur le Commissaire du Gouvernement :

Nous nous posons la question de l'extension aux territoires d'outre-mer. Faut-il la prévoir expressément, faut-il consulter les Assemblées territoriales ?

Monsieur le Président :

Je crois qu'il faut l'étendre aux T. O. M. parce que le code pénal n'y est pas applicable, ni le code de justice militaire, mais l'art. 1er s'applique de tout façon.

.../...

6. Procès-verbal de l'examen du projet de loi portant suppression de la peine de mort, lors de la séance de la Commission permanente du Conseil d'État du 24 août 1981, 24 août 1981, p. 20. Arch. nat., 20090181/416, dossier n° 329 574.

Quand le dernier article a été adopté, la discussion est terminée. Chaque fois que le Conseil d'État adopte une rédaction différente de celle du Gouvernement sans que cette modification s'explique d'elle-même et sans qu'elle ait l'accord du Gouvernement, il doit expliciter sa position sous forme d'une « note » (préparée avant la séance ou improvisée au cours de la séance).

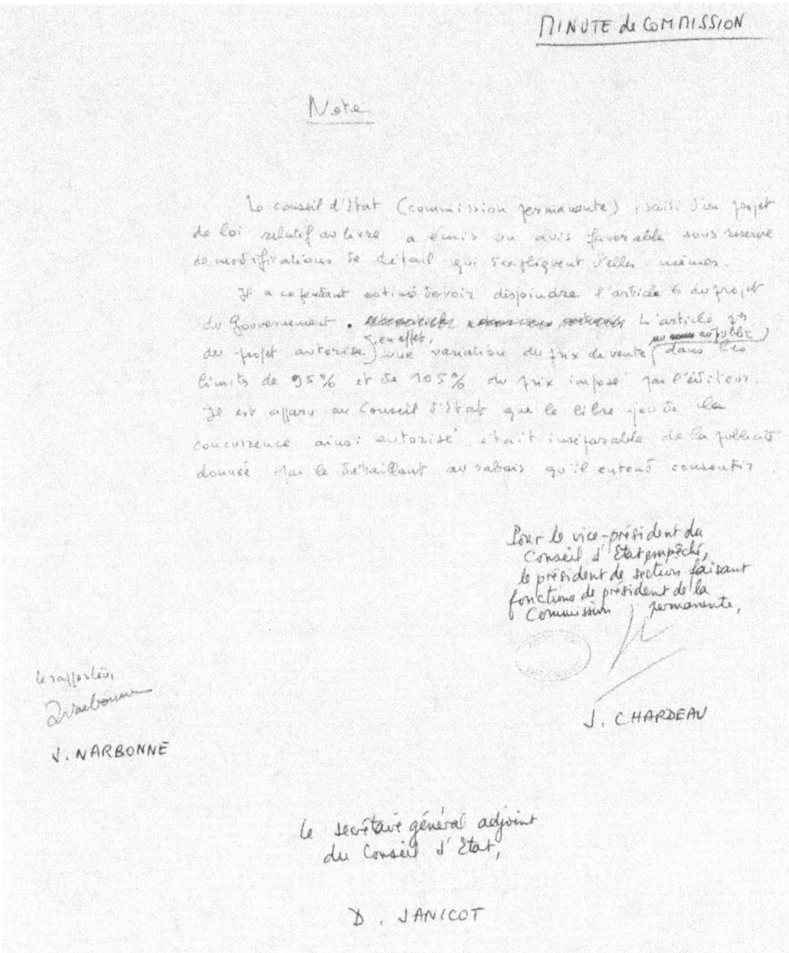
MINUTE de COMMISSION

Note

Le Conseil d'État (commission permanente), saisi d'un projet de loi relatif au livre a émis un avis favorable sous réserve de modifications de détail qui s'expliquent d'elles-mêmes.

Il a cependant estimé devoir disjoindre l'article 6 du projet du Gouvernement. L'article 3 du projet autorise, en effet, une variation du prix de vente au public dans les limites de 95 % et de 105 % du prix imposé par l'éditeur. Il est apparu au Conseil d'État que le libre jeu de la concurrence ainsi autorisé était inséparable de la publicité donnée par le détaillant au rabais qu'il entend consentir.

Pour le vice-président du Conseil d'État empêché, le président de section faisant fonctions de président de la Commission permanente,

J. CHARDEAU

le rapporteur

J. NARBONNE

le secrétaire général adjoint du Conseil d'État,

D. JANICOT

7. Note relative au projet de loi tendant à l'institution d'un système de prix unique du livre, rédigée par Jacques Narbonne, conseiller d'État et rapporteur du projet de loi auprès du Conseil d'État, 21 juillet 1981. Arch. nat., 20090181/409, dossier n° 329 455.

Lorsqu'après l'examen en section, le texte n'est pas dispensé d'Assemblée générale, la discussion devant cette formation se déroule suivant le même schéma. Le rapporteur prépare un document supplémentaire appelé « feuille bleue » qui résume les principales questions de droit et d'opportunité posées par le texte et qui est diffusé à l'avance aux seuls membres de l'Assemblée.

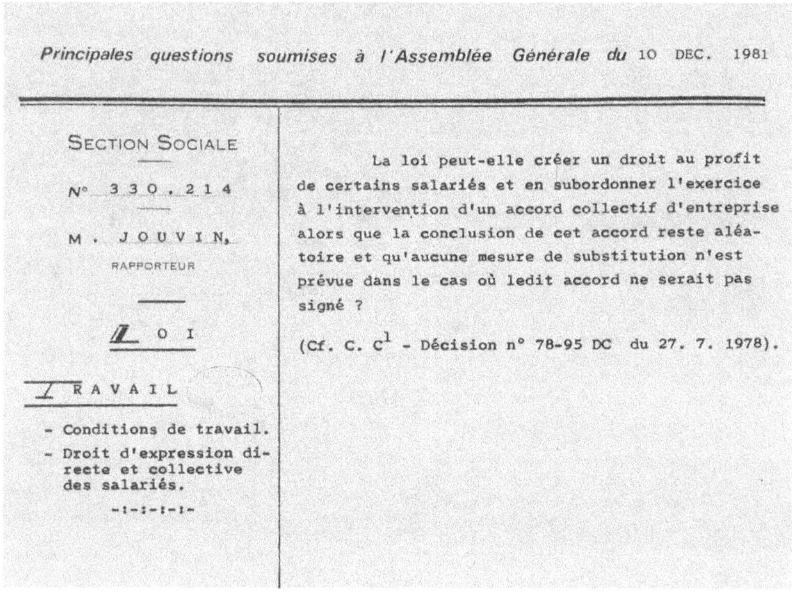

Principales questions soumises à l'Assemblée Générale du 10 DEC. 1981

SECTION SOCIALE

N° 330.214

M. JOUVIN,
RAPPORTEUR

LOI

TRAVAIL

- Conditions de travail.
- Droit d'expression directe et collective des salariés.

-:-:-:-

La loi peut-elle créer un droit au profit de certains salariés et en subordonner l'exercice à l'intervention d'un accord collectif d'entreprise alors que la conclusion de cet accord reste aléatoire et qu'aucune mesure de substitution n'est prévue dans le cas où ledit accord ne serait pas signé ?

(Cf. C. C^{1} - Décision n° 78-95 DC du 27. 7. 1978).

8. Feuille dite « bleue », en raison de la couleur du papier, concernant le projet de loi relative au développement des moyens d'expression des salariés dans les entreprises et organismes régis par le Code du travail, décembre 1981. Arch. nat., 20090181/458, dossier n° 330 214.

De plus, lors de son exposé, le rapporteur exprime désormais la parole de la section dont il doit défendre loyalement la position, même s'il ne l'approuve pas. Il ne retrouve sa liberté qu'au moment du vote.

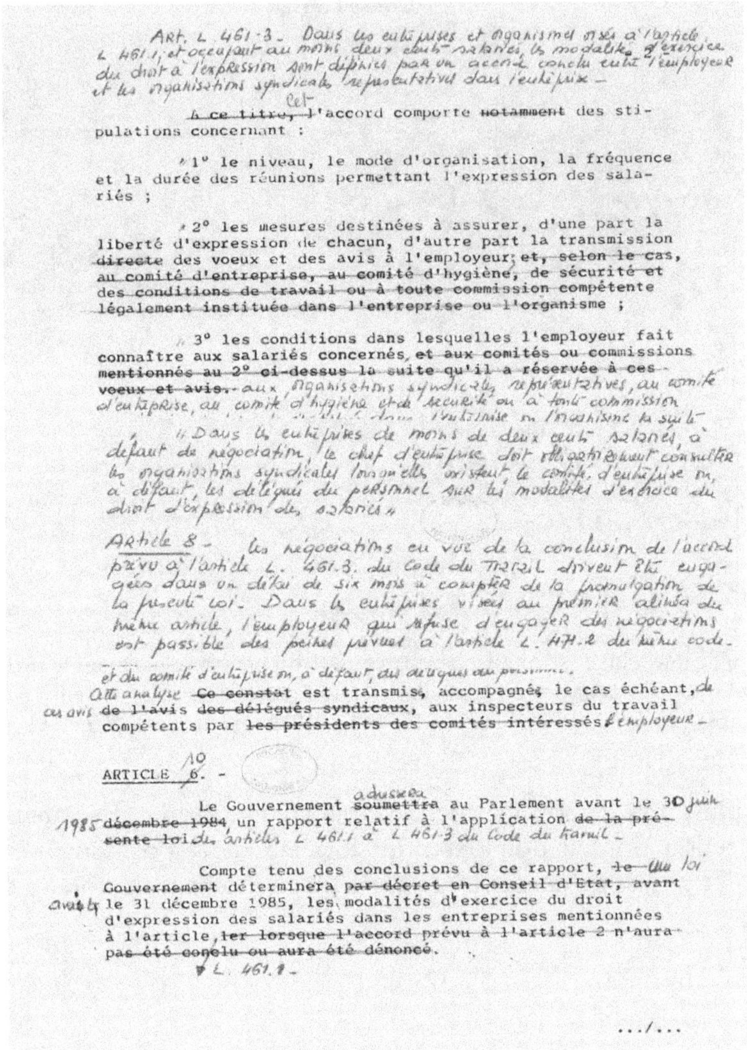

Art. L. 461-3. – Dans les entreprises et organismes visés à l'article L. 461.1, et occupant au moins deux cents salariés, les modalités d'exercice du droit à l'expression sont définies par un accord conclu entre l'employeur et les organisations syndicales représentatives dans l'entreprise –

~~A ce titre,~~ l'Cet accord comporte ~~notamment~~ des stipulations concernant :

« 1° le niveau, le mode d'organisation, la fréquence et la durée des réunions permettant l'expression des salariés ;

« 2° les mesures destinées à assurer, d'une part la liberté d'expression de chacun, d'autre part la transmission ~~directe~~ des voeux et des avis à l'employeur; ~~et, selon le cas, au comité d'entreprise, au comité d'hygiène, de sécurité et des conditions de travail ou à toute commission compétente légalement instituée dans l'entreprise ou l'organisme ;~~

« 3° les conditions dans lesquelles l'employeur fait connaître aux salariés concernés, ~~et aux comités ou commissions mentionnés au 2° ci-dessus la suite qu'il a réservée à ces voeux et avis.~~ aux organisations syndicales représentatives, au comité d'entreprise, au comité d'hygiène et de sécurité ou à toute commission

« Dans les entreprises de moins de deux cents salariés, à défaut de négociation, le chef d'entreprise doit obligatoirement consulter les organisations syndicales lorsqu'elles existent, le comité d'entreprise ou, à défaut, les délégués du personnel sur les modalités d'exercice du droit d'expression des salariés »

Article 8 – Les négociations en vue de la conclusion de l'accord prévu à l'article L. 461.3. du Code du Travail doivent être engagées dans un délai de six mois à compter de la promulgation de la présente loi. Dans les entreprises visées au premier alinéa du même article, l'employeur qui refuse d'engager des négociations est passible des peines prévues à l'article L. 471.2 du même code.

et du comité d'entreprise ou, à défaut, des délégués du personnel.
Cette analyse ~~Ce constat~~ est transmis, accompagné, le cas échéant, de ces avis ~~de l'avis des délégués syndicaux~~, aux inspecteurs du travail compétents par ~~les présidents des comités intéressés~~ l'employeur –

ARTICLE ~~6~~ 10. –

Le Gouvernement ~~soumettra~~ adressera au Parlement avant le 30 juin 1985 ~~décembre 1984~~ un rapport relatif à l'application ~~de la présente loi~~ des articles L. 461.1 à L. 461-3 du Code du travail –

Compte tenu des conclusions de ce rapport, ~~le~~ une loi ~~Gouvernement~~ déterminera ~~par décret en Conseil d'Etat, avant~~ avant le 31 décembre 1985, les modalités d'exercice du droit d'expression des salariés dans les entreprises mentionnées à l'article ~~1er lorsque l'accord prévu à l'article 2 n'aura pas été conclu ou aura été dénoncé~~. L. 461.1 –

.../...

9. Extrait annoté du registre des délibérations de l'Assemblée générale du Conseil d'État, séance du 10 décembre 1981 concernant le projet de loi relative au développement des moyens d'expression des salariés dans les entreprises et organismes régis par le Code du travail, 10 décembre 1981, p. 2. Arch. nat., 20090181/458, dossier n° 330 214.

Après la séance, le rapporteur doit remettre au secrétariat de sa section (ou au secrétariat général, s'il s'agit de l'Assemblée générale) la minute correspondant au texte adopté collégialement, ainsi qu'éventuellement la note associée. Ces deux documents sont signés par le président et par le rapporteur et restent dans le dossier pour faire foi.

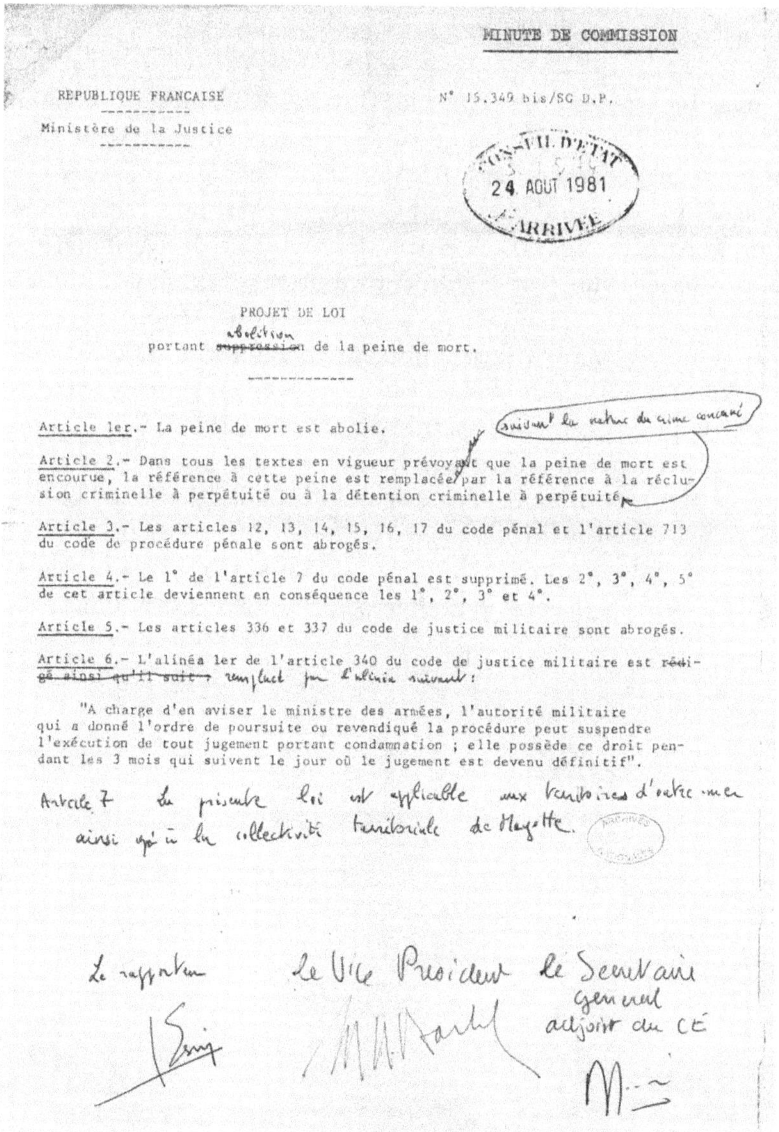

MINUTE DE COMMISSION

REPUBLIQUE FRANCAISE

Ministère de la Justice

N° 15.349 bis/SG D.P.

CONSEIL D'ÉTAT
24 AOUT 1981
ARRIVÉE

PROJET DE LOI

portant ~~suppression~~ abolition de la peine de mort.

Article 1er.- La peine de mort est abolie.

Article 2.- Dans tous les textes en vigueur prévoyant que la peine de mort est encourue, la référence à cette peine est remplacée par la référence à la réclusion criminelle à perpétuité ou à la détention criminelle à perpétuité (suivant la nature du crime concerné).

Article 3.- Les articles 12, 13, 14, 15, 16, 17 du code pénal et l'article 713 du code de procédure pénale sont abrogés.

Article 4.- Le 1° de l'article 7 du code pénal est supprimé. Les 2°, 3°, 4°, 5° de cet article deviennent en conséquence les 1°, 2°, 3° et 4°.

Article 5.- Les articles 336 et 337 du code de justice militaire sont abrogés.

Article 6.- L'alinéa 1er de l'article 340 du code de justice militaire est ~~rédigé ainsi qu'il suit :~~ remplacé par l'alinéa suivant :

"A charge d'en aviser le ministre des armées, l'autorité militaire qui a donné l'ordre de poursuite ou revendiqué la procédure peut suspendre l'exécution de tout jugement portant condamnation ; elle possède ce droit pendant les 3 mois qui suivent le jour où le jugement est devenu définitif".

Article 7 La présente loi est applicable aux territoires d'outre-mer ainsi qu'à la collectivité territoriale de Mayotte.

Le rapporteur | Le Vice Président | Le Secrétaire général adjoint du CE

10. Minute de la Commission permanente du Conseil d'État relative au projet de loi portant suppression de la peine de mort, annotée par François Essig, maître des requêtes au Conseil d'État et rapporteur du projet de loi auprès du Conseil d'État, 24 août 1981. Arch. nat., 20090181/416, dossier n° 329 574.

Des copies sont adressées au ministre qui a saisi le Conseil. Le rapporteur laisse également dans le dossier la documentation qu'il a réunie et ses propres notes.

Les Archives nationales conservent les dossiers d'affaires administratives en continu entre 1872 et 1998, plus quelques dossiers entre 1830 et 1871. Ils se trouvent aussi bien dans la série AL que dans des versements. Les dossiers sont classés par année d'entrée au Conseil d'État, puis par numéro de dossier (dans l'ordre croissant). À partir des dossiers de l'année 1995, ils sont classés par année, puis par section d'attribution, et enfin par numéro de dossier.

Pour trouver un dossier d'affaire administrative, il est donc indispensable de connaître son numéro de dossier. Pour retrouver un numéro de dossier, il est conseillé de passer par les registres de procès-verbaux des affaires administratives. Ces registres contiennent les avis rendus par le Conseil d'État et parfois des analyses sommaires des discussions et des décisions prises lors des séances (registres de procès-verbaux annexes). Ces registres sont très utiles de par leur index (noms communs et noms propres) qui renvoient vers la page de la séance et donc le numéro de dossier correspondant.

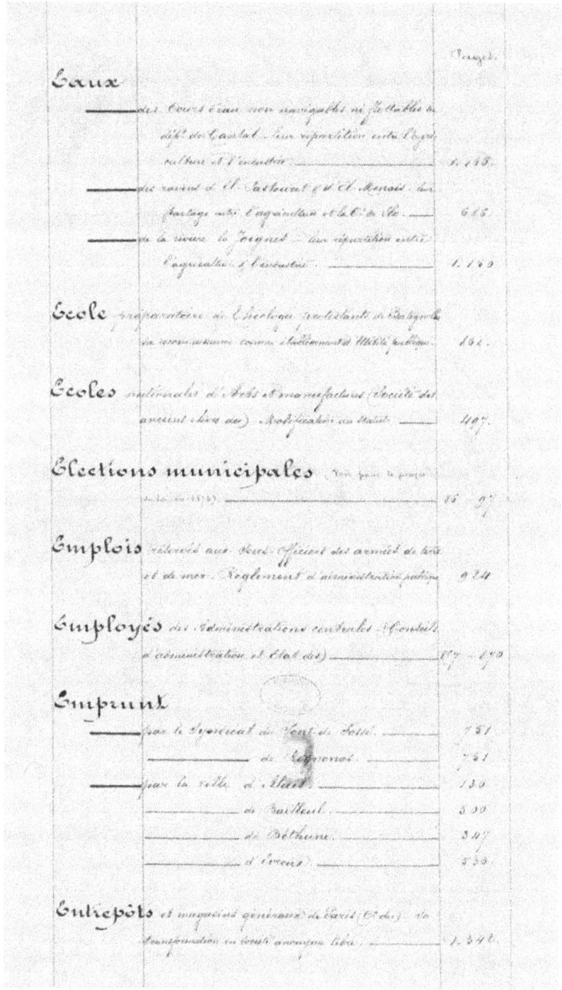

Pages.

Eaux
— des cours d'eau non navigables ni flottables du dépt du Cantal. Leur répartition entre l'agriculture et l'industrie — 1.165.
— des ravins de St-[illegible] et de St-[illegible]. Leur partage entre l'agriculture et la C[illegible] — 665.
— de la rivière le Joignet. Leur répartition entre l'agriculture et l'industrie — 1.180

Ecole préparatoire de théologie protestante de Batignolles. Sa reconnaissance comme établissement d'utilité publique — 162.

Ecoles nationales d'Arts et manufactures (Société des anciens élèves des). Modification des statuts — 407.

Elections municipales ([illegible]) — 86 – 97

Emplois réservés aux sous-officiers des armées de terre et de mer. Règlement d'administration publique — 924

Employés des administrations centrales (Conseils d'administration et État des) — 187 – 190

Emprunt
— par le Syndicat du Pont-de-[illegible] — 751
— de [illegible] — 751
— par la ville d'[illegible] — 130
— de Bailleul — 500
— de Béthune — 347
— d'Evreux — 530

Entrepôts et magasins généraux de Paris (Cie des). Sa transformation en société anonyme libre — 1.540.

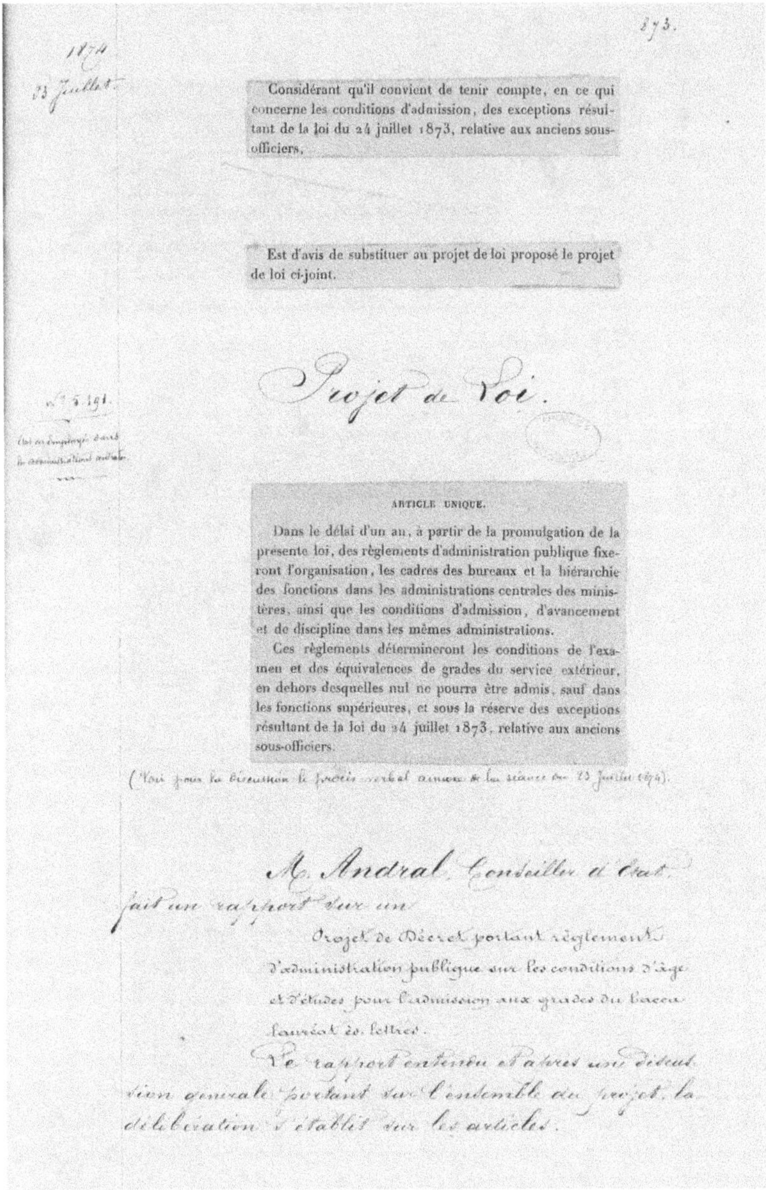

873.

1874
23 juillet

Considérant qu'il convient de tenir compte, en ce qui concerne les conditions d'admission, des exceptions résultant de la loi du 24 juillet 1873, relative aux anciens sous-officiers,

Est d'avis de substituer au projet de loi proposé le projet de loi ci-joint.

n° 5.191.

Projet de Loi.

ARTICLE UNIQUE.

Dans le délai d'un an, à partir de la promulgation de la présente loi, des règlements d'administration publique fixeront l'organisation, les cadres des bureaux et la hiérarchie des fonctions dans les administrations centrales des ministères, ainsi que les conditions d'admission, d'avancement et de discipline dans les mêmes administrations.

Ces règlements détermineront les conditions de l'examen et des équivalences de grades du service extérieur, en dehors desquelles nul ne pourra être admis, sauf dans les fonctions supérieures, et sous la réserve des exceptions résultant de la loi du 24 juillet 1873, relative aux anciens sous-officiers.

(Voir pour la discussion le procès-verbal annexé à la séance du 23 juillet 1874).

M. Andral, Conseiller d'État,
fait un rapport sur un
Projet de Décret portant règlement d'administration publique sur les conditions d'âge et d'études pour l'admission aux grades du baccalauréat ès lettres.

Le rapport entendu et après une discussion générale portant sur l'ensemble du projet, la délibération s'établit sur les articles.

11-12. Extrait de l'index [ill. 11] et page 873 [ill. 12] du registre de procès-verbaux d'affaires administratives du Conseil d'État de l'année 1874, 23 juillet 1874. Arch. nat., AL//5340.

Les Archives nationales conservent les procès-verbaux des séances des sections entre 1870 et 1939. Pour les registres non conservés aux Archives nationales il est indispensable d'interroger le bureau des archives du Conseil d'État qui conserve toujours les registres en question et possède d'autres instruments de recherche internes. À partir des dossiers de l'année 1972, les instruments de recherche comportent le numéro de dossier et le nom de chaque affaire.

Les Archives nationales conservent également les procès-verbaux des Assemblées générales du Conseil d'État entre 1871 et 1968. On y retrouve donc les minutes des discussions, classées par ordre chronologique de séance, et pour les années 1894-1904, l'énumération des affaires appelées [318]. Après 1968, on retrouve les procès-verbaux dans les dossiers correspondants.

***

Les archives des sections administratives du Conseil d'État demeurent une source inédite pour retracer l'histoire d'une loi. L'intérêt de ces documents est que l'on peut retrouver l'état du texte modifié, amendé, à chaque étape de ce passage, ainsi que les justifications du rapporteur. Le texte est donc ensuite retourné au Gouvernement, qui soit adopte, pour chaque élément divisible, la rédaction du Conseil, soit revient à son texte initial. Le texte peut alors logiquement être déposé auprès du Parlement.

Par ailleurs, d'autres documents plus épars permettent également de retracer l'intervention du Conseil d'État. Ces documents se présentent souvent sous la forme de brouillons conservés dans les papiers personnels de membres du Conseil d'État. C'est le cas, par exemple, dans les archives de Jean-Étienne-Marie Portalis (1746-1807), rédacteur du Code civil et négociateur du Concordat [319]. On y trouve notamment un manuscrit autographe du brouillon du texte du titre VI du Code civil sur le divorce [320].

---

[318] Il s'agit d'une énumération sommaire des affaires discutées, par section, avec renvois aux numéros de dossiers et d'impressions du Conseil.

[319] Arch. nat. AL//7418 à 7421.

[320] Arch. nat. AL//7420, pièce 3.

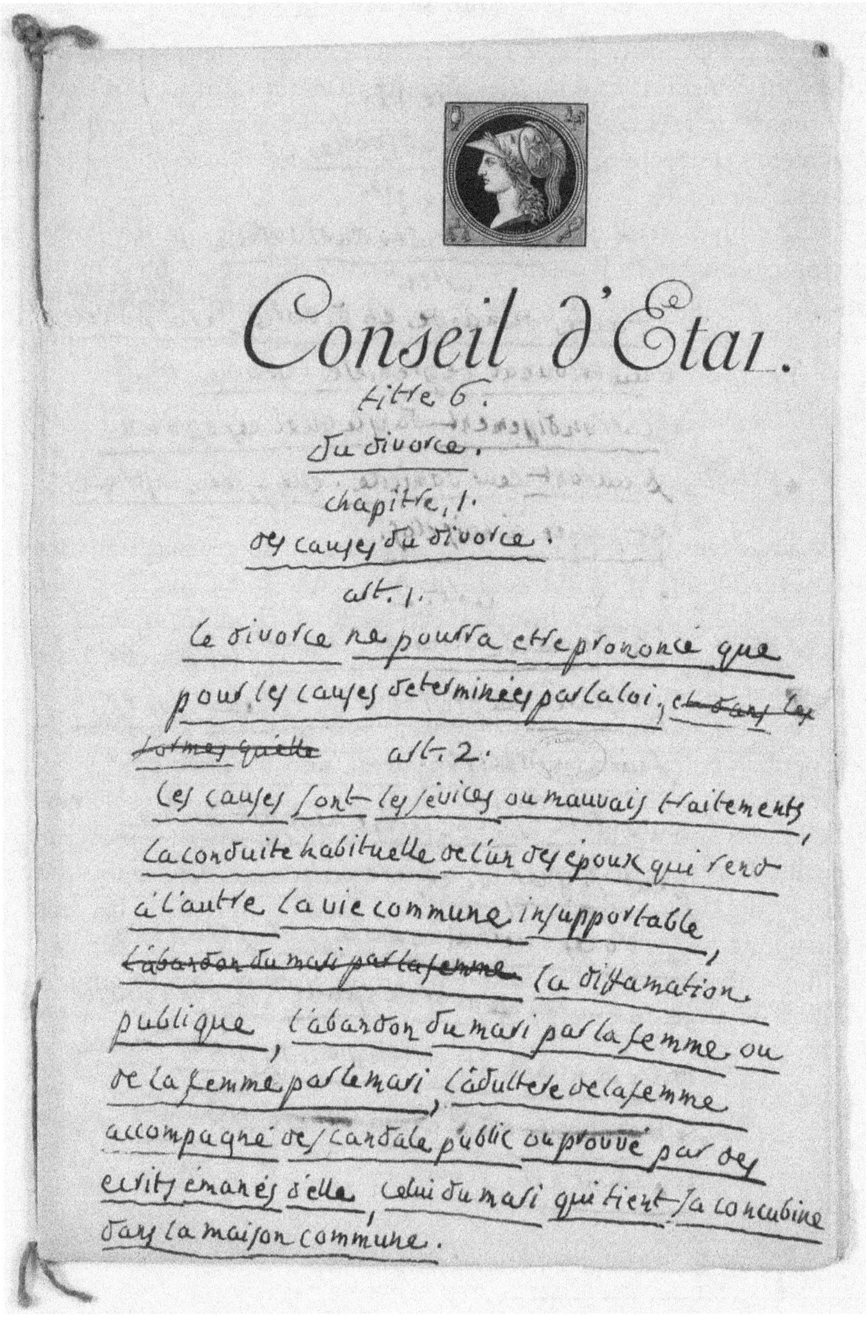

Conseil d'État.

titre 6.

du divorce.

chapitre 1.

des causes du divorce.

art. 1.

le divorce ne pourra être prononcé que pour les causes déterminées par la loi, ~~et dans les formes qu'elle~~

art. 2.

les causes sont les sévices ou mauvais traitements, la conduite habituelle de l'un des époux qui rend à l'autre la vie commune insupportable, ~~l'abandon du mari par la femme~~ la diffamation publique, l'abandon du mari par la femme ou de la femme par le mari, l'adultère de la femme accompagné de scandale public ou prouvé par des écrits émanés d'elle, celui du mari qui tient sa concubine dans la maison commune.

13. Manuscrit autographe de Jean-Étienne-Marie Portalis, conseiller d'État, du brouillon du texte du titre VI du Code civil sur le divorce, an XI [1803]. Arch. nat., AL//7420, pièce 3.

Ces archives sont ouvertes à la communication au public aux Archives nationales depuis mars 2015.

Les archives du privé

Aux sources d'un droit de l'homosexualité ? Eugène Wilhelm alias Numa Praetorius
RÉGIS SCHLAGDENHAUFFEN

Aux sources d'un droit de l'homosexualité ? Eugène Wilhelm alias Numa Praetorius

RÉGIS SCHLAGDENHAUFFEN
Maître de conférences à l'EHESS

Eugène Wilhelm (1866-1951) compte parmi les premiers juristes à avoir pensé l'orientation sexuelle d'un point de vue juridique à un moment où les approches médicales et psychiatriques étaient privilégiées pour délimiter ce que nous appelons communément l'orientation sexuelle. Son journal intime inédit, fort de 55 carnets (soit 8 000 pages rédigées en français sans discontinuité de ses 19 à ses 86 ans [321]), nous donne à comprendre comment le droit a servi d'outil à ce diariste afin d'objectiver son propre vécu. Rédigé à la première personne, il permet de comprendre comment Wilhelm en est venu à s'engager anonymement puis sous pseudonyme en faveur de la dépénalisation et de la reconnaissance de l'homosexualité à travers diverses publications dans des revues juridiques et sexologiques. Deux types de sources seront mobilisées dans la suite du propos : d'une part son journal intime ; d'autre part quelques articles significatifs et fondateurs d'un questionnement juridique relatif à l'homosexualité. Après une brève présentation d'ordre biographique, nous allons appréhender sa carrière professionnelle de juge puis d'avocat avant d'approfondir sa réflexion en nous appuyant sur quelques-unes de ses publications en lien avec la sexualité. Il s'agira de montrer la tension continuelle entre les deux dimensions professionnelles et personnelles de sa vie et au-delà d'éclairer comment vie intime et trajectoire intellectuelle s'alimentent l'une l'autre.

---

[321] La transcription et l'analyse du journal sont réalisées conjointement avec Kevin Dubout, doctorant à l'Université Humboldt de Berlin. À propos du journal et de sa « découverte » voir : Kevin Dubout et Régis Schlagdenhauffen, « Une archive inédite, le journal intime d'Eugène Wilhelm », *Le Magasin du XIXe siècle*, n° 4, 2014.

Éléments de biographie

Suite à l'obtention de son baccalauréat, Eugène Wilhelm s'inscrit à la rentrée universitaire de l'année 1885/86 à la Faculté de droit de l'Université de Strasbourg (*Kaiser-Friedrich-Wilhelm Universität*). Il y obtient, cinq ans plus tard, en 1890, le titre de Dr. iur., après avoir soutenu une thèse intitulée *L'instant de l'illéicité en cas d'injure* (*Das Moment der Rechtswidrigkeit bei der Beleidigung* [322]). Se destinant à la magistrature, il effectue divers stages en qualité de référendaire dans plusieurs tribunaux d'Alsace et de Lorraine, jusqu'à sa nomination, en novembre 1893, comme juge assesseur à l'équivalent de l'actuel Tribunal d'instance de Strasbourg. Sa carrière connaît son point culminant en 1906, lorsqu'il est nommé juge général. Il démissionne en avril 1908 pour « raisons personnelles [323] ». Grâce à la victoire des alliés sur l'Allemagne, sa carrière professionnelle connaît un second souffle. Au lendemain de la Première Guerre mondiale – et donc du retour de l'Alsace à la France –, il obtient son inscription au barreau de Strasbourg en qualité d'avocat. Quelques mois plus tard, il est admis en tant qu'avoué. C'est ainsi qu'il réapparaît dans l'arène des juristes, notamment grâce à sa bonne connaissance de la langue française, sachant qu'à l'époque rares étaient les avocats francophones en Alsace. C'est aussi sa connaissance du français qui fait de lui un soutien indispensable à la publication régulière d'un périodique dont il est le cofondateur, la *Revue juridique d'Alsace-Lorraine* (qui traite notamment des subtilités liées au droit local). En 1938, il décide à l'âge de 72 ans, de quitter le secrétariat de rédaction de la *Revue* [324]. Il démissionne du barreau le 31 mai 1948 pour prendre sa retraite d'avocat, il a alors 83 ans. Il s'éteindra le 23 octobre 1951 dans sa 86e année.

---

[322] Eugen Wilhelm, *Das Moment der Rechtswidrigkeit bei der Beleidigung*. Inaugural-Dissertation zur Erlangung der juristischen Doctorwürde, verfasst und der Rechts- und Staatswissenschaftlichen Facultät der Kaiser-Wilhelm-Universität Straßburg vorgelegt, Straßburg, 1890.

[323] PrGSta [Preussische Geheimstaatsarchiv] I Ha Rep 89, Nr. 17478 (f. 122), 17479 (f. 193), 17480 (f. 104, 105, 145 et 156).

[324] Ce témoignage de reconnaissance est redoublé par celui des nouveaux rédacteurs de la revue (F. Simon et G. Struss), qui rappellent que de 1920 à 1938, *« notre éminent confrère Me Wilhelm, avocat du Barreau de Strasbourg, avait assumé la lourde tâche de la rédaction avec la collaboration distinguée de M. le Doyen Duquesne ainsi que de Mes Degand et Kornprobst, avocats ».* Fernand Simon et Gilbert Struss, « Note », *Revue juridique d'Alsace et de Lorraine*, 19, n° 11 (1938), pp. 558-61. Un vibrant hommage lui est rendu par l'ensemble du barreau de Strasbourg soulignant en Wilhelm un juriste incomparable, « *dont la science juridique est sans limite et qui pendant des années a répandu les trésors de ses connaissances et l'expérience de sa longue carrière de magistrat et d'avocat dans ses notes et ses commentaires. Aussi expert en droit allemand qu'en droit français, il était particulièrement qualifié pour réunir et commenter la jurisprudence, qui a appliqué notre législation locale et qui a assuré la transition entre le droit d'avant et d'après guerre.* » Frédéric Eccard, « Hommages », *Revue juridique d'Alsace et de Lorraine*, 19, n° 11 (1938), pp. 557-61.

Parallèlement à son activité de juriste Eugène Wilhelm s'est très tôt intéressé à la question de l'homosexualité. Comptant parmi les premiers membres du Comité scientifique humanitaire (fondé en 1897 à Berlin [325]), il participe dès 1899 *aux Annales des sexualités intermédiaires* (*Jahrbücher für sexuelle Zwischenstufen*), la revue dirigée par le sexologue berlinois Magnus Hirschfeld. Il y publie de nombreux articles ainsi qu'une « Bibliographie de l'homosexualité » sous le pseudonyme de *Numa Praetorius* [326]. (Ce pseudonyme constitue une référence à un autre juriste allemand, Karl Heinrich Ulrichs, alias *Numa Numantius*, qui forgea notamment la notion d'uranisme en 1864 [327].) Cependant, comme son journal l'atteste, ses réflexions juridiques relatives à l'homosexualité sont plus anciennes et ont notamment influencé Richard von Krafft Ebing, psychiatre renommé de l'époque, auteur de la célèbre *Psychopathia Sexualis.* Afin de comprendre ce processus d'engagement multiforme, il convient de se livrer à un travail d'introspection que le Journal intime d'Eugène Wilhelm nous permet de mieux saisir.

Le journal intime comme archive du quotidien d'un juriste

La rédaction du journal intime débute le 16 juillet 1885, à la veille de l'examen du baccalauréat. Il prend une tournure particulière lorsque le diariste s'inscrit à l'Université à la rentrée 1886 et qu'il découvre à la salle de lecture de l'Université un sujet qui le passionnera : le « sentiment sexuel contraire [328] ». Jeune homme plutôt solitaire, Eugène Wilhelm passe la majorité de son temps à la bibliothèque et ne se constitue que peu de relations avec ses camarades. Il le souligne dans une entrée du lundi 2 août 1886 qui fait office de bilan de sa première année d'étudiant :

« Journée pluvieuse et monotone. Voilà la première année d'université de passée. Je n'ai pas trouvé tout ce que j'attendais de la vie d'étudiant, encore une illusion

[325] Cf. Florence Tamagne, *Histoire de l'homosexualité en Europe. Berlin, Londres, Paris (1919-1939)*, Paris, Seuil, 2000.

[326] Pour une bibliographie des publications de Wilhelm, *cf.* Hartmut Walravens, *Eugen Wilhelm – Jurist und Sexualwissenschaftler. Eine Bibliographie*, Hambourg, Arcana Bibliographica, 1984 et Paul Snijders, « Weitere Nachträge zur Eugen-Wilhelm-Bibliographie », *Capri*, n° 11, 1991, p. 48.

[327] Cf. Hubert Kennedy, *The life and works of Karl-Heinrich Ulrichs : Pioneer of the modern gay movement*, Boston, Alyson Publications, 1988.

[328] À ce sujet, *cf.* Régis Schlagdenhauffen, « L'écriture de l'entrée dans la sexualité dans le journal intime inédit d'Eugène Wilhelm », *in Fictions du masculin*, Bernard Banoun *et al.* (éds.), Paris, Garnier, 2014.

d'envolée. [...] Des Allemands je n'ai pas appris à en connaître et même si j'avais voulu [,] je n'aurais pas pu[329]. »

Le bilan relatif à la première année d'étudiant montre quelques traits particuliers de ce diariste qui, comme beaucoup de diaristes d'ailleurs, est plutôt introverti et solitaire. La deuxième année de droit lui semble en revanche moins ennuyeuse. Wilhelm débute son premier travail juridique qu'il consacre à la question de l'honneur. Durant sa quatrième année de formation, il effectue un stage au parquet. Les pages s'y référant nous permettent de mieux appréhender la subjectivité du juriste et son ressenti face au climat délétère qui règne en Alsace.

« *Le procureur Hasemann est par moment assez froid envers moi, quand il le peut, il cherche à me trouver en défaut ; je crois parce qu'il me sent trop différent de lui, surtout parce qu'il me devine antipathique aux mœurs et idées allemandes*[330]. »

Eugène Wilhelm tout comme nombre d'Alsaciens entretient des relations complexes avec l'autoritarisme allemand. Sa vocation de magistrat s'affirme dès lors aussi comme un moyen d'œuvrer de l'intérieur contre le régime prussien. Cependant, nous dit-il,

« *en entrant dans l'administration allemande je serai forcé d'exécuter les ordres du gouvernement et précisément [ill.] surtout les idées rétrogrades et à moi antipathiques de l'Empereur actuel – j'y souscrirai par le fait même que je serai fonctionnaire. N'aurais-je pas des conflits entre l'exécution de ce que j'abhorrerai et ce que je voudrais voir réalisé. Et puis ne serais-je pas forcé d'être serviteur et appui d'un gouvernement, que je n'aimerai pas, dont les principes me seront étrangers ? D'un gouvernement qui n'a réussi qu'à s'établir en Alsace que par la force et contre la volonté des habitants. [...] D'autre part, je puis faire du bien étant fonctionnaire, je puis prendre la place d'un Allemand*[331]. »

Les Allemands exercent effectivement aux plus hauts niveaux des rouages de la justice et de l'Université en Alsace et c'est d'ailleurs devant un jury composé de professeurs « Vieux-Allemands » que Wilhelm soutient sa thèse en août 1890, première étape vers de nouvelles fonctions. Il inscrit dans son journal à la date du samedi 28 août que l'examen du doctorat,

« *enfin est arrivé [...]. Je ne suis pas précisément en inquiétude, quoique ce soit toujours un moment de perplexité à passer. Je n'éprouve pas grande impression avant*

---

[329] *Journal*, Carnet 2, f°38/40, lundi 2 août 1886. Nous avons procédé à une transcription semi-diplomatique du journal qui est, par moments, « crypté » en grec ancien. Afin d'en faciliter la lecture, ces caractères sont rendus en italique. *Cf.* Kevin Dubout, « Eugen Wilhelms Tagebücher. Editorische Probleme, Transkriptions- und Kommentarprobe », *in* Jörg Jungmayr et Marcus Schotte (éds.), *Officina editorica*, Berlin, 2011, p. 215-304.

[330] *Journal*, Carnet 9, f°14/55, 5 mai 1890.

[331] *Journal*, Carnet 11, f° 30/70, mardi 18 août 1890.

ni pendant l'examen ; cela surtout étant sûr de passer, personne dont le travail est reçu, n'ayant encore été coulé. [On] m'interroge : sur les constitutions des empereur romains, sur l'exceptio, l'intentio exceptio Macedoniana […] avec exemples. Réponses bonnes. [Puis] sur le droit des peuples, l'État du Congo. Réponses médiocres. [Enfin] sur le Civilprocess […] avec exemples : je bafouille, ne me représente pas bien les exemples[332]. »

À la rentrée suivante, il s'engage en tant que référendaire. Dans une entrée du lundi 8 septembre 1890, il note,

« assisté à la chambre correctionnelle aux délibérations des juges, vu comment souvent d'une manière arbitraire ou hasardeuse se forme l'opinion des délibérateurs, et puis remarqué combien peu les distinctions juridiques et légales on[t] de valeur dans l'appréciation des ces juges, en somme la plupart du temps c'est d'après l'impression générale qu'ils jugent ; très souvent le coupable (ou non coupable dans des cas douteux) dépend de la mine plus ou moins sympathique ou antipathie de l'accusé, de l'opinion entêtée d'un des juges, qu'il s'est formé d'après l'une ou l'autre déposition des témoins. […] Que n'y aurait-il pas à réformer dans le droit pénal [?] Et puis cette complète indifférence [concernant] comment l'accusé en est arrivé à son crime, pas le moindre souci de la psychologie de l'accusé. Le contraste entre le but de la peine et son application est flagrant. D'un côté on puni[t] pour préserver la société, et d'autre côté on ne cherche nullement le vrai moyen d'y arriver[333]. »

L'expérience du parquet donne lieu à de nombreuses entrées dans le journal. En marge de ce qui relève du quotidien, certaines entrées permettent d'appréhender la complexité de la situation personnelle dans laquelle se trouve Wilhelm en tant que magistrat ayant une sexualité réprimée par la loi. Il note ainsi le mardi 13 novembre 1894 :

« Ce matin à la séance la première affaire ce fut : délit contre nature. Mon émotion [fut] vive, le choc dure encore. Un adorable, ravissant charmant j. h. de 22 ans l'accusé ; ah qu'il m'aurait plu et comment au lieu de le juger aurais-je préféré le presser amoureusement dans mes bras […]. Je demande s'il n'appartient pas à la classe des Conträr de sexe que Krafft-Ebing décrit sans son livre [Psychopathia Sexualis]. Le procureur relève dans son discours que l'admission de perversion sexuelle rendrait le §175[334] *inutile. […] Je n'ai pas épargné mes regards de pitié et de sympathie à l'accusé : Et dire que je ne peux l'aider, dire que rien, rien n'est possible en sa faveur. Et dire que moi aussi je puis venir dans la même situation […]. Oui moi aussi je*

---

[332] *Journal*, carnet 9, f°22/55, mercredi 25-samedi 28 août 1890.
[333] *Journal*, carnet 9, f°50/55, lundi 8 septembre-jeudi 11 septembre 1890.
[334] Il s'agit de l'article du code pénal allemand condamnant les relations sexuelles entre hommes.

suis un Conträrsexuale, un Urning[335] *; et je n'en ai pas honte ; la nature m'a donné cet instinct et j'ai autant de droit à le satisfaire que vous autres, j'ai autant de droit à l'amour que vous idiots et plus vous me condamnerez plus vous me ferez vous haïr et reconnaître plus clairement l'injustice de vos lois, la profondeur de votre stupidité et la grandeur de votre inintelligence*[336]*.* »

L'entrée ci-dessus, particulièrement limpide quant à la manière dont Wilhelm considère ses collègues mais aussi le droit qu'il est en charge de faire appliquer est annonciatrice de doutes de plus en plus nombreux quant à sa vocation et aux limites de son exercice. Parallèlement, l'expérience de la non-assistance à laquelle il se voit contraint constitue le prélude à sa volonté de plus en plus ardente d'agir à sa façon sur le droit[337]. Le mal-être qu'il éprouve face aux conceptions médicales et psychiatriques de ses contemporains relatives à l'homosexualité lui fait rechercher le réconfort dans la lecture de publications sur l'« amour grec ». De là émerge son questionnement sur l'origine de la réprobation sociale de l'amour entre personnes de même sexe. La création des *Annales des sexualités intermédiaires* (1899) marque le début de son engagement militant en mettant ses compétences de juriste au service des réformateurs sexuels. L'année 1899 marque effectivement une prise de distance radicale comme il le note dans son journal.

« *Beaucoup ne me trouvent pas assez d'idées allemandes, trop indépendant, trop moi, trop j'm'enfoutiste ; certes beaucoup remarquent combien je suis dissemblable du fonctionnaire modèle, chien-couchant, réactionnaire, jurant par les opinions des supérieurs, respectueux des grades et des titres*[338]*.* »

Il faut cependant attendre huit années pour que l'exercice de plus en plus laborieux d'une profession sans passion trouve une issue, quelque temps après le procès « Moltke-Harden[339] » qui embrasa l'Allemagne, allant jusqu'à faire vaciller l'Empereur. Dans une entrée du 11 avril 1908, il note :

« *une période plus angoissante et torturante si possible que les précédentes est derrière moi et même pas encore terminée. La chose terrible, que j'appréhendais déjà [de-*

---

[335] En français uraniste.

[336] *Journal*, carnet 16, f°22/61, mardi 13 novembre 1894.

[337] Dans le bilan annuel qu'il rédige il note qu'en 1896 « J'ai changé de fonctions à l'Amtsgericht ; je ne préside plus le Schöffengericht [= tribunal avec jury], par contre j'ai à remplir des fonctions d'un des trois juges au civil. Ces occupations sont de beaucoup plus difficiles, elles exigent plus de réflexion et de travail ; le travail est tout autre, essentiellement juridique. Les séances d'ordinaire durent jusqu'à une heure ; une quantité de jugements jusqu'à 8-10 par semaine demande un travail suivi et souvent fatiguant, quoique juridiquement intéressant. » *Journal*, carnet 17, f°32/69, 1896.

[338] *Journal*, carnet 19, f°56/58, lundi 26 février-dimanche 1er avril 1900.

[339] Cf. Nicolas Le Moigne, « L'affaire Eulenburg : homosexualité, pouvoir monarchique et dénonciation publique dans l'Allemagne impériale (1906-1908) », *Politix* 2005/3, n° 71.

puis] longtemps est arrivée : la découverte. [...] Un ancien policier, arrêté pour proxénétisme, a dit : "lui on l'arrêtait et Hildebrandt (un des individus qui a écrit la lettre de chantage du mois de novembre) on le relâchait parce qu'il m'avait enculé !" Je devais porter plainte. J'ai refusé ne voulant pas de procès public, pas de Moltke-Process, où tous mes sentiments les plus intimes seraient dévoilés et trainés à travers tous les journaux. De suite entrevue avec Petri [sous-secrétaire d'État], le président vient. Conférence entre Petri, le président et Stadler[340]*. Résultat, suite de mon attitude – il est vrai singulière –, on laisserait envoyer les dénonciations par le préfet de police au 1er procureur, qui agirait suivant la loi*[341]*. »*

Quelques semaines plus tard, Wilhelm revient sur cet épisode douloureux à travers une vibrante entrée de son journal :

« les angoisses que j'ai subies et que je subis encore sont terribles ; depuis 6 semaines incapables de quoi que ce soit. [...] Pourvu que l'affaire se termine relativement bien et qu'il n'y ait pas de grand scandale. Le scandale étouffé suinte déjà. La dégoûtante Bürgerzeitung a mis une note d'après laquelle une instruction pour délit contre le § 175 était ouverte contre un juge d'ici. Tout le monde a deviné que j'étais visé. Plus tard est venu un démenti de la nouvelle publiée par un autre journal que deux juges avaient été suspendus de leurs fonctions. Mais malgré cela tout le monde suppose que j'ai une histoire et tout le monde me sait homosexuel[342]*. »*

La dénonciation et ses conséquences nous permettent d'expliquer la période de creux mentionnée dans la biographie de Wilhelm (1908-1918). Durant celle-ci, il se consacre à des publications juridiques sous le pseudonyme de *Numa Praetorius* principalement et poursuit en parallèle ses recherches sur l'homosexualité, profitant d'une rente que lui alloue son père.

Ce n'est qu'avec le retour de l'Alsace à la France que Wilhelm se dit résolu à devenir avocat. Il compte en effet parmi les rares juristes alsaciens parlant le français. L'idée se concrétise en mars 1919, quelques jours avant la signature du Traité de Versailles lorsqu'il assiste à une réunion d'avocat durant laquelle est

« décidé le numerus clausus afin que les avocats français ne submergent pas le barreau. Crainte de plusieurs [...] que les avocats français seront supérieurs aux Alsa-

---

[340] Dr. Emil Petri, Unterstaatssekretär (Ministerium für Elsass-Lothringen, Abteilung für Justiz und Kultus), Wirklicher Geheimer Rat. (Adressbuch 1908 Partie IV, p. 369) ; Dr. Bernard Weyer, Landgerichtspräsident (Adressbuch 1908 Partie II, p. 461); Dr. Bernard Weyer, Landgerichtspräsident (Adressbuch 1908 Partie II, p. 461) ; Adolf Stadler, Ministerialrat und stellvertretender Univ.-Kurator (Adressbuch 1908 Partie II, p. 407), recherches biographiques réalisées par Kevin Dubout.

[341] *Journal*, carnet 22, f°9-11/47, mars-11 avril 1908.

[342] *Ibid.*, f°15/47.

ciens à cause de leur facilité de parler français. Il est exigé que l'Allemand reste facultatif, si l'accusé ne sait pas le français. Sans cela menace de grèves des avocats. J'avertis de ne pas recourir à ce moyen extrême, ce serait un scandale épouvantable avec suites impossible à prévenir, je crois qu'on dégommerait tous les avocats alsaciens et qu'on les remplacerait par les Français [343]. »

Suite à cette réunion, il abandonne ses fonctions d'administrateur séquestre qu'il exerçait jusqu'alors. À cette occasion il relate une anecdote plutôt cocasse avec Carré de Malberg :

« *Vive altercation avec le président du tribunal Carré de Malberg. Il était venu le samedi après-midi visiter le bureau place Kléber et n'y trouvant personne, m'a laissé une carte, sur laquelle il écrivit "Je n'ai pas de vous dire quelle estime je fais de votre administration". Je vais furieux chez lui, il me récrie "attendez" lorsque je veux entrer. Je riposte "C'est ce que je fais". Il arrache la porte et crie "Alors entrez". Qu'est-ce que vous avez dit ? Je répète, "vous m'avez dit d'attendre et j'ai répondu c'est ce que je fais". Il crie quand je lui mets la carte sous le nez. "Quoi vous osez ?" Non, je viens vous demander, je me permets de vous demander comment dois-je interpréter cette carte ? "Et bien [on] dit que votre administration ne vaut rien..." Pendant son discours, il est assis, moi debout, je ne veux pas avoir l'air, d'être un écolier en faute devant un précepteur. Je m'assieds, il me crie, "je ne vous ai pas dit de vous asseoir". Je me dresse lui criant : "M. le président, je ne suis pas votre employé". Il profère des menaces, que j'interprète comme s'il voulait me faire arrêter par l'autorité militaire. En tout cas il dit "je vais faire chercher le procureur, ou plutôt allons y de suite". "C'est ce que je préfère", que je dis. Nous montons chez Cura. La discussion s'envenime.* » *Chez Cura :* « *"du reste M. Wilhelm est maintenant avocat-avoué". Carré tressaute : "Comment ? Mais il y avait pourtant une vive opposition à la Cour..." Je demande "Comment ?" - "Oui", répondit-il, "n'insistons pas..." Mais si, "pourquoi y avait-il opposition ?" Oui, précisément contre la nomination de M. Wilhelm, dit Carré à Cura. J'insiste : "Pour quelle raison ?" - "Vous devez savoir, pourquoi vous êtes sorti de la magistrature allemande ? N'insistons pas". Je suis atterré et me retire balbutiant, je donne ma démission* [344]. »

Après cette altercation, nous pouvons lire la conclusion suivante dans son journal :

« *Je vois que c'est précisément ma renommée d'homosexuel qu'il a connu et qui l'a incité à me traiter comme il l'a fait. La chose me donne un fort coup. Les anciens fantômes revivent et me poursuivent. Un homosexuel surtout notoire doit se tenir caché, je ne l'ai pas fait* [345]. »

---

343 *Journal*, carnet 31, f°33/40, 11 mai-1er juin 1919.
344 *Journal*, carnet 31, f°34-35/40, 1er juin-6 juillet 1919.
345 *Ibid.* f°36/40.

La sexualité d'Eugène Wilhelm, et le fait qu'il assumait son désir pour des personnes de son sexe ont eu des conséquences variées et coûteuses à commencer par la démission de ses fonctions de juge, puis de houleux débats lorsqu'il sollicita la charge d'avocat-avoué en 1919. Le coût social de l'homosexualité a connu son point d'orgue lorsqu'à l'automne 1940, il est arrêté pour « homosexualité » par la Gestapo. Il relate cette arrestation ainsi que son incarcération et son internement au camp spécial de Schirmeck dans le carnet 43 de son journal. Cet épisode mériterait assurément un plus ample développement dans la mesure où il nous informe de son expérience subjective de la détention et du monde concentrationnaire. Je ne me permettrai toutefois qu'une seule citation relative à l'arrestation, car elle témoigne de la verve et de l'aplomb du juriste alors âgé de 74 ans au moment des faits [346] :

« Jeudi matin [le 17 octobre] arriva un policier et un agent en civil (un Alsacien). Je dus les suivre à la Sicherheitspolizei [au] 4ᵉ étage. Le policier allemand m'accusa d'avoir eu des rapports homosexuels. Je déclare jamais [n']avoir fait pareille chose et si cela était le cas, cela n'aurait pas été punissable et ne le serait pas encore, la loi allemande n'étant pas [étendue] et du reste n'aurait pas d'effet rétroactif. Alors il faudra lâcher tous les autres homos arrêtés [347]. »

L'engagement dont témoigne Wilhelm lors de son arrestation en 1940, allant jusqu'à braver les autorités allemandes en situation d'annexion de fait, s'inscrit dans le prolongement de sa volonté de lutter pour la dépénalisation des relations sexuelles entre majeurs consentants de même sexe et plus généralement de son engagement pour la reconnaissance de l'homosexualité puis de l'intersexualité comme formes de vie dignes et légitimes. Dans la partie suivante nous allons illustrer la manière dont cet engagement s'est manifesté, notamment à travers quelques publications juridiques. La première est relative à l'homosexualité et tend à attester que Wilhelm compte parmi les premiers juristes à s'être intéressé aux droits des homosexuels ; la seconde témoigne d'un intérêt plus vaste pour les identités sexuelles, notamment celles questionnant le binarisme masculin/féminin et les problèmes que cela suppose en droit.

---

[346] Sur la question de l'arrestation des « homosexuels » en Alsace annexée, *cf.* Régis Schlagdenhauffen, « Désirs condamnés : punir les homosexuels en Alsace annexée (1940-45), *Clio*, n° 39, 2014, p. 83-104.

[347] *Journal*, carnet 44, f°49/124, mardi 8 octobre-31 décembre 1940.

Publier pour agir sur le droit

Parallèlement à la rédaction de sa thèse de doctorat, Eugène Wilhelm songe à un premier travail sur la sexualité. Le 18 juillet 1890, il se dit « résolu *d'envoyer mon autobiographie à* Kraft-*Ebbing,* en même temps *je lui donnerai l'idée d'une pétition pour abroger le paragraphe du code pénal 175* [348]. » Alors âgé de 24 ans, il sait qu'en théorie il n'est pas le seul être humain à éprouver des désirs que l'on qualifierait aujourd'hui de bisexuels. Wilhelm a par ailleurs conscience que le droit pénal allemand en vigueur en Alsace condamne les relations sexuelles dites « contre-nature ». Afin de comprendre les tenants et aboutissants des risques encourus au pénal, il entame ce qu'il qualifie lui-même de « petit travail juridique sur l'instinct *sexuel contraire* et son rapport avec §175 ; travail que j'ai l'intention d'envoyer à Liszt, le champion de la réformation en droit pénal [349]. » Franz von Liszt (1851-1919) est en effet connu pour être l'un des fondateurs de la criminologie (1889). L'article en question est effectivement publié dans la revue que coordonne Liszt, la *Zeitschrift für die gesamte Strafrechtswissenschaft.* Il est signé Dr. jur *** et postfacé par Richard von Krafft Ebing et porte pour titre « l'article 175 du Code pénal allemand et l'amour uraniste [350] ». Le choix du titre indique que l'auteur cherche avant tout à problématiser une relation (amoureuse) qui dépasse la question des actes sexuels ouvrant ainsi la voie à une réflexion en termes de catégories sexuelles et d'identités sociales et non plus d'actes.

Dès l'introduction, l'auteur prend appui sur les travaux de Krafft-Ebing dont la *Psychopathia Sexualis*, ouvrage majeur nous dit-il, qui a publicisé un phénomène peu connu : le sentiment sexuel contraire. Excepté brièvement par Liszt (dans son manuel de droit pénal de 1891), cette question n'avait jamais été abordée d'un point de vue juridique. D'ailleurs, il semble assez délicat de comprendre ce que peut entendre le droit par l'expression de relation « contre-nature ». Selon un sens restreint, le mot désignerait toute satisfaction sexuelle qui ne passerait par l'union des organes génitaux masculins et féminins. Nous savons que de telles pratiques sont possibles entre hommes et femmes, sur notre propre corps, avec des objets inanimés, entre femme et femme, entre homme et homme et entre humain et animal. Cependant le Code pénal allemand ne condamne que les deux derniers types d'actes. Dans la pratique, si l'on considère que le législateur n'a pas cherché

[348] *Journal*, carnet 9, f°33/55, mardi 16 et mercredi 17 juillet 1890.

[349] *Journal*, carnet 9, 35/55, dimanche 3 août 1890.

[350] Dr. jur ***, « § 175 des deutschen Strafgesetzbuches und die Urningsliebe. Mit einem Nachwort von Professor Dr. Krafft-Ebing », *Zeitschrift für die gesamte Strafrechtswissenschaft*, vol. 12, 1892, p. 34-54.

à condamner toutes les relations « contre-nature », il convient d'admettre que le §175 du Code pénal allemand qui dit condamner les relations sexuelles contre-nature ne condamne que la pédérastie, c'est-à-dire l'introduction du pénis dans l'anus. Mais qu'en est-il au juste des autres types de relations qui se rapprochent du coït ?

Après un long développement sur les différents types de pratiques qui ne sont pas condamnées par la loi mais qui ne relèvent pas d'une finalité naturelle, l'auteur en vient à considérer que la restriction du concept de « relation contre nature » à la seule pédérastie repose sur l'argument suivant : la nécessité qu'a éprouvé le législateur de condamner l'agent de tels actes en raison du fait que la conscience populaire (*Volksbewusstsein*) considère ce type de comportement comme un crime provoquant la dégénérescence (*Entartung*) et la dépravation (*Entsittlichung*) des mœurs.

Dans une seconde partie de l'article, l'auteur en vient à s'intéresser aux uranistes [351] en tant que catégorie sociale particulière dont il présente les formes de socialisation [352].

D'emblée, il distingue donc le sentiment sexuel contraire innée de celui acquis, ce qui montre qu'il se place en porte-à-faux avec les théories de la déviation congénitale. Il considère donc qu'il convient de mettre sur un même pied les uranistes de naissance et ceux qui le sont devenus, autrement dit de les appréhender en tant que catégorie sexuelle. Ce qui selon Wilhelm réunit les deux sous-types d'uranistes serait un point commun : celui de désirer partager leur vie avec une personne de même sexe, et s'il existait un mariage entre hommes, ils seraient prêts à partager leur vie avec leur bien-aimé.

Or, nous dit Wilhelm, il convient de noter que seuls quelques uranistes pratiquent la pédérastie telle que nous l'entendons. La plupart se contentent d'embrassades, de baisers, de masturbation mutuelle, de coït intercrurial, d'onanisme buccal. Par ailleurs, l'uraniste sait que d'un point de vue moral ses actes sont réprouvés, cependant sa nature lui rend impossible de les éprouver ainsi. Krafft-Ebing a décrit la situation complexe dans laquelle ils se trouvent par conséquent. D'un côté, ils se doivent de respecter la loi, de l'autre, s'ils veulent la respecter, ils sont obligés de renoncer à toute satisfaction sexuelle pour s'y conformer. Or, la sexualité est importante dans la vie

[351] Le terme est attribué à un autre juriste, Karl-Heinrich Ulrichs (*alias Numa Numantius*) qui le forgea en 1867.

[352] Je me permets de rappeler à cet endroit qu'au moment où Wilhelm rédige son article il n'a encore jamais rencontré aucun « uraniste ». Il fonde donc son propos sur la manière dont les publications qu'il a pu lire font référence à cette catégorie.

humaine et l'État le reconnaît puisqu'il la considère comme un « bien individuel » (« ein Gut des einzelnen »). En conclusion, si l'on ne voulait pas condamner un uraniste pour infraction au §175 il conviendrait soit d'invoquer une clause d'exception soit plus généralement d'abroger le §175 et cela pour deux raisons. La première, parce que toute poursuite judiciaire pour homosexualité engendre une forme de destruction sociale (*sozial vernichtet*). Il se révèle impossible de réparer la perte de l'honneur qui s'ensuit, même après acquittement. Deuxièmement, parce que l'abrogation du §175 ne causerait que peu de dommages. D'autres législations ont fait ce choix depuis fort longtemps, dont la législation française.

À partir de 1894, Eugène Wilhelm devient un partisan de l'abrogation de l'article 175 [353]. Son engagement se concrétise à travers son adhésion au Comité scientifique humanitaire dont l'un des objectifs est justement l'abrogation de cet article du Code pénal. Puis, à partir des années 1900, Wilhelm ouvre un autre volet de ses recherches en s'intéressant à la manière dont le droit civil considère l'homosexualité. Dans un article publié en 1904 [354], il aborde cette question selon trois points que nous allons restituer brièvement. En premier lieu, il aborde les liens juridiques et sociaux entre la question de l'homosexualité et celle de mariage. Cela lui permet d'introduire une réflexion sur les liens entre homosexualité et divorce, dans la mesure où l'orientation sexuelle peut constituer un motif de divorce (que ce soit parce que le mariage n'est pas consommé ou lorsque l'une des parties s'estime flouée en raison d'une particularité du co-contractant inconnue lors du mariage). Un deuxième point qu'il aborde est relatif au lien entre homosexualité et perte de la réserve héréditaire (part réservataire). En effet, elle peut être retirée si l'on mène une vie « immorale », or l'homosexualité est considérée comme telle. Enfin, une troisième partie est consacrée à la question de la capacité d'action. Il examine successivement la capacité délictuelle, la capacité d'action réelle et la question de la mise sous tutelle/curatelle dès lors que l'homosexualité (entendue à l'époque comme « inversion sexuelle ») est considérée comme une maladie mentale. De là découle la question de la responsabilité.

---

353 « Mardi 11 décembre : « Reçu lettre de Krafft-Eb. en réponse à ma lettre le priant d'écrire pour éviter l'introduction du nouveau paragraphe en Suisse et en même temps lui adressant lettre pour Liszt du même genre avec prière de soulever la question. Réponse bien amicale, en même temps acceptation de mon offre de mettre 200 Marks à sa disposition pour la propagation de son écrit « Der Conträrsexuele vor dem Strafrichter » (1894). En même temps il m'envoie lettre de Liszt, reçue avant ma lettre adressée à lui et dans laquelle Liszt se montre également chaud partisan de l'abolition. »

354 Numa Praetorius, « Homosexualität und bürgerliches Gesetzbuch », *Jahrbuch für sexuelle Zwischenstufen*, vol. 6, 1904, p. 1-61.

Un troisième champ que Wilhelm explore dans le prolongement de celui initié sur l'orientation sexuelle est celui de l'intersexualité [355]. Il publie en 1909 *L'hermaphrodite et le droit. De lege lata, de lege ferenda* [356], premier ouvrage de droit sur la question. Fidèle à son procédé, après une présentation de l'état de l'art en matière médicale, il s'intéresse dans un premier temps à la question de la responsabilité. Ensuite, Wilhelm observe que le code civil de l'époque ne contient aucune disposition relative aux hermaphrodites [357]. Leur situation juridique est en théorie claire, ils sont à traiter soit en homme, soit en femme. Cependant, comment déterminer le sexe ? Le droit reste muet sur la question. Faut-il privilégier la présence ou l'absence d'attributs primaires, de certaines glandes ? Peut-on accepter l'idée d'un sexe douteux ? Ne pourrait-on pas admettre un genre neutre ? Et qu'en est-il au moment du mariage ? Tout en admettant que les mariages entre personnes de même sexe sont impossibles, Wilhelm reconnaît que de pareilles unions ont eu lieu avec des hermaphrodites ou pseudo-hermaphrodites qui semblaient appartenir au sexe opposé du conjoint [358]. Cependant, dans la mesure où le mariage présume l'homme et la femme, un être sans ovaires ni testicules rendrait le mariage nul. Le tribunal d'Alès déclara nul le mariage d'un homme avec une prétendue femme n'ayant ni seins, ni ovaires, ni matrice, ni vagin et n'ayant jamais eu de règles ni douleurs menstruelles (jugement rendu le 28 avril 1869). Cependant, la cour d'appel de Nîmes cassa le jugement arguant qu'il s'agissait d'une femme à la conformation défectueuse (sans toutefois expliquer s'il s'agissait effectivement d'une femme ou d'un être ressemblant à une femme). La Cour de cassation renvoya l'affaire devant la cour de Montpellier, qui confirma le 8 mai 1872, le jugement primitif d'Alès car « il

---

[355] En effet, lorsqu'il envoya sa biographie à l'auteur de la *Psychopathia sexualis*, celui-ci répondit à Wilhelm qu'il était de type « hermaphrodite psychique ». Cette catégorie, totalement caduque aujourd'hui, puisque désignant la bisexualité, entendu comme forme de désir dirigé vers les hommes et les femmes. Aussi, n'est ce pas tant de bisexualité mais d'intersexuation qu'il s'agit dans un troisième type de travaux juridiques.

[356] Eugen Wilhelm, *Die rechtliche Stellung der (körperlichen) Zwitter de lege lata und de lege ferenda*, Halle, 1909 (traduit en français en 1911 dans la *Revue d'anthropologie criminelle* sous le titre « L'hermaphrodite et le droit »).

[357] Les travaux de Philippe Reigné sur la notion de sexe mentionnent quelques-uns des cas cités par Wilhelm. Cf. « La Cour de cassation et le changement d'état civil des personnes transidentitaires », *Droit de la famille*, sept. 2012, comm. 131 ; « Le changement de sexe devant la Cour de cassation. Le juge, l'expert et l'irréversibilité », *Semaine juridique*, éd. G, 2012, actualités 753 ; « Modification de l'état civil d'une personne transidentitaire en raison de l'irréversibilité des effets de son traitement hormonal », *Semaine juridique*, éd. G, 2012, actualités 124.

[358] 84 mariages de ce type ont été recensés jusqu'alors (*L'Hermaphrodite et le droit*, *op. cit.*, p. 277). Pour les références citées, nous faisons usage de la version française.

ne pouvait exister de mariage quand la femme n'était, en réalité, pas une femme [359] ».

Un des intérêts particuliers que revêt cet article ne relève pas uniquement de la richesse en termes d'études de cas mais d'un ensemble de dispositions ou suggestions que Wilhelm propose dans la dernière partie de cette publication. Dans le §6 intitulé « Les hermaphrodites, *de lege ferenda* [360] », il propose notamment l'introduction dans le registre des naissances d'une troisième catégorie sexuée [361]. Cette disposition – qui figure parmi les douze propositions légales formulées par Wilhelm – permettrait aux hermaphrodites de choisir le sexe duquel ils se sentent le plus proche au moment de leur majorité. (D'ailleurs, nous dit-il, « le droit romain décidait que les hermaphrodites devaient être considérés comme étant du sexe qui prédominait en eux [362]. »)

Ouverture

Au terme de ce tour d'horizon que dire de la vie et de l'œuvre de Wilhelm ? En premier lieu nous pouvons remarquer que ses publications fondent, de manière novatrice, un sous-champ que l'on pourrait nommer « droit de l'homosexualité ». Deuxièmement, nous observons que les questions qu'il soulève sont en lien avec une notion centrale qui traverse toute son œuvre et sa vie : celle de l'honneur et par delà des normes sociales. Cette question constitue l'un des fils directeurs de son journal. Il en traite par ailleurs, par moments, dans quelques-unes de ses publications dont dans un article intitulé « Est-ce que la désignation d'un homme en tant qu'homosexuel constitue une offense selon le Code pénal et dans quelle mesure [363] ? » Cet article marque une inflexion dans sa pensée puisqu'il s'agit ici d'inverser un stigmate et il annonce une grande évolution des législations relatives aux catégories sexuelles : celle d'un droit répressif vers un droit protecteur tel qu'il est envisagé de nos jours.

Le champ des publications que recouvrent celles d'Eugène Wilhelm est cependant bien plus vaste que les trois articles que nous avons abordés. Il ouvre en ce sens de nombreuses pistes de recherche qu'il conviendrait

[359] *L'Hermaphrodite et le droit*, *op. cit.*, p. 280.

[360] *Ibid.*, pp. 286 sq.

[361] « Qui se ferait à travers un changement de l'article 57 du code civil et un article additionnel » (*op. cit.*, p. 291).

[362] §7. « Législations antérieures et étrangères », *in Ibid.*, p. 293.

[363] Numa Praetorius, « Bildet die Bezeichnung eines Menschen als "homosexuell" eine Beleidigung im Sinne des Strafgesetzbuches und inwiefern? », *Monatsschrift für Kriminalpsychologie und Strafrechtsreform*, 1910, p. 340-46.

d'approfondir. Par exemple, comprendre comment s'est développée une pensée particulière, au niveau juridique et sociologique portant sur des identités et des relations et non plus uniquement sur des pratiques sexuelles. Une autre piste, plus ambitieuse, constituerait à reconstruire une généalogie des catégories sexuelles auxquelles Eugène Wilhelm, ainsi que ses contemporains font référence à travers une multitude de publications afin de comprendre comment des travaux plus anciens peuvent éclairer des débats contemporains relatifs aux transformations des formes de la famille, du couple, et plus généralement des transformations sociales majeures dont nous sommes actuellement les témoins.

Nourrir la fabrique de la loi

La dialectique des archives et de l'imprimé dans la genèse du droit du travail
CLAUDE DIDRY

Les archives de la société civile : la Société pour la protection des paysages de France ou la loi hors les murs (1901-1910)
JULIEN LACAZE

Les publications officielles des ministères sociaux
CATHERINE BAUDE

La circulaire : quelques enjeux juridiques et archivistiques
GRÉGORY ZEIGIN

La dialectique des archives et de l'imprimé dans la genèse du droit du travail

CLAUDE DIDRY
IDHES CNRS ENS Cachan

Dans une conception courante, le droit du travail est vu comme le résultat d'un rapport de forces dont les avancées et les reculs dépendent de la capacité du mouvement ouvrier à affronter la domination de la bourgeoisie. Le droit lui-même, comme produit de l'activité législative, porterait l'empreinte indélébile de cette classe dominante, en conduisant à un regard suspicieux sur ce droit du travail qui, en « légalisant la classe ouvrière [364] », émousserait sa combativité. Comme résultat d'une insurrection plus ou moins permanente contre les abus les plus inacceptables de la domination d'une classe sur une autre, le droit du travail ne se limite donc pas à cette activité législative mais intègre toutes les formes d'armistices, que constituent les accords collectifs pris comme autant de concessions répondant aux revendications du mouvement ouvrier. Les archives de la loi sont ici les archives de ces hors-la-loi qui, par leur activisme plus ou moins clandestin, apparaissent comme les moteurs véritables de ce droit. Du fait même de cette quasi-clandestinité, le métier d'historien prend ici tout son sens, à travers la recherche de la « perle rare » que constituent les traces de cet activisme ayant échappé au souci de brouiller les pistes le caractérisant. Le matériau historiographique se réduit ici à la subsistance des quelques écrits nécessaires pour organiser une activité collective (grèves, syndicats), ne laissant à l'historien que des indices épars (archives syndicales, d'entreprise ou policières) pour la retracer.

Mais la genèse du droit du travail en France ne se réduit pas à l'arbitrage de conflits sociaux ou au souci de protéger les travailleurs contre les abus de

[364] Bernard Edelman, *La légalisation de la classe ouvrière*, Paris, C. Bourgois, 1978.

leur exploitation. Elle intervient dans un régime parlementaire – la Troisième République – où la « fabrique de la loi » repose sur un processus partant de propositions soumises à des discussions qui permettent d'arriver, par amendements successifs, à un texte recueillant une majorité de suffrages dans les assemblées. Elle s'inscrit dans un espace ouvert par la création d'un Conseil supérieur du travail et d'un Office du travail en 1891, avec pour objectif d'éclairer cette réalité du « travail » et de préparer une activité législative à partir d'un droit qui ne connaît que le « louage d'ouvrage » établi par les articles 1779 à 1799 du Code civil. Elle prolonge également les débats de professeurs de droit dans des commissions, telle la Commission de codification des lois ouvrières et de prévoyance sociale de 1901 à 1904, ou des associations, comme la Société d'études législatives créée en 1901. Viennent s'y ajouter les activités de l'Association nationale pour la Protection légale des travailleurs, filiale française d'une association internationale inaugurée en 1900, où ces juristes rencontrent des représentants du monde patronal et ouvrier. Il en résulte une production bibliographique considérable constituée d'enquêtes, de débats, de thèses, apportant un éclairage tout autant sur la situation du monde ouvrier que sur la portée du droit existant et les aménagements à y apporter.

Cela ne conduit-il pas à changer considérablement le programme d'une histoire, voire d'une sociologie historique du droit du travail ? La masse considérable de documents imprimés tend à orienter le chercheur davantage vers les bibliothèques, que vers des archives parcellaires dont une grande partie a été reprise dans des publications. Dans le même temps, elle ouvre un chantier nouveau concernant l'écriture même de ces documents en suscitant le besoin d'un travail d'archives portant tout à la fois sur les acteurs de cette écriture et sur ses matériaux.

Pour analyser cette réorientation du chercheur des archives vers la bibliothèque comme préalable à un retour « informé » dans les archives, nous partirons en premier lieu des enjeux nouveaux que suscite une ouverture sur la « fabrique du droit du travail », à l'égard d'une histoire sociale classique. Cela nous conduira, dans un deuxième temps, à envisager les apports de ces publications tant pour le tableau du monde ouvrier au XIXe siècle, que pour le processus d'élaboration législative. Enfin, nous verrons en quoi cela appelle un retour sur le terrain des archives.

1. De l'histoire sociale à la sociologie historique du droit du travail, ou l'appel de la bibliothèque

1.1. Le droit du travail comme droit social

L'histoire du droit du travail comme branche d'une histoire sociale ou du mouvement ouvrier est marquée par cet acte fondateur que représente la création du délit de coalition par la Révolution, à partir du décret d'Allarde et de la loi Le Chapelier de 1791. Fondamentalement bourgeoise, la Révolution française se caractériserait par une reconfiguration du « champ de la lutte », en opérant le passage d'une domination de la noblesse sur le tiers état, à une domination de la bourgeoisie sur la classe ouvrière. On retrouve ici le schéma du *Manifeste* : « L'histoire de toute société jusqu'à nos jours est l'histoire de la lutte des classes. [365] », avec une focalisation sur les mobilisations successives de la classe ouvrière contre son exploitation par la bourgeoisie. *Les métamorphoses de la question sociale* [366] introduisent une variante, en considérant la misère ouvrière comme source d'exclusion sociale et ainsi base d'une « question sociale » mise au jour par des bourgeois philanthropes.

Les deux variantes de ce schéma conduisent à deux programmes de recherche spécifiques qui ne sont pas exclusifs l'un de l'autre. Dans la variante « lutte des classes », les mobilisations ouvrières sont d'abord réduites à la clandestinité et soumises à la répression, avant que ne s'opère une révision progressive de la législation sur la coalition, par abolition du délit en 1864 et reconnaissance du droit syndical en 1884. Le point central est ici l'organisation progressive de la collectivité ouvrière. L'« hypothèse du droit social [367] » comme « droit de la Société » contre le « droit de l'État » trouve ainsi dans le droit du travail une illustration particulièrement efficace. Dans cette perspective, le droit du travail correspond à l'expression de valeurs sociales, en conduisant d'abord à la reconnaissance de collectivités ouvrières (syndicats, conseils d'entreprise en Allemagne) et de conventions collectives. Le point de départ est ici celui de la mobilisation ouvrière qui préfigure des organisations plus durables (syndicats, partis politiques), en arrivant à des accords collectifs puis à une consolidation juridique. Le terrain de l'historien

[365] Friedrich Engels et Karl Marx, *Manifeste du Parti Communiste*, Paris, UGE 10/18, 1962, p. 20.

[366] Robert Castel, *Les métamorphoses de la question sociale, une chronique du salariat*, Paris, Gallimard, 1999 [1994].

[367] Georges Gurvitch, *Le temps présent et l'idée de droit social*, Paris, J. Vrin, 1932.

est d'abord celui de ces archives laissées derrière elles par ces actions collectives.

Dans la variante « question sociale », le droit du travail s'inscrit dans le développement plus général d'une protection sociale répondant au souci de garantir les ouvriers contre les aléas de l'existence. Les bibliothèques acquièrent ici une place incontournable, pour revenir à tous ces développements intellectuels (dans les rayons Sciences de l'Homme et de la Société) influant sur les pratiques politiques. C'est ainsi que, pour Castel, les théories économiques du XVIIIe siècle apparaissent comme la démonstration d'une supériorité du « marché » sur l'« État » dans le développement productif, avant que le solidarisme de la Troisième République ne fonde une action redistributrice.

1.2. Les enjeux d'une sociologie historique du droit du travail

L'histoire sociale focalisée sur les structures collectives du mouvement ouvrier, renvoyant parfois aux dimensions déterminantes des structures économiques, s'est prolongée dans une sociologie historique visant à appréhender les motivations individuelles des acteurs [368], pour analyser, en l'espèce, une démarche de mobilisation des individus [369]. L'ambition de la sociologie historique suggère cependant un pas supplémentaire, en envisageant le droit comme « un complexe de motifs agissant sur l'activité réelle de l'homme [370]. » Elle conduit à sortir de cette « hypothèse du droit social » focalisée sur les sources sociales du droit, pour saisir la mobilisation des règles du droit positif comme référence pour les individus dans le cours de leurs interactions [371]. Elle implique alors de tenir ensemble un « point de vue sociologique » ou « empirique » visant à analyser la place du droit dans les activités sociales des individus et un « point de vue juridique » ou « théorique » sur le droit, destiné à en éclairer sa portée en se situant dans la logique du système que dessine l'ensemble des normes juridiques. Mais, ces deux « perspectives » appellent également une investigation sur l'élaboration de ces cadres juridiques que ce soit dans les secrets du cabinet d'un pouvoir autoritaire ou dans les débats législatifs qui caractérisent un État de droit démocratique. Cet intérêt pour le droit, de son élaboration législative à sa

---

[368] Jean Baechler, *Les origines du système capitaliste*, Paris, 1971.

[369] Charles Tilly, « Action collective et mobilisation individuelle », dans Pierre Birnbaum et Jean Leca, *Sur l'individualisme : théories et méthodes*, Paris, Presses de la Fondation des Sciences Politiques, 2013 [1986].

[370] Max Weber, *Économie et société*, Paris, Agora Pocket, 1995, vol. 2, p. 12.

[371] Antoine Jeammaud, « La règle de droit comme modèle », *Recueil Dalloz-Sirey*, Chronique. 34, p. 199-210.

mobilisation dans les inter-actions ordinaires, en passant par les actions en justice qu'il ouvre aux individus introduit un regard nouveau sur la dynamique du droit du travail.

Il conduit d'abord à sortir d'une assimilation de la Révolution à une œuvre purement destructrice, comme abolition des institutions de l'ancien régime, pour saisir les opérations de construction d'un ordre juridique nouveau fondé sur l'égalité des citoyens devant la loi. La refonte du système judiciaire par la réforme de 1791 constitue une première étape, en établissant un ensemble intégré de juridictions ouvertes à tous les Français, pour succéder aux juridictions communautaires de l'ancien régime, dans lequel la justice de paix va jouer un rôle important par son ancrage dans les différends ordinaires des individus. Ainsi, « L'immense succès de la création des justices de paix, à partir de 1791, les centaines de milliers, puis les deux à quatre millions de causes urbaines et rurales entendues et conciliées chaque année durant les huit décennies suivantes, pour une population d'une vingtaine de millions d'adultes, constituent aujourd'hui un indice frappant du succès de la place nouvelle des citoyens, au-delà des multiples ratés et des réactions anti-démocratiques [372]. » Dans cette situation nouvelle, la jurisprudence qui en ressort contribue à consacrer la catégorie romaine de « louage d'ouvrage » répondant à la revendication ouvrière de « vrai louage [373] » et fournissant la base d'une série de vingt articles (1779 à 1799) dans le Code civil.

Cette jurisprudence contribue à tempérer la portée de la répressive attribuée à la loi Le Chapelier. En effet, les juges admettent alors que le fait pour un ouvrier de quitter son maître ne relève plus du « délit de désertion » établi par le régime corporatif, en créant ainsi une séparation durable entre le louage d'ouvrage et un recours à la contrainte pour s'opposer à sa rupture. Cela conduit dans le Code civil à cet article 1780 sur le « louage de services » disposant que l'« on ne peut engager ses services qu'à temps ou pour une entreprise déterminée. », en reconnaissant par là la prohibition d'un engagement perpétuel et en établissant un droit unilatéral de rupture du contrat. On saisit ici la contradiction entre une liberté de rupture individuelle, mais pouvant être exercée par un ensemble d'individus, et une législation prohibant la coalition. Il en résulte une nuance de taille dans l'argument voyant le délit de coalition comme l'héritage exclusif de la Révolution, laissant libre

[372] Alain Cottereau, « Droit et bon droit, un droit des ouvriers instauré puis évincé par le droit du travail », *Annales Histoire et Sciences Sociales*, 57-6, 2002, p. 1545.

[373] Alain Cottereau, « Droit et bon droit, un droit des ouvriers instauré puis évincé par le droit du travail », *art. cit.*

cours à une exploitation des ouvriers « atomisés ». À cela s'ajoute que le « louage de service » n'est lui-même qu'une forme de contrat dans l'ensemble plus général du « louage d'ouvrage » annoncé par l'article 1710 du Code civil et défini dans les vingt articles susmentionnés qui se concluent, dans l'article 1799, sur les ouvriers rémunérés à la pièce, c'est-à-dire « qui font directement des marchés à prix faits » et « sont entrepreneurs dans la partie qu'ils traitent. »

Il résulte de ce constat une double remise en question de la forme classique prise par l'histoire sociale reposant, en premier lieu, sur l'hypothèse d'une interdiction de la coalition et, en second, sur celle d'une distinction claire entre ouvriers et patrons. Le « louage d'ouvrage » dessine une architecture bien différente de ce salariat tenu pour une évidence donnée d'entrée de jeu avec la liberté commerciale établissant l'entrée en scène du « capitalisme », en renvoyant aux formes multiples prises par les activités productives. Ainsi, la production ne se limite pas aux établissements industriels de plus ou moins grande taille selon les progrès des techniques. Elle se réalise fréquemment à domicile, comme dans le cas des canuts lyonnais dont l'activisme, avec les insurrections de 1831 et 1834, a été occulté. Elle connaît une diffusion dans les campagnes, prolongeant un mouvement économique engagé au siècle précédent, dans une France où le monde paysan s'est établi durablement par la propriété de la terre, contrairement à la dynamique des *enclosures* britanniques. Dans cette situation, le monde ouvrier se caractérise par une forte division interne entre les ouvriers qui, s'engageant dans des « marchés à prix faits » avec des négociants pour la réalisation d'un « ouvrage », s'associent femmes, enfants et les aides de passage (compagnons, apprentis) qu'ils rémunèrent à leur tour. Cette pratique que le droit du louage d'ouvrage permet de qualifier juridiquement ne se limite pas au travail à domicile, elle se retrouve à une large échelle dans les établissements industriels (utilisant des machines) ou encore dans les mines [374], comme le montrent Alain Dewerpe [375] et Gérard Noiriel [376]. Elle fait progressivement l'objet d'une critique, portant non pas sur l'*exploitation* ouvrière, mais sur la *concurrence* entre loueurs d'ouvrage, qualifiés pour cela de *marchandeurs*.

Le droit de référence que constitue le louage d'ouvrage constitue l'aboutissement d'une revendication ouvrière au cours d'une Révolution marquée par une agitation ouvrière importante, comme le rappelle Cotte-

---

[374] On en trouve une présentation d'une précision étonnante dans *Germinal*.

[375] Alain Dewerpe, *Le monde du travail en France, 1800-1950*, Paris, Armand Colin, 1989.

[376] Gérard Noiriel, *Les ouvriers dans la société française (XIXe-XXe siècles)*, Paris, Point Seuil, 1986.

reau, et qui dès lors ne peut plus être qualifiée purement et simplement de « bourgeoise ». En revanche, ce qu'« il en est advenu de ce droit dans la communauté » rend problématique la notion même de « classe ouvrière » face à l'affirmation, contre les marchandeurs, de l'ensemble formé par les « ouvriers de marchandeurs ». Ainsi, la revendication de fraternité au cœur de la révolution de 1848 que la Deuxième République portera dans la devise républicaine, trouve une portée claire dans le souci d'aménager le marchandage dans le sens d'une association pour sortir des situations de tyrannie auxquelles peut conduire le marchandage, notamment sous la pression de la concurrence. Mais plus profondément, le *travail* que l'on trouve au cœur du « rêve ouvrier [377] » comme principe d'une société utopique devient l'idée permettant de subsumer sous une même condition ceux qui vivent de leur participation à une activité productive. Cette idée de travail devient une évidence dans la seconde moitié du XIXe siècle, jusqu'à trouver une incarnation dans la création d'un Conseil supérieur du travail en 1891 et dans le projet d'un Code du travail qui hante la Troisième République jusqu'à son adoption partielle en 1910. Dans son sillage, le *contrat de travail* correspond à une véritable révolution dans la manière de considérer les activités productives, en distinguant le travail comme une activité spécifique d'individus, les *salariés*, qui destinent leur production à ceux que l'on va nommer des *employeurs*.

1.3. L'institution du salariat par le droit du travail

Dans le cadre notamment des débats proprement juridiques de la Société d'études législatives, le contrat de travail contribue à l'identification de cette activité spécifique que va représenter le travail par la remise en cause des contrats que le Code civil avait regroupé sous la catégorie de « louage d'ouvrage ». En effet, comme le rappelle Camille Perreau, rapporteur sur cette question au sein de la Société d'études législatives : « La commission [...] s'est inspirée de cette idée qu'il convenait d'assurer *une situation juridique identique* à des catégories de personnes qui, sous des noms parfois différents, n'ont en somme que *la même situation économique*. Et c'est ce qui l'a amenée à écarter de sa rédaction l'emploi de certaines expressions juridiques : "louage de services", "louage d'ouvrage", "devis et marché", dont se sont précisément servis les rédacteurs du Code civil [378]. » Dans cette perspective, le contrat de travail se présente comme la référence commune à ceux qui travail-

---

377 Jacques Rancière, *La nuit des prolétaires. Archives du rêve ouvrier*, Paris, Hachette Pluriel, 2012 [1981].

378 « Rapports et séances, question n° 9 », *Bulletin de la Société d'Études Législatives*, 1906, p. 76-77. Souligné par l'auteur.

lent, en permettant de ramener la dualité entre travail au temps (renvoyant au louage de services) et travail à la pièce (renvoyant au louage d'ouvrage par devis et marchés) à deux formes de rémunérations. De plus, le contrat de travail vise à surmonter la dualité entre travail manuel (plutôt réservé aux ouvriers) et travail intellectuel (plutôt réservé aux professions libérales) : « Peu importe la nature du travail : matériel ou intellectuel, industriel ou rentrant dans la catégorie des services qui font l'objet des professions libérales. Dans toutes les hypothèses où l'obligation de l'une des parties a pour objet une prestation de travail, si cette prestation est accomplie dans des conditions qui impliquent une continuité de rapports entre les contractants, il y aura contrat de travail [379]. »

La doctrine juridique permet ici de construire la signification d'un contrat de travail que le livre 1 du Code du travail, adopté en 1910, ne fait que présenter allusivement. Elle contribue ainsi à donner au contrat de travail une portée cruciale, pour envisager la négociation de conventions collectives destinées à encadrer des contrats individuels [380]. La législation sur la durée du travail avec la grande loi de 1919 sur la journée de huit heures apporte un élément supplémentaire dans la détermination du travail, comme activité située dans un temps (la durée réglementaire) et un lieu (l'établissement) déterminés. Dès lors, les organisations syndicales sortent de l'ancrage dans le métier et de la partition entre marchandeurs et ouvriers de marchandeurs, en se confédérant autour du travail, comme en témoigne la création et l'organisation de la Confédération générale du travail autour de fédération d'industries dans la première décennie du XXe siècle. La négociation de conventions collectives de branche, à partir des grandes grèves de mai-juin 1936, parallèlement à l'élection d'une majorité de Front Populaire à la Chambre, ancre le principe d'une classification de la main-d'œuvre, des ouvriers aux ingénieurs, en posant les bases de la *qualification* des travailleurs.

2. Le programme d'une sociologie historique du droit du travail : victoire de l'imprimé sur l'archive ?

2.1. Connaissance et reconnaissance du travail

Dans ce processus qui mène à l'adoption du premier livre du Code du travail en 1910, la prise en compte du droit ouvre un champ de documentation très important sur le travail et les dynamiques du mouvement ouvrier

---

379 *Ibid.*, p. 78.

380 Claude Didry, *Naissance de la convention collective, débats juridiques et luttes sociales en France au début du XXe siècle*, Paris, Éditions de l'École des Hautes Études en Sciences Sociales, 2002.

qui reste à baliser et approfondir. Je m'en tiendrai ici à un survol rapide des potentiels que cette intégration du droit dans la recherche permet de dégager. Je partirai pour cela des documents éclairant le droit en action, tant dans la vie courante où le droit fait l'objet d'une appropriation par les acteurs sous la forme de « maximes d'action [381] » alimentant la réflexion sur la conduite à tenir, que dans les actions en justice comme moment critique au moment où le cours de la vie courante se trouve troublé et où la règle de droit fournit la référence [382] permettant de s'interroger sur le caractère anormal de la situation. Le droit est ici pris comme donné, soumis à observation dans des enquêtes fréquemment suscitées par le projet de le réformer. Il conduit à l'expression de situations critiques dans les interactions sociales appréhendées comme des « affaires » où les acteurs explicitent leurs griefs pour les soumettre au juge. Ces « affaires » que retracent les décisions de justice pour trancher les prétentions en présence peuvent se lire comme des récits apportant des éléments d'information tant sur l'interprétation du droit mobilisé, que sur les situations elles-mêmes à travers les yeux des acteurs. Les investigations monographiques et statistiques prolongent fréquemment ces affaires, en apportant un regard plus approfondi sur la vie sociale, à partir d'une saisie de la règle de droit dans le cours de la vie courante. Cela justifie, à mes yeux, de partir des « affaires » que révèle la jurisprudence, pour envisager ensuite les bases informationnelles à visée plus monographiques.

Le premier ensemble de sources d'information est constitué par l'observation du droit en action que révèle la jurisprudence, à travers les grands recueils qui se créent au cours du XIXe siècle. Certes, cet outil d'observation que constitue la jurisprudence a sa logique liée à la structuration du système juridictionnel français, à partir du souci de construire des causes susceptibles d'être gagnées par les avocats qui sont à l'origine de ces recueils [383]. Il en résulte une focalisation sur les arrêts de la Cour de cassation, qui indique une activité susceptible de conduire à la fixation de la portée d'une loi et à des revirements de jurisprudence, avec un regard moins poussé sur l'activité des cours d'appel et des juridictions de premier degré. Mais cette pratique sélective dans la masse des décisions rendues permet de dégager des cas remarquables qui éclairent une réalité parfois étonnante

[381] Max Weber, *Rudolf Stammler et le matérialisme historique, aux origines de la sociologie wébérienne*, Cerf, Paris, Presses universitaires de Laval, Québec, 2001.

[382] Antoine Jeammaud, « La règle de droit comme modèle », *art. cit.*

[383] Évelyne Serverin, *De la jurisprudence en droit privé. Théorie d'une pratique*, Lyon, Presses Universitaires de Lyon, 1985.

quand on l'observe avec les lunettes du salariat qu'institue le droit du travail actuel. Citons ici pour mémoire cet arrêt sur le marchandage en 1901 [384], qui apparaît comme l'aboutissement d'une longue saga judiciaire dans le monde de la construction.

Le deuxième ensemble de sources regroupe les thèses, traités et manuels sur un thème déterminé, comme les conseils de prud'hommes, le marchandage, le *sweating system* auquel aboutit le travail à domicile, le contrat de travail, les conventions collectives. Ces sources mêlent des considérations doctrinales sur les dispositions légales en vigueur, des éléments statistiques et des éléments tirés de la jurisprudence. Ainsi, c'est en partant des thèses sur la convention collective et le contrat collectif de travail au début du XXe siècle que j'ai été amené à construire une base de décisions en la matière éclairant une pluralité de configurations productives dans lesquelles prédominaient les fabriques territoriales ou districts industriels, une réalité très éloignée de la grande usine [385].

Enfin, dans le domaine du « travail », les enquêtes de l'Office du travail représentent un matériau précieux pour le chercheur [386], tant pour les statistiques qu'il apporte, que pour les incertitudes sémantiques qu'il révèle [387]. Dans cette masse de documents, la grande fresque sur *Les associations professionnelles ouvrières* permet d'accéder à une multitude d'univers professionnels dans lesquels se forment des associations coopératives ou revendicatives, avec une prégnance importance des conflits suscités par le marchandage, notamment dans la soierie lyonnaise (avec les fameux canuts) et les mines. Les volumes annuels de la *Statistique des grèves et des recours à la conciliation et à l'arbitrage*, prévue par la loi du 27 décembre 1892, présente un dépouillement très approfondi des conflits collectifs et des accords auxquels ils ont donné lieu. Je dois dire que la découverte de cette série, disponible désormais sur Gallica [388] pour les années 1890 à 1933, m'a détourné durablement du CARAN, dans la mesure où les dossiers que j'avais commencé à dépouiller dans le cadre de ma thèse se retrouvaient intégralement dans les volumes. Enfin, le *Bulletin de l'Office du travail*, dont les exemplaires de 1906 sont acces-

[384] Jean Pélissier, Gérard Lyon-Caen, Antoine Jeammaud et Emmanuel Dockès, *Les grands arrêts du droit du travail*, Paris, Dalloz, 2008, p. 217-225.

[385] Claude Didry, *Naissance de la convention collective, op. cit.*

[386] Jean Luciani et Robert Salais, Isabelle Lespinet-Moret, *L'Office du Travail, 1891-1914*, Rennes, Presses universitaires de Rennes, 2007.

[387] Comme dans le cas du chômage oscillant entre inactivité involontaire et grève. Sur cette catégorie, voir Robert Salais, Bénédicte Reynaud et Nicolas Baverez, *L'invention du chômage*, Paris, PUF, 1986.

[388] Voir http://gallica.bnf.fr/ark:/12148/bpt6k63253039.image.

sibles sur Gallica [389], représente une source large d'informations intégrant une présentation de l'état des différentes branches industrielles, des statistiques, des monographies et des éléments d'actualité internationale.

2.2. Le droit du travail en débat

Dans le domaine du droit du travail, la prise en compte de la mobilisation du droit positif par les acteurs accompagne les interrogations sur le droit lui-même et les aménagements à y apporter. Il est difficile ici de savoir si le projet de loi précède l'investigation ou si, à l'inverse, les troubles produits par le droit sont le point de départ d'une initiative législative. Toujours est-il que, dans un État de droit démocratique telle que la Troisième République, le droit est pris dans un processus législatif constant en relation avec une activité d'investigation et de débats sur l'état du droit positif tant au Parlement, que dans divers organismes ayant vocation à alimenter le débat démocratique. Ainsi, dans le domaine du travail, la création d'un Conseil supérieur du travail le 22 janvier 1891 marque le coup d'envoi d'une réflexion législative par un acte qui part de la Chambre, sous l'impulsion de Gustave Mesureur et se conclut par un décret de Jules Roche, ministre du Commerce et de l'Industrie. Organe constitué par une représentation tripartite (État, patrons et ouvriers), il devient le lieu où s'engage la mise en chantier de nombre de projets de loi, au cours d'échanges où se croisent des syndicalistes (comme Auguste Keüfer, secrétaire général de la Fédération du Livre et président du Conseil dans les années 1900), des députés (comme Auguste Isaac, député du Rhône et dirigeant d'une entreprise lyonnaise de tulles et dentelles) et des juristes (notamment Raoul Jay, professeur de législation industrielle à la Faculté de Paris). Il a une activité considérable, comme, par exemple, dans le domaine du chômage [390] ou de l'enseignement professionnel [391]. Son intervention répond parfois à des situations de crise, comme dans le cas du délai-congé en 1904, qui fait suite à la « grève des conseils de prud'hommes » contre les arrêts de la Cour de cassation en matière de rupture du louage de services [392].

---

[389] Voir http://gallica.bnf.fr/ark:/12148/cb32721304q/date.r=Bulletin+de+l%27 Office+du+travail++Minist%C3%A8re.langFR.

[390] Conseil supérieur du travail, *Rapport sur la question du chômage présenté au nom de la commission permanente par MM. Moron, Finance et Keufer, accompagné des documents réunis sur cette question par l'Office du travail*, Paris, Imprimerie nationale, 1896.

[391] Conseil supérieur du travail, *Apprentissage : Enquête et documents / Rapport de M. Briat, au nom de la Commission permanente.* Paris, Imprimerie nationale, 1902.

[392] Le délai-congé est traité au cours des sessions de 1904 à 1906.

Cette aspiration à des réformes de grande ampleur pour arriver à une reconnaissance législative du travail trouve un appui important dans un « milieu international [393] » qui se constitue à la fin du XIXe siècle lors de congrès et de conférences. La conférence de Paris sur la protection légale des travailleurs, qui se tient au Musée social pendant l'Exposition universelle de 1900, marque ici un point d'aboutissement, en ouvrant sur la fondation, l'année suivante, à Bâle, de l'Association internationale pour la protection légale des travailleurs [394]. La section française de cette association, l'Association nationale pour la protection légale des travailleurs, devient alors un autre lieu de débats sur les projets en cours, où se retrouvent notamment de nombreux membres du Conseil supérieur du travail, tout au long des deux premières décennies du XXe siècle.

La création de la Société d'études législatives en 1901 s'inscrit dans cette dynamique législative, en intégrant prioritairement – par cooptation – des professeurs de droit. Elle a alors pour président Ernest Glasson et pour secrétaire Raymond Saleilles. Par son objet, elle traduit le souci de lier l'étude théorique du droit qui est au cœur de l'activité de ces juristes, le « développement [des] études de législation dans toutes les branches du droit » et une pratique d'enquête et de recherche concernant l'application du droit [395]. Elle intervient sur un nombre considérable de « questions » traitées par des commissions, jusque dans les années 1930. Elle prend une part importante aux réflexions sur les aménagements à apporter au Code civil, à l'occasion de son centenaire, en 1904. Son intérêt pour les questions ayant trait au travail se manifeste dès la première « question » traitée sur les « modifications à apporter aux droits et pouvoirs de la femme mariée quant aux biens et aux produits du travail et de l'industrie », en contribuant à l'adoption de la loi sur la « libre disposition de son salaire par la femme mariée » en 1904. Elle joue un rôle considérable sur la question du « contrat de travail », débattue de 1904 à 1908, qui fournira la base d'un projet de loi déposé par le ministre du Commerce et de l'Industrie en 1906, et dont sera tirée la loi sur la con-

---

[393] Anne Rasmussen, « Le travail en congrès : élaboration d'un milieu international », dans Jean Luciani (s.d.), *Histoire de l'Office du Travail*, Paris, Syros, 1992, p. 119-136.

[394] Michel Cointepas, « L'entrée de la Direction du travail dans les relations internationales à travers la naissance du droit international du travail », extrait des *Cahiers du Chatefp* n° 7, mars 2007. Consultable sur
http://travail-emploi.gouv.fr/IMG/pdf/
L_entree_de_la_direction_du_travail_dans_les_relations_internationales_a_travers_la_naissance_du_droit_international_du_travail.pdf.

[395] *Bulletin de la Société d'Études Législatives*, 1901, « objet », art. 3 des statuts, p. 1.

vention collective adoptée par la Chambre en 1912-1913 et par le Sénat en 1919 [396].

La publicité des débats législatifs qui s'attache à un régime tel que la Troisième République peut donc apparaître comme une malédiction pour une activité archivistique pimentée par le souci de conserver les traces de ces cabinets occultes démantelant les visées ouvrières pouvant menacer le bonapartisme. Il en résulte en effet une accumulation de production imprimée susceptible de décourager, pour la recherche sur la genèse du droit du travail, une plongée dans les fonds d'archives.

3. Le continent des archives

3.1. Le droit en action

Au terme de cet aperçu rapide sur le monde de la production imprimée disponible en bibliothèque, les archives demeurent cependant une ressource indispensable pour prolonger la recherche sur la fabrique du droit du travail. Un premier prolongement de cette recherche porte sur le droit en action, tant dans la vie ordinaire des particuliers que dans les actions en justice qu'ils engagent, c'est-à-dire l'expérience juridique initiale à partir de laquelle l'activité législative vise à aménager les cadres juridiques, et que relatent les cas jurisprudentiels avancés dans les débats. Cela ouvre la voie à une investigation dans les archives privées, archives d'entreprise [397], archives syndicales, soumises cependant à des vicissitudes historiques telles que les guerres qui conduisent certaines de ces organisations à éliminer les traces de leur activité [398].

Un autre fonds d'archives est constitué par les dossiers des affaires traitées par les tribunaux, dans le prolongement d'une jurisprudence par nature très sélective et centrée sur les juridictions suprêmes. Alain Cottereau a ainsi engagé une recherche importante sur l'activité des conseils de prud'hommes, à partir d'archives de ce type [399]. On peut signaler également la grande lacune que représente la quasi-ignorance de l'activité de la justice de paix, qui reste tout au long du XIXe siècle un organe important dans le domaine du travail, en l'absence d'un maillage complet du territoire et des

---

396 Claude Didry, *Naissance de la convention collective, op. cit.*

397 Jean Peneff, « Le recrutement et l'observation des ouvriers par le patronat : étude d'un fichier d'entreprise », *Revue Française de Sociologie*, vol. 34/4, 1993, p. 557-596.

398 En particulier dans le cas de la CGT dissoute par le régime de Vichy et condamnée, ainsi, à la clandestinité.

399 Alain Cottereau, « Justice et injustice ordinaire sur les lieux de travail d'après les audiences prud'homales (1806-1866), *Le Mouvement social*, n° 141, (Oct.-Déc., 1987), p. 25-59.

industries par les conseils de prud'hommes. Mais la tâche s'avère immense, dans la mesure où les archives des juridictions de premier degré sont conservées par les Archives départementales et obligent à se plonger dans une masse de dossiers qu'un chercheur seul ne peut pas traiter exhaustivement. On voit ici se dessiner un chantier de recensement, préalable à une investigation de longue haleine par des équipes de recherche. La chose n'est pas évidente, en en prenant pour preuve l'impossibilité que j'ai eue de trouver dans les Archives de Saône-et-Loire le dossier concernant une affaire inaugurale dans la jurisprudence sur la convention collective, le litige opposant le syndicat des tisseurs de Chauffailles à des industriels sur l'application d'un accord de fin de grève qui donne lieu à un premier procès devant le Tribunal de Charolles en 1890. En désespoir de cause, je n'ai pu avoir accès qu'au dossier issu des archives préfectorales sur la grève de 1889 ayant abouti à l'accord dont l'application est mise en cause, dans la mesure où cet accord est le résultat d'une conciliation organisée par le sous-préfet.

3.2. Les acteurs de la législation

Les archives peuvent apporter également des ressources pour approfondir la connaissance de certains individus qui se distinguent par un investissement très important dans tous ces lieux de débats qui se répondent et contribuent à donner un écho aux sujets traités dans l'opinion publique et l'univers parlementaire. Raoul Jay, professeur à la Faculté de Paris et proche du député Albert de Mun, grande figure du catholicisme social, apporte dans les débats une forme d'intransigeance dans la recherche d'une réglementation protectrice destinée à contrebalancer le déséquilibre qui caractérise selon lui la relation de travail. Arthur Fontaine en est un autre exemple, notamment après sa nomination à la tête de l'Office du travail et à celle de la toute nouvelle Direction du Travail en 1899, multipliant les interventions et les productions sur le travail dans ces cercles, mais aussi au-delà par son engagement dans la vie intellectuelle et artistique parisienne. Mais, il me semble qu'Arthur Groussier et Alexandre Millerand sont ici des personnages incontournables dans la mesure où ils font le lien entre la vie politique et parlementaire et ces cénacles. Arthur Groussier donne une impulsion décisive à ces débats par la proposition d'un Code du travail, qu'il élabore au sein du groupe des députés socialistes, de 1896 à 1898. Il est membre de la Commission du travail à la Chambre, dont il devient vice-président en 1911 et rapporte sur un nombre considérable de projets de loi, dont celui sur la convention collective en 1912-1913. L'avocat Alexandre Millerand est la figure de proue des députés socialistes dans les années 1890, il devient ministre du Commerce et de l'Industrie dans le gouvernement de Défense Républicaine présidé par Pierre Waldeck-Rousseau en 1899. À ce poste, il est l'auteur des fameux décrets d'août 1899 imposant la fixation de minima salariaux d'après les conventions collectives, dans les cahiers des charges des marchés publics, il dépose avec le Président du Conseil un projet de loi sur les conseils du travail en 1900 (qui ne sera jamais adopté), il organise une « commission de codification des lois ouvrières et de prévoyance sociale » regroupant des professeurs de droit (dont Raoul Jay) et des hauts fonctionnaires (dont Arthur Fontaine) qui est à l'origine du projet de Code du travail.

Un recensement des individus concernés représente un chantier important, pour fédérer les recherches déjà engagées sur certains d'entre eux et engager l'identification des fonds existants. Nous entrons ici dans l'exercice d'une biographie historique systématique, dont la difficulté tient pour partie à la faiblesse des traces laissées par certains individus, notamment les moins en vue. On retrouverait ici probablement de nombreux personnages recensés par le *Dictionnaire biographique du mouvement ouvrier*, dans lesquels émergent pour la période des années 1930 Ambroise Croizat, Benoît Frachon et Alfred Costes. Bref, il n'y a pas que Jaurès, le général de Gaulle et Jean Auroux dans l'histoire du droit du travail. Cependant, les archives apparaissent ici comme une source subsidiaire, pour des professeurs de droit ou des parlementaires dont la carrière est balisée par des étapes telles que la thèse, l'élection, la nomination à un poste et les éventuels *in memoriam* au moment de leurs décès.

Conclusion

L'activité législative que l'on rencontre dans la genèse du droit du travail implique de pratiquer une sociologie politique du droit dans une dimension historique, tout en représentant un risque majeur pour la pratique des archives. En effet, si la proposition d'un Code du travail (autour de laquelle s'enchaînent toute une série de débats, sur la codification des lois ouvrières et de prévoyance sociale ou sur le contrat de travail, avant l'adoption de son premier livre en 1910) constitue une rupture majeure, c'est par la remise en cause de l'ordonnancement des rapports productifs établi dans le Code civil, par le « contrat de louage d'ouvrage ». Cela conduit à envisager le droit dans les activités ouvrières non plus simplement comme l'expression d'une pratique répressive à l'égard de tout mouvement social, mais comme une référence ancrée dans les rapports les plus quotidiens dont la portée est expérimentée par des actions en justice. Retrouver le droit civil et le droit du travail dans ces pratiques économiques implique alors de s'ouvrir à la vaste production d'imprimés entourant le droit, depuis l'élaboration de la loi, jusqu'à son aménagement par des réformes ultérieures, en passant par sa mobilisation devant la justice dont les recueils de jurisprudence permettent de se faire une idée. Noyé dans l'océan des productions juridiques, le chercheur est tenté de délaisser une pratique de l'archive focalisée jusque-là sur la mise au jour d'un mouvement ouvrier tentant de sortir de la clandestinité. Mais, dans le processus d'écriture de la loi, il rencontre des individus dont les réflexions et les initiatives appellent un approfondissement par les archives. La connaissance du droit à partir de laquelle s'engage cette action réformatrice, sous la forme notamment de la jurisprudence, appelle également une analyse des activités juridictionnelles renvoyant là encore aux fonds d'archives. Mais par son ampleur, l'ouverture sur les archives jointe à la bibliographie considérable produite sur la question justifie sans doute une recherche dépassant les forces d'un individu, en laissant l'auteur de ce texte s'abriter derrière ce constat pour confesser sa faible pratique des archives.

Les archives de la société civile : la Société pour la protection des paysages de France ou la loi hors les murs (1901-1910)

JULIEN LACAZE
Président de la SPPF

Si l'on retient une acception large du terme archives, la Société pour la Protection des Paysages de France (SPPF), association fondée en 1901, a produit de très nombreux documents manuscrits ou imprimés, à commencer par son *Bulletin*, édité à partir de janvier 1902 [400]. Ces archives associatives éclairent la genèse des lois patrimoniales de l'époque et particulièrement de celle de 1906 sur la protection des sites, la première à protéger la nature, comme de la loi de 1910 sur l'affichage.

Le processus législatif de la future loi sur les sites avait été lancé, trois mois avant la fondation de la SPPF, par deux propositions de loi, l'une de Charles Beauquier, déposée le 28 mars 1901 [401], et l'autre de Louis Dubuisson, déposée le 17 mai 1901 [402]. Les deux hommes étaient respectivement députés du Doubs, où les sources de la Loue et du Lizon étaient menacées, et du Finistère où des enrochements remarquables étaient livrés aux carriers. Si ces propositions étaient d'inspiration commune, puisque respectueuses

---

[400] *Bulletin de la société pour la protection des paysages de la France*, Paris, Imprimerie Chaix, n° 1, janvier-mars 1902.

[401] Proposition de loi ayant pour objet la protection des sites pittoresques, présentée par M. Charles Beauquier, séance du 28 mars 1901, *Journal officiel*, Chambre, doc. parl., annexe n° 2315, p. 325.

[402] Proposition de loi ayant pour objet d'organiser la protection des sites et monuments naturels de la France, présentée par MM. Dubuisson (et 7 de ses collègues), séance du 17 mai 1901, *JO*, Chambre, doc. parl., annexe n° 2348, p. 365.

du caractère absolu de la propriété privée, la première était cependant plus décentralisatrice [403].

Charles Beauquier sentit probablement la nécessité de s'appuyer sur une légitimité plus large que celle que lui conférait son mandat. Il allait ainsi se rapprocher du poète Jean Lahor, qui avait appelé, en mars 1901, dans la *Revue des Revues*, à la constitution d'« Une société pour la protection des paysages français » tout en soulignant que « la loi existait [...] pour apporter des limitations, des gênes, des obstacles à l'imprévoyance, à la bestialité, à la brutalité humaines, pour réprimer le sans gêne, le sans pitié de cet égoïsme humain, qui ne pense à rien ni à personne, et qui trop souvent criminel, féroce, à tout prix, se veut satisfaire » [404]. Le 1er juillet 1901 [405], jour de la promulgation de la loi sur les associations, fut ainsi constituée à Paris la Société pour la Protection des Paysages de France.

Son premier *Bulletin* en précise les « buts » : « [Nous] n'aurons de cesse que nous n'obtenions des Chambres une bonne loi protectrice [...]. Que nous espérions ou non d'ailleurs en son efficacité, nous devons la désirer quand même comme le témoignage éclatant, la conclusion logique d'un mouvement d'opinion ». D'ailleurs, les administrations « sont lentes à prendre l'initiative de mesures nouvelles », mais « sont quelquefois heureuses qu'on leur force la main » [406]. Les statuts de l'association lui donnaient ainsi notamment pour objet « L'étude [...] des lois susceptibles de compromettre inutilement les beautés naturelles ainsi que l'examen des projets de lois en cours pour leur protection » (art. 2, 2°) c'est-à-dire, évidemment, celui relatif aux sites [407].

La direction de l'association, d'abord offerte à Sully-Prudhomme, futur prix Nobel de littérature, sera, dès l'automne 1901, convertie en présidence d'honneur, Charles Beauquier en assumant la présidence effective [408].

Au Parlement, où l'examen de la proposition de loi sur les sites se poursuivit, on invoqua désormais systématiquement la nouvelle légitimité du député. Maurice Faure explique ainsi au Sénat que « Devançant l'initiative gouvernementale, trop lente à se produire, M. Charles Beauquier, avec sa double autorité de législateur expérimenté et de président de la Société pour la protection des

[403] La commission départementale des sites à créer comptait ainsi seulement un tiers de représentants de l'État contre la moitié dans la proposition de loi Dubuisson.
[404] *La Revue (ancienne Revue des revues)*, Paris, vol. XXXVI, 1er trimestre 1901, p. 526-532.
[405] *JO* du 27 avril 1902, p. 3042.
[406] *Bulletin*, *op. cit.*, n° 1, janvier-mars 1902, p. 3-4.
[407] *Bulletin*, *op. cit.*, n° 2 et 3, avril-septembre 1902, p. 50.
[408] *Ibid.*, p. 55.

paysages, présenta, le 28 mars 1901, à la Chambre des députés, une proposition de loi très étudiée » [409].

La nouvelle Société, qui comprenait environ 500 membres, majoritairement parisiens (parmi lesquels on comptait Vincent d'Indy, André Gide, le colonel Lyautey ou le nancéen Émile Gallé) [410], fondait sa légitimité sur d'éminents représentants de la société civile groupés dans un « Comité d'honneur » de 24 membres présidé par les ministres des Beaux-arts et de l'Agriculture. Le vice-président du Comité était le poète Frédéric Mistral et l'on trouvait parmi ses membres Armand Fallières, alors président du Sénat, et Paul Deschanel, ancien président de la Chambre – ce qui contribuait à l'influence législative de l'association –, les peintres Bouguereau et Carolus Duran, respectivement présidents de la Société des Artistes français et de la Société nationale des Beaux-Arts, principales organisatrices des Salons, le compositeur Jules Massenet, le sculpteur Oscar Roty (auteur de la *Semeuse*), ainsi que de nombreux académiciens [411].

Au-delà de ce Comité d'honneur, l'association était régie par un « Comité directeur » de 51 membres, dont le *Bulletin* précise qu'il est « volontairement nombreux et éclectique », car « il importait que tous les milieux et opinions y fussent représentés comme les carrières les plus diverses, afin que notre but fût atteint par l'union des esprits et des intérêts qui n'eussent pas semblé conciliables » [412]. On y trouvait notamment l'architecte militant Frantz Jourdain, le comte Robert de Montesquiou (qui inspira le personnage de Charlus à Proust), des peintres, des conservateurs, des députés, et notamment Louis Dubuisson, auteur de la proposition de loi concurrente [413].

En se prévalant de sa qualité de président d'association devant le Parlement, Charles Beauquier mettait ainsi l'aura du littérateur, du poète ou du peintre, au service de la loi naissante… L'engagement de nombreuses personnalités des arts contribua aussi à l'intérêt des journaux. L'association, qui était abonnée au *Courrier de la Presse*, recense au total 96 articles relatifs à la loi sur la protection des sites dans la presse locale, nationale ou étrangère (dont 46 avant sa promulgation) [414].

---

[409] Rapport fait au nom de la commission chargée d'examiner la proposition de loi par M. Maurice Faure, séance du 6 mars 1906, *JO*, Sénat, doc. parl., annexe n° 87, p. 219.

[410] *Bulletin*, *op. cit.*, n° 4, octobre-décembre 1902, p. 121-130.

[411] *Bulletin*, *op. cit.*, n° 1, janvier-mars 1902, 2° de couverture.

[412] *Ibid.*, p. 28.

[413] *Ibid.*, 3° de couverture.

[414] *Bulletin*, *op. cit.*, n° 19, 15 juillet 1906, p. 53-55. Il s'agit du *Gaulois*, du *Siècle*, du *Petit Journal*, du *Temps*, du *Matin*, de l'*Événement*, du *Journal des Débats*, de *La Patrie*, du *Moniteur de Paris*, de *Gil Blas*…

Le rôle de la Société pour la Protection des Paysages dans l'élaboration du texte sera également technique. Issu de son comité directeur, un « Comité de législation » de 17 membres comprenait, outre Charles Beauquier et le député Louis Dubuisson, Abel Ballif, président du Touring Club, auteur d'une troisième proposition soumise au ministre [415], ainsi que Georges de Ségogne, avocat au Conseil d'État et à la Cour de cassation et André Hallays, juriste et chroniqueur au *Journal des Débats* [416]. À l'instar du Parlement, l'association était ainsi dotée d'une commission des lois.

Son *Bulletin* nous apprend qu'elle « s'employait à [enrichir et à] fondre ces trois projets en un seul » [417]. L'élaboration de la loi se poursuivait ainsi, hors les murs du Parlement, entre parlementaires et juristes, « sous l'efficace impulsion [...] de MM. Charles Beauquier, de Ségogne et André Hallays » [418], si bien que, le 4 février 1903, le *Bulletin* indique, comme aurait pu le faire le *Journal officiel* : « Lecture et approbation du projet de loi » [419]. Le lendemain, 5 février 1903, Charles Beauquier déposa ce texte associatif à la Chambre [420]. Est-ce un effet de la constitution de la SPPF, mais Charles Beauquier, qui était seul lors du dépôt de sa première proposition en mars 1901, était désormais suivi par 117 députés de tous bords, dont Jean Jaurès et Marcel Sembat [421] ?

Cette nouvelle proposition de loi fut particulièrement novatrice, puisqu'y figure, pour la première fois, l'idée d'un classement d'office, avant même qu'elle n'aboutisse, avec la loi de 1913 [422]. Il ne s'agissait pas de la synthèse des trois propositions de loi précédentes (dont aucune ne comportait cette disposition), mais d'un apport du Comité de législation de l'association. Se-

---

415 *Touring-Club de France*, 15 juillet 1901, p. 292. Cette troisième proposition consistait à appliquer la loi du 30 mars 1887 sur les monuments historiques aux « sites intéressants au point de vue artistique, géologique ou historique ». Elle ne prévoyait donc, en cas d'opposition du propriétaire, qu'une possibilité d'expropriation assortie – seule véritable innovation – d'une possibilité de revente du bien classé. Les commissions départementales des sites étaient en outre plus étatiques.

416 *Bulletin*, *op. cit.*, n° 1, janvier-mars 1902, p. 28.

417 *Ibid.*

418 *Bulletin*, *op. cit.*, janvier-mars 1903, n° 1, p. 1.

419 *Ibid.*, p. 22.

420 Proposition de loi ayant pour objet de protéger les sites pittoresques historiques ou légendaires de France, présentée par MM. Charles Beauquier (et 117 de ses collègues), séance du 5 février 1903, *JO*, Chambre, doc. parl., annexe n° 733, p. 134.

421 *Ibid.*

422 Voir Julien Lacaze, « Les débats autour du classement d'office : quand l'idée de servitude l'emporte (1908-1909) », dans *1913 Genèse d'une loi sur les monuments historiques* (sous la direction de Marie Cornu et de Jean-Michel Leniaud), La Documentation française, nov. 2013, p. 94-104.

lon son exposé des motifs [423], l'idée d'un classement d'office résulte de la transposition au patrimoine d'une loi du 8 avril 1898 permettant d'établir, contre indemnité, une servitude de halage le long des cours d'eau [424]. Cette référence avait peut-être été suggérée par Georges de Ségogne, avocat au Conseil d'État et à la Cour de cassation, dont le *Bulletin* signale le travail « zélé » (cette figure serait alors annonciatrice de celle de Charles Bernier qui appartenait au même ordre et fit aboutir l'idée de classement d'office dans la loi de 1913) [425].

Cette avancée du droit du patrimoine sera cependant repoussée en 1904 par le ministre de l'Instruction publique et des Beaux-arts[426]. Là encore, la lecture du *Bulletin* est essentielle pour comprendre la loi. Dans son allocution du 16 mars 1904, ouvrant l'assemblée générale de l'association, Charles Beauquier explique en effet que le projet « était signé par un très grand nombre de [ses] collègues » et qu'il « semblait donc qu'il dut passer comme une lettre à la poste » mais, ajouta-t-il, « vous savez de quel crédit jouit, dans l'esprit de tout bon juriste, le droit de propriété. Si vous êtes soupçonné d'y porter atteinte, eussiez-vous cent fois raison, [...] c'est fini : vous êtes jugé et condamné sans appel. Or, notre ministre de l'Instruction publique [...], M. Chaumié, a le malheur d'être jurisconsulte et, qui pis est, un jurisconsulte du Midi, qui a, par conséquent sucé, avec le lait, les principes du droit romain [...]. L'évidence ne lui apparaît pas [...] que la beauté de la nature, tout en étant d'utilité publique, doit bénéficier des mêmes privilèges légaux que les objets vraiment reconnus comme tels » [427]. À défaut de servitude protectrice, la loi promulguée le 21 avril 1906 [428] permettra donc une expropriation du propriétaire opposant : c'était préférer un changement de propriété à l'atténuation de son caractère absolu. Ce texte était particulièrement lourd à mettre en œuvre, mais constitua un premier jalon dans la protection des sites, qui permit au *Bulletin* de titrer : « Une victoire ! Notre loi au Parlement » [429].

---

[423] Proposition de loi ayant pour objet de protéger les sites pittoresques historiques ou légendaires de France, présentée par MM. Charles Beauquier (et 117 de ses collègues), séance du 5 février 1903, *JO*, Chambre, doc. parl., annexe n° 733, p. 134.

[424] Loi du 8 avril 1898 sur le régime des eaux, art. 49 et 50, *JO* du 10 avril 1898, p. 2226

[425] Voir Julien Lacaze, *op. cit.*

[426] Rapport supplémentaire fait au nom de la commission relative à la protection des sites et monuments naturels de la France par M. Dubuisson, séance du 13 décembre 1904, *JO*, Chambre, doc. parl., annexe n° 2136.

[427] *Bulletin, op. cit.*, janvier-mars 1904, n° 9, p. 13-14.

[428] Loi du 21 avril 1906 organisant la protection des sites et monuments naturels de caractère artistique, *JO* du 24 avril 1906, p. 2762.

[429] *Bulletin, op. cit.*, n° 18, 15 avril 1906, p. 1.

Ce premier succès contribua à la notoriété de l'association qui, deux ans plus tard, se lança dans une nouvelle bataille législative, contre les panneaux publicitaires. Son *Bulletin*, non content de relater l'élaboration du texte, allait en fournir les matériaux. La proposition de loi, déposée par Charles Beauquier le 28 janvier 1908, comportait ainsi, en note, par moins de 14 références au « Bulletin de la S.P.P.F. » [430] Le document parlementaire puisait notamment dans deux articles de fond intitulés « Les affiches barbares » [431] et « La Côte d'Azur et les affiches » [432], qui constituaient une démonstration illustrée des effets de la prolifération des panneaux sur les paysages. Puis, utilisant la rubrique « Nouvelles de partout », la proposition de loi renvoyait à des dégradations commises dans toute la France (sur la Côte d'Azur, à Honfleur, Trouville, Grenoble, Chamonix…) [433]. Enfin et surtout, la loi puisait dans la rubrique « À travers la législation étrangère » pour étayer le texte proposé : la Suisse, l'Angleterre, la Belgique, le Massachussetts ou le grand duché de Hesse prévoyaient en effet des dispositions en la matière [434]. La loi, peut-être inspirée de l'exemple allemand et très proche de la proposition associative, fut promulguée le 20 avril 1910 [435]. Elle interdisait les « réclames » sur les monuments et sites classés comme dans leurs abords. Le *Bulletin* de la SPPF était désormais source d'inspiration législative et, en tant que telle, partie intégrante des « archives de la loi ».

---

[430] Proposition de loi contre les abus de l'affiche-réclame, présentée par M. Charles Beauquier, séance du 28 janvier 1908, *JO*, Chambre, doc. parl., annexe n° 1472, p. 84.

[431] *Bulletin*, *op. cit.*, n° 12, octobre-décembre 1904, p. 74-78.

[432] *Bulletin*, *op. cit.*, n° 2 et 3, avril-septembre 1902, p. 76-80.

[433] *Bulletin*, *op. cit.*, 1902, p. 74 (Trouville, Évreux) ; 1903, p. 19 (Villefranche), 42 (Honfleur), 68 (département de la Seine), 91 (Grenoble, Chamonix, Villefranche) ; 1904, p. 76 (Côte d'Azur) ; 1906, p. 84. Cités par la Proposition de loi contre les abus de l'affiche-réclame, présentée par M. Charles Beauquier, séance du 28 janvier 1908, *JO*, Chambre, doc. parl., annexe n° 1472, p. 84, note 1.

[434] *Bulletin*, *op. cit.*, 1903, p. 65 (Hesse), 83 (Angleterre), 85 (Suisse) ; 1904, p. 88 (Massachussets) ; 1905, p. 56 (Belgique). Cités par la Proposition de loi contre les abus de l'affiche-réclame, *op. cit.*, p. 84, note 3, et p. 85, notes 2 à 5.

[435] Loi du 20 avril 1910 interdisant l'affichage sur les monuments historiques et dans les sites ou sur les monuments naturels de caractère artistique, *JO* du 22 avril 1910, p. 3693.

Les publications officielles des ministères sociaux

CATHERINE BAUDE
Chef du bureau de la politique documentaire (DFAS-SDSGI/DOC)
Ministère des Affaires sociales, de la Santé et des Droits des femmes
Ministère du Travail, de l'Emploi, de la Formation professionnelle et du Dialogue social
Ministère de la Ville, de la Jeunesse et des Sports

1. Les publications officielles des ministères sociaux

1.1. Une démarche documentaire

Au même titre que les archives des services, la conservation pérenne et la mise à disposition des lois et de la réglementation sont une des activités de l'administration. Aujourd'hui, cette fonction est assurée par le site internet « Légifrance » de la Direction de l'information légale et administrative (DILA), qui a pour objet de faciliter l'accès du public aux textes en vigueur ainsi qu'à la jurisprudence. De leur côté, les ministères réalisent, parfois depuis longtemps, leurs propres collections de textes, le plus souvent intitulées « bulletins officiels ».

Depuis la fin du XIXe siècle, et alors même que ni le ministère du Travail, ni le ministère de la Santé n'existent encore, les services éditent des publications officielles spécialisées, dédiées à l'inventaire et la mise à jour des textes en vigueur dans le domaine sanitaire et social. Quelques exemples :

- Recueils des travaux du Comité consultatif d'hygiène publique de France et des actes officiels de l'administration sanitaire (créé en 1872)
- Bulletins de l'Inspection du travail (créé en 1893)
- Bulletins de l'Office du travail (créé en 1894)
- Bulletins du ministère de la Santé publique (créé en 1938)

- Bulletin officiel des assurances sociales (supplément au Bulletin du ministère du Travail, créé en 1931).

Ces publications officielles couvrent un périmètre large : les documents sont principalement des textes officiels (lois, décrets, circulaires, jurisprudence), mais aussi des enquêtes, rapports et statistiques, des comparaisons internationales. Dans l'objectif à la fois de diffuser l'information et de garantir l'accessibilité des textes dans le temps, l'administration a conçu ses publications officielles comme un outil de travail, organisé selon un double principe :

— regroupement des textes de référence, législatifs ou réglementaires et de la jurisprudence, par domaine et constitution de collections de référence,

— classement des textes, souvent chronologique, complété par des tables ou index des mots-clés, de façon à faciliter leur recherche ultérieure.

Dès l'origine, l'administration sanitaire et sociale met en place un outil pédagogique, dans une démarche documentaire d'inventaire raisonné. Les documents sont présentés selon un plan structuré permettant d'intégrer des contenus au fur et à mesure, dans une optique de consolidation. Des instruments de recherche comme les tables pluriannuelles garantissent un accès pérenne à l'information, qui est régulièrement actualisée. Sans exagération ni anachronisme, on peut qualifier ces collections de « bases de données sur papier ».

Inhérente à la démarche de publication, l'intention pédagogique est clairement affichée. Le Comité consultatif d'hygiène publique de France, par exemple, veut diffuser et pérenniser ses travaux en constituant une collection de documents considérés comme des « archives sanitaires ». L'Office du travail, dont la mission principale est de recueillir, coordonner et publier toutes les informations relatives au travail, veut quant à lui créer « un recueil très documenté ». Le Bulletin de documentation « Travail » se présente comme un « instrument de travail pour l'administration ».

1.2. Différents modes de classement

Trois principaux modes de classement sont proposés, parfois combinés : chronologique (par date ou numéro de texte), typologique, thématique.

Le classement typologique est le reflet de la diversité des documents publiés, qui fait voisiner les textes officiels (législatifs, réglementaires ou de jurisprudence) avec des rapports, des enquêtes et des statistiques. Selon les bulletins, la palette proposée varie :

- Bulletins de l'Inspection du travail : actes officiels (lois, décrets, arrêtés, circulaires), jurisprudence, législation étrangère, travaux des inspecteurs ;
- Bulletins de l'Office du travail : actes et documents officiels, jurisprudence, mouvement social en France et à l'étranger (grèves ; placement et chômage ; réglementation et rémunération du travail ; hygiène et sécurité ; prévoyance ; statistiques générales), bibliographie ;
- Bulletins officiels des assurances sociales : actes et documents officiels, questions écrites, jurisprudence.

Systématiquement proposé, **le classement thématique** permet de classer n'importe quel contenu, sans considération de date, d'auteur ou de contenu. Celui des Recueils des travaux du Comité consultatif d'hygiène publique de France et des actes officiels de l'administration sanitaire est particulièrement détaillé :

- services sanitaires extérieurs ;
- conseils d'hygiène et de salubrité publique des départements ;
- épidémies et endémies ;
- salubrité, police sanitaire ;
- hygiène industrielle et professionnelle ;
- denrées alimentaires et boissons ;
- exercice de la médecine et de la pharmacie ;
- eaux minérales ;
- art vétérinaire, épizootie.

Pour faciliter la recherche, le Comité a également créé des tables pluriannuelles, composées d'index alphabétiques d'auteurs et de listes alphabétiques des matières. Ces tables couvrent les périodes suivantes : 1872 à 1890, 1891 à 1900, 1901 à 1910.

2. La politique de numérisation des publications officielles des ministères sociaux

2.1. Les enjeux de la numérisation

La politique de numérisation des ministères répond à un triple enjeu, de conservation, de mise à disposition de l'information, de valorisation du patrimoine écrit.

La numérisation assure une conservation en état utilisable de collections anciennes, délicates à manipuler (papier abîmé, risques de pertes ...). Elle garantit l'accès à l'information contenue dans les textes [436], elle facilite la recherche au sein de ces corpus grâce à la fonctionnalité de recherche en plein texte. Elle permet la valorisation du patrimoine juridique des ministères.

En mettant en ligne sur son site web ces collections numérisées, le ministère développe une démarche de transparence et met à la disposition des chercheurs un matériau riche, susceptible de faire émerger des nouveaux sujets d'investigation pour les chercheurs.

2.2. La valeur ajoutée de la numérisation

Enrichissement

Respectant la pagination d'origine et la présentation du document papier, la numérisation s'est attachée à créer une navigation la plus riche possible dans les documents. En concertation avec les comités d'histoire des ministères sociaux, l'accent a été mis sur l'accès aux textes officiels produits par le ministère, notamment les circulaires.

Lors de la préparation de la numérisation, deux types d'enrichissements ont été opérés : des entrées supplémentaires ont été ajoutées à la table des matières du document papier pour faciliter l'accès aux circulaires ; un travail complémentaire d'identification des titres complets des documents officiels a permis de créer des liens supplémentaires dans les index des collections papier.

Ergonomie de la navigation

Dans un corpus de taille importante, l'ergonomie de la présentation et la navigation sont des éléments déterminants pour faciliter l'accès à l'information.

---

[436] Article de Vincent Viet sur la collection numérique des Travaux du CSHPF, paru dans la *Revue française des affaires sociales* de juin 2014.

Dans le cas des publications officielles des ministères sociaux, il a été à la fois logique et aisé de s'appuyer sur la structuration existante des publications, pour concevoir la présentation des données. Le plan de classement et les index ont servi de colonne vertébrale du corpus, point de départ des liens vers les documents, ce qui a permis de proposer une navigation à plusieurs niveaux, par ensembles typologiques.

Le ministère poursuit la numérisation de ses publications officielles. Il prévoit en 2015 et 2016 de numériser des publications de l'Office du travail, par exemple des enquêtes thématiques, et de mettre à disposition sur son site internet ce corpus susceptible d'intéresser les chercheurs du domaine sanitaire et social.

***

Encadré – Les collections numérisées

Dans le cadre d'un appel à initiatives pour une numérisation concertée dans le domaine juridique, lancé par la Bibliothèque nationale de France et la Bibliothèque Cujas, les ministères sociaux ont proposé la numérisation de 3 collections, considérées comme des sources majeures pour l'histoire des politiques sanitaires et sociales.

Les **Recueils des travaux du Comité consultatif d'hygiène publique de France et des actes officiels de l'administration sanitaire** de 1872 à 1921 (48 volumes, 32 000 pages) sont des recueils de textes officiels (notamment des circulaires) et de rapports d'inspection ou de mission, concernant l'ensemble des problèmes de santé publique :

- lutte contre les épidémies et l'insalubrité,
- police sanitaire et organisation des services sanitaires, notamment en département,
- exercice de la médecine et de la pharmacie,
- denrées alimentaires, eaux et boissons,
- hygiène industrielle et professionnelle.

Des tomes thématiques, notamment sur le choléra, complètent les publications annuelles.

Les volumes contiennent des illustrations : cartes, schémas, tableaux.

Le périmètre géographique couvert va au-delà du territoire français (Proche-Orient et Turquie notamment).

Les **Bulletins officiels de l'Office du travail de 1894 à 1912** (19 volumes, 22 000 pages) contiennent :

- des recueils de textes (dont des circulaires),
- de la jurisprudence en matière de droit du travail,
- des études et analyses sur les acteurs du mouvement social en France et à l'étranger,
- des données statistiques sur le marché du travail et la situation sociale, y compris dans les pays étrangers (droit du travail, grèves, conditions de travail, hygiène industrielle) et de comparaisons internationales.

Les **Bulletins de l'Inspection du travail de 1893 à 1936** (44 volumes, 23 000 pages) regroupent :

- les textes applicables dans le domaine du droit du travail (dont les circulaires et lettres ministérielles),

- de la législation étrangère,
- de la jurisprudence sur le droit du travail naissant,
- des rapports validés d'inspecteurs du travail,
- des données statistiques.

La circulaire : quelques enjeux juridiques et archivistiques

GRÉGORY ZEIGIN
Archives nationales

La circulaire n'est pas un texte de loi. Il s'agit d'un texte réglementaire. Mais il est tout de même en rapport très étroit avec celle-ci. Son élaboration nous laisse à voir toute une « scène périphérique » du travail sur la loi. La circulaire « circule » dans les sphères administratives et politiques, entre les différents « acteurs politico-administratifs » (pour reprendre l'expression employée par Claire de Galembert dans son intervention). Il y a un aller/retour au sein de l'administration qui enrichit la réflexion des décideurs politiques dans l'élaboration des projets de lois. Sa place dans l'élaboration de la loi est peu étudiée, alors qu'elle apparaît, quand on l'interroge, comme un préalable à l'évolution de cette élaboration.

Cette communication propose, à travers mon expérience d'archiviste formé préalablement à l'anthropologie des techniques, une lecture de « l'outil » circulaire comme « acte traditionnel efficace » selon la « formule »[437] de Marcel Mauss qui est à comprendre ainsi :

— acte : c'est l'action déterminée ;

— traditionnel : c'est le « culturel », issu du corpus culturel de chaque groupe social ;

— efficace : c'est le terme le plus important qui est à comprendre comme « effectif », qui produit et induit des effets attendus.

Il faut rajouter à la pensée de Marcel Mauss, celle de Jack Goody en précisant : qui produit des effets et « ordonne le monde », donc une capacité structurante d'action globale. Nous sommes avec ce dernier mot

[437] François Sigaut, 2003.

d'« efficacité » au niveau de la performativité des actes écrits [438], qui dans un cadre d'innovation administrative permanente, s'inscrit dans un « processus de création continuée » selon l'expression utilisée par Claire de Galembert lors de ce colloque, et comme nous le verrons ci-après. En ce qui concerne cette effectivité/performativité, elle peut être observée en premier lieu dans la signature du ministre (ou de son représentant désigné, « par ordre ») apposée sur l'acte lui conférant son caractère officiel, puis à l'accusé/réception de l'administration. Ce sont les deux étapes marquantes du début de la production des effets : notification du statut du document, et prise en compte de celui-ci.

De plus la circulaire a un très grand intérêt archivistique. Elle est « collectée ». Bien sûr, la tradition des bureaux administratifs en fait préalablement une ressource documentaire de première importance : la collection, au départ ou à l'arrivée [439], sert de documentation de base du service. Il existe un autre format de diffusion de la circulaire, celui du recueil. La différence entre la collection et le recueil est importante. Mais elle nous indique aussi surtout que nous avons à faire à deux sources complémentaires : la collection va donner l'ensemble des circulaires rédigées et signées lors d'une année donnée. Le recueil nous laisse à voir, pour sa part, l'ensemble des circulaires s'imposant à une date donnée, quelle que soit leur date d'émission.

Certains ouvrages, dans leur conception éditoriale, peuvent se rapprocher des deux problématiques : un exemple nous est donné avec certaines éditions des recueils des circulaires et instructions émanées du ministère de l'Intérieur : si l'édition parue entre 1821 et 1834 des 6 tomes des *Circulaires, instructions et autres actes émanés du Ministère de l'intérieur, ou relatifs à ce département : de 1797 à 1821 inclusivement,* se veut l'exact reflet des textes en vigueur au moment de la parution de chaque tome, l'édition d'un recueil en 1850 se voit attribuée une démarche modifiée comme suit :

« *La commission chargée en 1820 [sur l'impulsion du ministre Decaze] du triage des pièces à réimprimer avait jugé convenable de ne réserver que celles qui se trouvaient en harmonie avec la législation de l'époque. On ne s'est pas proposé un but aussi exclusif dans la préparation du présent recueil. [...] Il est un grand nombre de circulaires qui, bien que portant sur des dispositions modifiées ou même abolies servent à faire connaître les phases diverses de l'organisation administrative et présentent ainsi un certain degré d'intérêt. Dans un recueil qui doit être pour les fonctionnaires un guide et en même temps une source d'études sérieuses, il ne fallait omettre aucun de ces*

---

[438] Beatrice Fraenkel, 2006.

[439] La circulaire est « émise » et « reçue » ; c'est aussi un courrier administratif.

actes qui peuvent faciliter l'intelligence des dispositions actuelles et en faire saisir la portée, aucune des instructions auxquelles on est encore dans le cas d'avoir recours, soit comme terme de comparaison, soit à titre de renseignement. »

Qu'est-ce qu'une circulaire ?

La circulaire a pu relever de réalités quelque peu différentes, voire décalées selon les périodes. Nous resterons assez général dans ce travail d'approche.

Il s'agit d'un texte administratif permettant à une autorité administrative d'informer ses services dans tous leurs domaines de compétences. Il existe une hiérarchisation de la circulaire selon l'autorité émettrice : une circulaire émanant du Premier ministre s'appliquera au détriment de celle émanant du ministre de l'Intérieur, qui l'emporte sur celle émanant d'un préfet, qui l'emporte à son tour sur celle prise par un maire ou un conseil municipal...

En tout premier lieu, elle concerne l'organisation des services administratifs et l'information relative à cette organisation. Mais prise aussi très souvent à l'occasion de la parution d'un texte de loi (loi, décret,...), elle en explicite la teneur et l'esprit auprès des subordonnés de l'autorité hiérarchique. Elle peut prendre différents noms : « note de service », « instruction »... Très tôt s'est posée la question de savoir quel poids juridique donner à un tel texte. Ainsi dès 1793 la Convention (lors de sa séance du 16 octobre) fait demander au Comité de salut public « s'il convient de laisser au conseil exécutif la faculté d'adresser des instructions aux corps administratifs ou judiciaires ». C'est-à-dire si ce « pouvoir » peut rester entre les mains de l'exécutif ou doit absolument revenir au législateur.

La circulaire ne s'impose pas en tant que telle, de manière directe, aux administrés mais aux fonctionnaires en charge de l'application des lois. Elle s'impose aux services par le lien hiérarchique existant et de fait aux administrés par la réalité du travail administratif :

« *La compétence de tout organe administratif est influencée par le système hiérarchique, admis dans tout service administratif, en vertu duquel l'organe se trouve soumis, en quelque sorte, au pouvoir de son supérieur. [...] Le contrôle qui résulte de cette dépendance hiérarchique des organes administratifs peut être, d'après la distinction classique, un contrôle sur les personnes ou un contrôle sur les actes. D'autre part, il peut être exercé d'une manière soit préventive soit répressive. Dans tous les cas, il implique une participation du supérieur hiérarchique à l'exercice de la compétence de l'organe subordonné.*

Cette participation se manifeste de diverses façons :

a) Droit d'instruction, en vertu duquel le supérieur peut inviter d'une manière préventive ses subordonnés à exercer leur compétence de telle ou telle manière. Ce mode de procéder est admis même si la compétence de l'organe subordonné est exclusive en vertu de la loi. L'instruction qui s'adresse à plusieurs organes subordonnés est ordinairement appelée "circulaire..." » [440].

Bien que pouvant être entachés de nullité, ainsi que les actions qui en découlent, lorsque qu'ils ne respectent ni le texte de loi ni son esprit donné par le législateur, ils ne peuvent en être frappé que par le juge administratif après contestation par l'administré. Mais, même dans ce cas, « toutes » les circulaires ne peuvent être attaquées devant une telle juridiction. Jusque dans les années 2000, la circulaire était considérée en fonction de sa nature, nature définie par le qualificatif que pouvait en donner l'administration selon son contenu et la manière dont elle était rédigée :

— la circulaire était dite « interprétative » lorsqu'elle ne faisait que rappeler ou commenter un texte de loi. N'ajoutant pas une nouvelle règle, mais étant commentaire d'un texte voté, un administré ne pouvait l'attaquer devant un juge administratif ;
— elle était dite « réglementaire » si l'autorité administrative ajoutait des éléments de texte (hors commentaires), créant ainsi de nouvelles règles imposables de fait, par le jeu administratif, aux administrés. Les « ajouts » à la loi devaient être en conformité du droit, à la fois des traités et des lois en vigueur. Mais malgré ce dernier point, et précisément du fait justement qu'il s'agissait d'une substitution au travail du législateur, ce type de circulaire était attaquable devant un juge administratif.

Depuis l'arrêt du Conseil d'État *Mme Duvignière* du 18 décembre 2002 [441], les manières d'élaborer et de qualifier une circulaire se sont modifiées : l'utilisation de ces deux termes a disparu au profit de la notion de « caractère impératif ». Ainsi le nouveau critère de recevabilité d'un recours « pour excès de pouvoir » (autorité administrative se substituant à la loi et à la réglementation en vigueur) est le caractère impératif ou non de la circulaire, qui doit être explicité par l'administration.

---

[440] Stassinopoulos, 1954.
[441] http://www.conseil-etat.fr/Decisions-Avis-Publications/Decisions/Les-decisions-les-plus-importantesdu-Conseil-d-Etat/18-decembre-2002-Mme-Duvigneres ; http://www.legifrance.gouv.fr/affichJuriAdmin.do?idTexte=CETATEXT000008124026.

Son importance dans le cadre notamment d'une étude et de la compréhension du travail des bureaux administratifs et de leurs archives

Ainsi la circulaire est à voir comme le cadre réglementant les pratiques administratives.

En fait la circulaire peut servir de synthèse de la réglementation en vigueur sur un sujet précis, une thématique donnée, un angle d'approche particulier que veut mettre en lumière et voir appliquer une équipe gouvernementale (quelle que soit la période). Le tout donnant un formalisme issu de l'habitus administratif, voire au-delà, nourrissant ce que nous pourrions nommer un « habitus formalisé » qui va prendre alors un tournant normatif. Ainsi différentes manières de faire une circulaire, différentes origines de sa rédaction, ainsi que des pratiques particulières se font jour, bien qu'elle reste extrêmement normée et hiérarchisée. Quelques exemples :

- Le travail administratif local est confronté, en terme d'application de la loi, à des difficultés particulières ainsi qu'à des demandes individuelles qui peuvent rencontrer un écho plus général. Cet échelon local fait remonter celles-ci à l'échelon supérieur qui peut décider, s'il en a l'autorisation, de promulguer une circulaire ou/et de faire remonter à un niveau encore supérieur l'information : un exemple en est donné par la correspondance des préfets avec l'échelon central (rapports sur l'état d'esprit de la population). L'échelon central, par le biais de ses bureaux, décide alors, si le sujet est d'intérêt général et se retrouve dans nombre de départements, de promulguer une circulaire (instruction...) de portée générale apportant réflexions et réponses aux problèmes rencontrés, ainsi que les méthodes et procès administratifs à appliquer, circulaire supplantant alors toutes décisions prises préalablement par les échelons intermédiaires (principe hiérarchique).
- Préalablement à l'établissement d'une instruction, l'échelon central peut aussi, si peu de départements semblent visés par un problème donné, établir une circulaire présentant enquête à mener par les préfectures et méthodologies de réponse. En fonction des réponses reçues, une circulaire finale telle que présentée dans le premier exemple peut être établie, puis rectifiée.
- Sans avoir été alerté par un échelon inférieur sur des difficultés particulières, l'échelon central, pour répondre à une demande gouvernementale (échelon hiérarchique supérieur), ou anticiper la préparation de lois (ou tous textes réglementaires en général), ou pressentant des problèmes globaux ou particuliers dans la société, peut établir une

telle circulaire d'enquête (demande informative), ou s'il ne juge pas cette étape obligatoire, établir directement une circulaire de portée générale.

Nous sommes avec la circulaire dans le (re)nouveau permanent.

De plus, les circulaires visent aussi l'organisation des services. Dans ce cadre, elles régissent à la fois la forme et le fond du fonctionnement desdits services. Ceux-ci sont organisés, hiérarchisés (inclus dans une organisation générale pyramidale), pourvus de moyens humains, matériels et financiers (lignes budgétaires définies préalablement et discutées annuellement). Le « fond » correspond au travail effectif de ces services, leurs fonctions et leur raison d'être : leurs missions (de service public) essentiellement. Mais à la fois ce fond et cette forme induisent un travail administratif, des actes et donc des archives administratives : rapport d'un agent à sa hiérarchie, demande écrite d'un administré, réponse de l'administration, correspondance entre différents services intéressés par la question... Archives administratives que nous retrouvons communément sous la forme de dossiers (de personnels, d'administrés, de synthèses, de travail...). Ainsi l'étude des circulaires peut et doit permettre de comprendre l'ordonnancement du monde administratif.

Conclusion

Ces circulaires apparaissent ainsi comme des portes d'entrée pour aborder le travail administratif et les archives qui en sont conservées. Outre l'organisation interne des services et bureaux, elles donnent une cartographie des intérêts politiques et des thématiques développées par ces services, ainsi que les méthodes, dans le cadre de l'intérêt général, utilisées pour aplanir les difficultés d'application des lois. Elles permettent, en étant à la fois actes fondateurs [442], créant et régissant les services, définissant des programmes d'activités, développant des thématiques de travail, de comprendre les bureaux producteurs d'archives ainsi que les dossiers traités, aussi bien dans les réflexions apportées que les modalités appliquées.

Pour la recherche juridique, elles contribuent à la compréhension du travail préparatoire à l'élaboration d'une loi, de son application et de son évolution historique.

[442] Les décrets et arrêtés fixent l'organisation générale et le personnel. Les circulaires précisent et structurent cette organisation.

Dans le travail archivistique, elles aident à la définition de deux notions clefs : les « producteurs » (de documents et d'archives, deux niveaux à distinguer impérativement) et leurs « fonctions ».

Rajoutons également qu'elles laissent à voir le « visible » et « l'invisible ». L'idée force est celle de « trace » : les archives définitives comme traces visibles. L'« invisible » c'est tout ce qui a existé mais n'est plus visible suite :

— au travail administratif : destruction des documents de travail qui ne sont plus utiles à faire valoir des droits ou au travail quotidien. À l'issue de cette étape ne restent visibles que certains documents : les archives intermédiaires ;

— à la collecte finale : des archives intermédiaires aux archives définitives. Une lecture de ces documents, en plus de leur richesse sociologique au regard des thématiques abordées, permet de « retracer » l'historique de la création des documents de travail des services, de suivre la mise en place et la traçabilité des circuits et des productions administratifs ainsi que de la reconstruction « matérielle » des services et de leur esprit de travail. Il s'agit d'un outil trop peu valorisé qui doit permettre au chercheur, avec l'adjonction des tableaux de collecte et de destruction, de suivre toute la profondeur du travail administratif et juridique de l'État, et des archives qui nous sont parvenues.

Bibliographie indicative

- BLOCK Maurice, *Dictionnaire de l'administration française*, Paris et Nancy, Berger-Levrault, éditions de 1856, 1862, 1877 et 1898.
- DUPONT Paul (éditeur commercial), *Recueil des circulaires et instructions émanées du ministère de l'Intérieur – de 1790 à 1830 inclusivement*, Paris, Imprimerie et librairies administratives de Paul Dupont, 1850.
- FRAENKEL Béatrice, *La signature. Genèse d'un signe*, Paris, Gallimard, 1992.
  - « Actes écrits, actes oraux : la performativité à l'épreuve de l'écriture », *Études de communication*, n° 29, 2006.
- GOODY Jack, *La raison graphique : la domestication de la pensée sauvage*, Paris, Les Éditions de Minuit, 1979.
  - « Oralité et modernité dans les organisations bureaucratiques », *Communication et langages,* n° 136, 2ème trimestre, 2003.
  - *Pouvoirs et savoirs de l'écrit*, Paris, La Dispute, 2007.

- MALLARD Alexandre, « L'écriture des normes », *Réseaux*, volume 18, n° 102, 2000.
- MARGUIN-HAMON Elsa (dir.), *Le pouvoir en actes. Fonder, dire, montrer, contrefaire l'autorité*, Paris, Somogy et Archives nationales, 2013.
- MAUSS Marcel, *Sociologie et anthropologie,* Paris, PUF, 2013 (13è édition).
- MBODJ-POUYE Aïssatou, « Pouvoirs de l'écriture », *Critique*, n° 680-681, 2004.
- SIGAUT François, « La formule de Mauss », *Techniques et Culture,* n° 54-55, *Cultures matérielles, anthologie raisonnée de Techniques et Culture,* 2010 (première publication de l'article dans la revue en 2003).
- STASSINOPOULOS Michel, *Traité des actes administratifs*, Athènes, Collection de l'Institut français d'Athènes, 1954.
- VERPEAUX Michel, *La naissance du pouvoir réglementaire, 1789-1799*, Paris, PUF, coll. Les grandes thèses du droit, 1991.

Questions juridiques aux éditions L'Harmattan

Dernières parutions

CONCILIATION ET MÉDIATION DEVANT LA JURIDICTION ADMINISTRATIVE
Actes du colloque du Conseil d'État du 17 juin 2015
Sous la direction de Jacques Biancarelli et Béatrice Blohorn-Brenneur
Voici près de 25 ans que le Conseil d'État, confronté à une judiciarisation croissante de la société, réfléchit aux modes alternatifs de règlement des différends afin de les pacifier et de rendre les justiciables davantage confiants en la justice administrative. Après avoir rappelé le contexte juridique et les enjeux d'une telle impulsion, un bilan comparatif des pratiques du juge administratif et du juge judiciaire a permis de mesurer combien il est nécessaire et urgent de compléter la boîte à outils dont dispose le premier. Voici une réflexion, les références et les outils nécessaires à la juridiction administrative.
(Coédition GEMME, 24.00 euros, 246 p.)
ISBN : 978-2-343-07270-8, ISBN EBOOK : 978-2-336-39774-0

L'ERREUR JUDICIAIRE
Apprendre à douter pour lutter contre les erreurs judiciaires
Sous la direction de Xavier Pin
L'erreur judiciaire hante autant qu'elle jalonne l'histoire de notre justice pénale. Nous avons tous en mémoire de retentissants procès ayant vu des individus accusés ou condamnés, avant d'être disculpés, graciés ou réhabilités. Le législateur y est sensible au point de réformer régulièrement la procédure pénale pour tenter d'éviter, de corriger ou de réparer, autant que possible, de telles erreurs. Une loi du 20 juin 2014 réforme les procédures de révision et de réexamen des condamnations pénales définitives : elle est l'occasion d'essayer de comprendre ces fiascos judiciaires.
(Coll. Droit privé et sciences criminelles, 15.00 euros, 126 p.)
ISBN : 978-2-343-07284-5, ISBN EBOOK : 978-2-336-39807-5

LE DROIT CONSTITUTIONNEL DE LA Ve RÉPUBLIQUE
(Treizième édition)
Lascombe Michel, Toulemonde Gilles
Cet ouvrage s'adresse aux étudiants en droit, aux élèves des instituts d'études politiques et aux candidats aux concours administratifs. Il couvre l'essentiel du programme de droit constitutionnel, c'est-à-dire aussi bien les constitutions françaises depuis 1789 que l'actuel texte constitutionnel. Cette nouvelle édition tient compte des derniers développements induits par les changements politiques, des dernières réformes des règlements des assemblées et de la jurisprudence la plus récente.
(Coll. Logiques Juridiques, 42.00 euros, 506 p.)
ISBN : 978-2-343-07916-5, ISBN EBOOK : 978-2-336-39877-8

LA PROXIMITÉ EN DROIT INTERNATIONAL PRIVÉ DE LA FAMILLE
Bouyahia Sabrine Maya - Préface de Lotfi Chedly et Marie Goré
Parmi les méthodes proposées pour trancher les litiges présentant un élément d'extranéité, figure celle reposant sur le principe de proximité. L'étude porte sur deux systèmes de droit international privé de la famille différents (droit français et droit tunisien) pour mettre en exergue d'une

part l'adaptation de cette méthode aux spécificités de chaque ordre étatique et d'autre part son adéquation avec tous les différents systèmes de droit.
(Coll. Logiques Juridiques, 54.00 euros, 618 p.)
ISBN : 978-2-343-05464-3, ISBN EBOOK : 978-2-336-39866-2

QUARTIER-FEMMES ÉCROU 10970
Boh-Petit Dominique
Cellule 24 : une femme dit toute sa souffrance d'être enfermée. Elle a tué. Son histoire est à la rubrique des faits divers. La Cour d'assises la jugera. Bien des années plus tard, elle est libérée. La vie doit reprendre. Ce récit est parfaitement conforme à la réalité. Tout a existé et existe encore.
(Coll. La justice au quotidien, 15.00 euros, 130 p.)
ISBN : 978-2-343-07436-8, ISBN EBOOK : 978-2-336-39812-9

GABELOUS ET CONTREBANDIERS
Histoire des fermiers généraux de Dijon (1760-1780)
Evrard Sébastien - Préface de Marc Fradet
En exhumant un registre du personnel de la direction des fermes de Dijon, l'auteur retrace, entre 1760 et 1780, la vie méconnue de centaines d'agents au service du doit et de l'impôt. Ces derniers servaient un système protecteur (la retraite fait son apparition dès 1768), parfois très rémunérateur, mais qui s'avère aussi, sous certains aspects, une machine à broyer les hommes : le régime des sanctions que met en place la Ferme est d'une efficacité redoutable. En définitive, la Ferme présente un aspect mitigé.
(Coll. Mémoires des Douanes, 28.50 euros, 278 p.)
ISBN : 978-2-343-06683-7, ISBN EBOOK : 978-2-336-39845-7

DICTIONNAIRE OHADA
(3e édition)
Bitsamana Hilarion Alain
Ce dictionnaire spécial du droit des affaires OHADA propose une définition claire et précise, avec tous les compléments nécessaires, des principaux termes utilisés tous les jours se rapportant à l'OHADA. Un ouvrage de référence permettant de décoder l'OHADA, accessible à toute personne s'intéressant au monde des affaires en Afrique comme à l'étranger.
(39.00 euros, 398 p.)
ISBN : 978-2-343-07656-0, ISBN EBOOK : 978-2-336-39786-3

LA DÉJUDICIARISATION ET LES PROCÉDURES NON CONTENTIEUSES EN AFRIQUE
Amboulou Hygin Didace
La déjudiciarisation comprend l'ensemble des mécanismes de gestion des différends en rationalisant les moyens matériels et humains de la justice, afin de pallier les déficiences du système judiciaire et de limiter les surcharges des juridictions. Les institutions de nombreux pays sont analysées et les déjudiciarisations en droit public et en droit privé sont abordées.
(Coll. Études africaines, 17.50 euros, 156 p.)
ISBN : 978-2-343-06928-9, ISBN EBOOK : 978-2-336-39805-1

COMMENT RENFORCER L'INDÉPENDANCE DE LA MAGISTRATURE AU SÉNÉGAL ?
Ngom Babacar
Préface de Amadou Mahtar Mbow
L'ouvrage présente dans une première partie les garanties légales d'indépendance de la justice, notamment la règle de la séparation des pouvoirs, le principe de la soumission des juges à l'autorité de la loi et celui de l'inamovibilité du magistrat du siège. Après une analyse critique de ces dispositions, l'auteur formule des propositions de renforcement de l'indépendance de la magistrature.
(13.50 euros, 124 p.)
ISBN : 978-2-343-05158-1, ISBN EBOOK : 978-2-336-39837-2

LE DROIT PÉNAL DES AFFAIRES AU CAMEROUN
Djila Kouayi Kemajou Rose
Préface de Victor-Emmanuel Bokalli
Dans le domaine des affaires, la liberté d'entreprendre et d'investir comporte de nombreux risques, au rang desquels le risque pénal. La délinquance en col blanc n'étant plus réservée aux grandes sociétés commerciales, les moyens de lutte et de sécurisation des investisseurs nécessitent un droit pénal des affaires dont l'objectif est la recherche d'une éthique dans ce domaine.
(Coll. Études africaines, 35.50 euros, 350 p.)
ISBN : 978-2-343-07840-3, ISBN EBOOK : 978-2-336-39777-1

50 ANS DE MARIAGE
Réflexions d'un notaire sur l'évolution du couple ces cinquante dernières années
Dauptain Pierre
De la pilule contraceptive jusqu'au mariage pour tous, l'auteur nous propose une réflexion sur les lois qui ont accompagné l'évolution du couple au cours des cinquante dernières années. Il analyse cette évolution pour aborder les problématiques juridiques et morales qui font tant débat de nos jours. Il s'appuie sur des travaux de juristes ou de sociologues, des articles de presse, mais aussi sur les chansons et les films qui ont marqué ces années et qui témoignent de façon si éclairante des changements de mentalités.
(Éditions Pepper, 16.50 euros, 148 p.)
ISBN : 978-2-343-07677-5, ISBN EBOOK : 978-2-336-39690-3

MÉTHODOLOGIE ET ASPECTS FORMELS DE LA RECHERCHE
Petit manuel à l'usage des juristes
Marain Gaëtan
L'ouvrage propose un véritable apprentissage du formalisme qui doit permettre aux étudiants et aux professionnels confrontés à la rédaction d'une thèse ou d'un mémoire juridique d'aborder ce travail avec sérénité. L'auteur donne une méthode de recherche pour définir le sujet, trouver et compulser les références utiles, échafauder un plan. Il aborde également les thèmes des citations d'auteur, notes de bas de page, mise en page. Il traite enfin du travail de relecture et de l'épreuve de soutenance.
(19.00 euros, 178 p.)
ISBN : 978-2-343-07638-6, ISBN EBOOK : 978-2-336-39556-2

RISQUES, ACCIDENTS ET CATASTROPHES
Liber amicorum
En l'honneur de Madame le professeur Marie-France Steinlé-Feuerbach
Sous la direction Hervé Arbousset, Caroline Lacroix et Benoît Steinmetz
L'étude et l'analyse des risques sont au cœur des réflexions du Professeur Steinlé-Feuerbach. Ses nombreux écrits de doctrine sur la thématique des accidents et des catastrophes ont amené à ce que ses collègues et amis lui dédient cet ouvrage. Ces mélanges donnent une vue d'ensemble d'une matière devenue une véritable discipline transcendant le clivage droit public-droit privé.
(Coll. Sciences criminelles, 34.00 euros, 334 p.)
ISBN : 978-2-343-07169-5, ISBN EBOOK : 978-2-336-39677-4

ÉTAT, COLLECTIVITÉS TERRITORIALES ET DROITS SOCIAUX
Étude du droit comparé
Sous la direction d'Olivier Lecucq
Comment, selon leur organisation territoriale respective, La France, l'Espagne et l'Italie œuvrent à la satisfaction des droits sociaux. Quels sont les rôles de l'État en ce domaine ? Quelles sont les actions qui en découlent et comment se coordonnent-elles ? Quelles en sont les implications en termes d'égalité des citoyens et des territoires ? L'ouvrage tente de répondre à ces questions en interpellant la réalisation de l'État social dans un contexte de crise, de réduction des déficits et de maîtrise des dépenses.
(Coll. Bibliothèques de droit, 22.50 euros, 221 p.)
ISBN : 978-2-343-07585-3, ISBN EBOOK : 978-2-336-39683-5

LE PRINCIPE DE PRÉCAUTION
Au carrefour de la philosophie, du droit et des sciences
Calderaro Norbert
La notion de principe de précaution, qui donne lieu à beaucoup de controverses, nécessite de la part d'un juriste une analyse objective pour écarter ce qu'elle n'est pas et définir son contenu véritable. Après un aperçu des sources philosophiques, l'auteur réalise une synthèse du principe de précaution en droit international, européen, en droit comparé et en droit interne. Il intègre notamment les tout derniers développements de la jurisprudence du Conseil d'État.
(18.50 euros, 180 p.)
ISBN : 978-2-343-05457-5, ISBN EBOOK : 978-2-336-39452-7

LES COLLECTIVITÉS TERRITORIALES ET LA SPÉCULATION
Goasdoué Mélissa - Avant-propos de Michel Verpeaux
Préface de Julien Martin
L'ancien dispositif empêchant la conclusion d'opérations financières spéculatives par les collectivités locales ayant échoué, un nouveau dispositif fonctionnant au cas par cas a été mis en place. Après une étude des imperfections de la notion de spéculation puis des liens unissant ces imperfections à l'échec du précédent dispositif dans la protection des collectivités contre les risques spéculatifs, le présent ouvrage s'attache à démontrer comment et dans quelle mesure cette protection est désormais rendue possible.
(Coll. Droit des collectivités territoriales, série Travaux, 15.00 euros, 140 p.)
ISBN : 978-2-343-07619-5, ISBN EBOOK : 978-2-336-39520-3

LE DROIT DE LA GUERRE
Traité sur l'emploi de la force armée en droit international (3 volumes)
Cumin David
Aussi ancien que la guerre et que le droit international dont il constitue le cœur historique, le droit de la guerre existe. Croisant droit et polémologie, portant sur les conflits armés internationaux et internes, ce traité expose, explique et reconstruit l'ensemble du droit international contemporain relatif à l'emploi de la force armée - auteurs et acteurs de la belligérance, ses buts, moyens, théâtres, régimes - et propose une analyse critique de la responsabilité réparatrice et punitive.
Volume 1 (Coll. Droit comparé, 46.00 euros, 458 p.)
ISBN : 978-2-343-06498-7, ISBN EBOOK : 978-2-336-39588-3
Volume 2 (Coll. Droit comparé, 60.00 euros, 760 p.)
ISBN : 978-2-343-07707-9, ISBN EBOOK : 978-2-336-39589-0
Volume 3 (Coll. Droit comparé, 48.00 euros, 468 p.)
ISBN : 978-2-343-07708-6, ISBN EBOOK : 978-2-336-39590-6

LA RESPONSABILITÉ DE PROTÉGER
Nouvelle approche du droit international
Gandou D'Isseret Crépin Gyscard
Le droit d'ingérence humanitaire se comprend comme une éthique de détresse, une obligation de protéger les personnes en danger de mort. La responsabilité de protéger traduit en acte la nécessité impérative de prendre soin de l'homme, ou de la collectivité humaine en général, quand les conditions de son existence connaissent une détérioration significative ou quand elles sont sur le point de le devenir.
(Coll. Harmattan Congo, 16.50 euros, 152 p.)
ISBN : 978-2-343-06724-7, ISBN EBOOK : 978-2-336-39575-3

L'HARMATTAN ITALIA
Via Degli Artisti 15; 10124 Torino
harmattan.italia@gmail.com

L'HARMATTAN HONGRIE
Könyvesbolt ; Kossuth L. u. 14-16
1053 Budapest

L'HARMATTAN KINSHASA
185, avenue Nyangwe
Commune de Lingwala
Kinshasa, R.D. Congo
(00243) 998697603 ou (00243) 999229662

L'HARMATTAN CONGO
67, av. E. P. Lumumba
Bât. – Congo Pharmacie (Bib. Nat.)
BP2874 Brazzaville
harmattan.congo@yahoo.fr

L'HARMATTAN GUINÉE
Almamya Rue KA 028, en face
du restaurant Le Cèdre
OKB agency BP 3470 Conakry
(00224) 657 20 85 08 / 664 28 91 96
harmattanguinee@yahoo.fr

L'HARMATTAN MALI
Rue 73, Porte 536, Niamakoro,
Cité Unicef, Bamako
Tél. 00 (223) 20205724 / +(223) 76378082
poudiougopaul@yahoo.fr
pp.harmattan@gmail.com

L'HARMATTAN CAMEROUN
BP 11486
Face à la SNI, immeuble Don Bosco
Yaoundé
(00237) 99 76 61 66
harmattancam@yahoo.fr

L'HARMATTAN CÔTE D'IVOIRE
Résidence Karl / cité des arts
Abidjan-Cocody 03 BP 1588 Abidjan 03
(00225) 05 77 87 31
etien_nda@yahoo.fr

L'HARMATTAN BURKINA
Penou Achille Some
Ouagadougou
(+226) 70 26 88 27

L'HARMATTAN SÉNÉGAL
10 VDN en face Mermoz, après le pont de Fann
BP 45034 Dakar Fann
33 825 98 58 / 33 860 9858
senharmattan@gmail.com / senlibraire@gmail.com
www.harmattansenegal.com

L'HARMATTAN BÉNIN
ISOR-BENIN
01 BP 359 COTONOU-RP
Quartier Gbèdjromèdé,
Rue Agbélenco, Lot 1247 I
Tél : 00 229 21 32 53 79
christian_dablaka123@yahoo.fr

Achevé d'imprimer par Corlet Numérique - 14110 Condé-sur-Noireau
N° d'Imprimeur : 706888 - Mars 2017 - Imprimé en France